An Illustrated Guide to
TAPING TECHNIQUES
Principles and Practice

SECOND EDITION

JN304558

ガイアブックスは
地球(ガイア)の自然環境を守ると同時に
心と身体の自然を保つべく
"ナチュラルライフ"を提唱していきます。

写真とDVDでわかり易い最先端の
テーピング技術

An Illustrated Guide to TAPING TECHNIQUES Principles and Practice SECOND EDITION

著者：

トム・ヘヴェトソン／カリン・A・オースティン
Tom Hewetson　　　　Karin A. Austin

キャスリン・A・グウィン-ブレット／サラ・C・マーシャル
Kathryn A. Gwynn-Brett　　　　Sarah C. Marshall

日本語版監修：

村井 貞夫

翻訳：

岡松 瑞穂

序文執筆：

リン・ブース
Lynn Booth

ジョナサン・ベッツェル
Jonathan Betser

An Illustrated Guide to Taping Techniques: Principles and Practice, SECOND EDITION,
Tom Hewetson, Karin A. Austin, Kathryn A. Gwynn-Brett, Sarah C. Marshall
ISBN 978 0723 43482 5

© 1994, Elsevier Ltd. All rights reserved.
© 2010, Elsevier Ltd. All rights reserved.

This edition of **An Illustrated Guide to Taping Techniques 2e** by **Thomas John Hewetson, MSc Sports Injury and Therapy, BSc(Hons) Osteopathic Medicine, Diploma Osteopathy, PG Dip Sports Injury and Therapy, PG Cert Sports Science, Karin Austin, BPT, BSc, Kathryn GwynnBrett, BSc, PT and Sarah Marshall, BSc, PT** is published by arrangement with Elsevier Limited through Elsevier Japan KK.

『写真とDVDでわかり易い最先端のテーピング技術』(トム・ヘヴェトソン、カリン・A・オースティン、キャスリン・A・グウィン-ブレット、サラ・C・マーシャル 著／ISBN978-0723-43482-5)の日本語版はエルゼビア・ジャパン株式会社を通じてElsevier Limitedとの契約により刊行されました。

Japanese edition is published by GAIABOOKS Inc.

No part of this publication may be reproduced or transmitted in any form or by any means, electronic or mechanical, including photocopying, recording, or any information storage and retrieval system, without permission in writing from the publisher. Details on how to seek permission, further information about the Publisher's permissions policies and our arrangements with organizations such as the Copyright Clearance Center and the Copyright Licensing Agency, can be found at our website: www.elsevier.com/permissions.

This book and the individual contributions contained in it are protected under copyright by the Publisher (other than as may be noted herein).

Notice

Knowledge and best practice in this field are constantly changing. As new research and experience broaden our understanding, changes in research methods, professional practices, or medical treatment may become necessary.

Practitioners and researchers must always rely on their own experience and knowledge in evaluating and using and information, methods, compounds, or experiments described herein. In using such information or methods they should be mindful of their own safety and the safety of others, including parties for whom they have a professional responsibility.

To the fullest extent of the law, neither the Publisher nor Elsevier Limited the authors, contributors, or editors, assume any liability for any injury and/or damage to persons or property as a matter of products liability, negligence or otherwise, or from any use or operation of any methods, products, instructions, or ideas contained in the material herein.

《注》
当該領域の知識および最良とされる実務内容は、刻々と変化している。新しい研究や経験によって理解が深まれば、研究方法、専門的な仕事の進め方または医学的治療を変える必要が生じることもある。

実務者および研究者諸氏は常に、自らの経験と知識を頼りに、本書に記載の情報、方法、複数の要素または実験を評価して用いなければならない。このような情報や方法を用いるにあたっては、自己の安全と、専門家として責任をもって担当する患者をはじめとする他者の安全を常に考える必要がある。

法が適用される限りにおいて、発行者もElsevier Limited、著者、寄稿者、編集者のいずれも、人に対しても所有物等に対しても、製造物責任、過失等のいずれの問題であっても、本書に掲載されている方法、製品、指示、考えのいずれについても、これを使用または実行することによるいかなる損傷、損害の責任も負わない。

Commissioning Editor: Claire Wilson
Development Editor: Ewan Halley and Fiona Conn
Project Manager: Elouise Ball
Designer: Kirsteen Wright
Illustration Manager: Bruce Hogarth

監修序文

　スポーツテーピングの概念は、昭和30年代には無かったと思われる。日本に於いては、整形外科領域では、捻挫、打撲、内反足、筋腱断裂等に固定法として保険で認められていた。

　今日の様にテーピングが普及されたのは、昭和50年代にテーピング指導者が誕生し、スポーツの現場に根を下ろした。その為、スポーツ外傷、障害に対するテーピング、スポーツの応急処置としてのテーピングやスポーツ時の予防、再発予防のテーピング等に用いられその効果は大きい。

　また、コンディション調整、精神的、心理的にも選手のライフマネジメントに大きく関わる様になった。

　このことから、スポーツトレーナー、スポーツ医学に必要な技術として、スポーツ現場ではなくてはならない位置づけになっている。今後もスポーツテーピングは、技術、理論の向上を図り、日々進歩、発展していかなければならない。

　これからの医学生、PT、OT、柔道整復師、マッサージ師、トレーナーを目指す人々にこの本をぜひ手元に置いてほしい。この本は内容もしっかりしており読みやすく、図も美しいのでわかりやすい。また、DVDも具体的に表現している。

　学校、臨床、スポーツの現場、スポーツトレーナールーム等に置いてテーピング向上の一助になればと望みます。そして、正しいテーピングのあり方をしっかり研鑽される事を希望します。

　テーピング理論、技術の向上に役立て、スポーツの発展に寄与していく事が出来る本書を存分に活用してください。

村井貞夫

Contents

本書に付属のDVDには、よく用いられる技法や有用なヒントがビデオクリップとして収録されている。ビデオは、DVDのメニュー画面に表示されているタイトルをクリックすれば見ることができる。本DVDは、本書と併せて見るよう制作したものであって、それ単体が製品ではない。

監修序文　村井 貞夫 v
まえがき viii
序文　リン・ブース ix
序文　ジョナサン・ベッツェル xi

本書の目的と活用法 1

Section1　基礎

1　テーピング用具 9
　不可欠な備品類 9
　その他備品類 18

2　テーピングの目的 19
　テーピングか装着固定具か 19
　テーピングの目的と利点 20
　テープはいつまで貼っておくか 20
　テーピングの目標：SUPPORT 21
　テーピングの重要事項：PRECAUTION 22

3　テーピングのための総合ガイドライン . 25
　テーピング前のチェックリスト 27
　テーピング時のチェックリスト 29
　テーピング後のチェックリスト 31

4　基礎病理学 33
　応急処置の手順：RICES 34
　テーピングを必要とする身体部位 34
　評価項目：TESTS 35
　　捻挫　36／挫傷　37／打撲　38

5　テーピング技術のキーポイント 41
　テープを切る／裂く 41
　練習用テープの準備 42
　基本テクニック 43
　　アンカー　43／スターアップ（鐙帯）　44／
　　バーティカルテープ（垂直片）　45／
　　"バタフライ"（止め手綱）　46／ロック　47／
　　8の字テーピング　48／圧迫テープ　49／
　　仕上げ（クロージング）　50

Section2　実践

6　足と足関節 53
解剖学的領域：足と足関節 53
つま先の捻挫に用いるテーピング 57
縦アーチの捻挫・足底筋膜炎に用いるテーピング . 62
足関節の捻挫の予防に用いるテーピング 68
足関節の捻挫・打撲に用いるテーピング／急性期 . 76
外側足関節捻挫に用いるテーピング／リハビリ期 . 82
応用例：スポーツ特有の足関節に用いる巻き方 . . 93
　扇状スターアップ　94／Vロック　96／
　ヒールロック8の字テーピング　98／
　逆8の字テーピング　100
個々の靭帯の捻挫に用いる高度なテーピング . . . 102
　前距腓靭帯捻挫　103／踵腓靭帯捻挫　105／
　後距腓靭帯捻挫　107／三角靭帯捻挫　109／
　前脛腓靭帯捻挫　111
解剖学的領域：腓腹部 113
腓腹部の挫傷・肉離れに用いるテーピング 113
アキレス腱損傷に用いるテーピング 118
長腓骨筋腱の損傷に用いるテーピング 125
後脛骨筋腱の損傷に用いるテーピング 129

7　膝関節と大腿部 133
解剖学的領域：膝関節と大腿部 134
内側側副靭帯捻挫に用いるテーピング 136
外側側副靭帯捻挫に用いるテーピング 145
膝蓋大腿関節痛に用いるテーピング 150

大腿四頭筋（大腿部）の打撲・肉離れに用いる
　テーピング 155
内転筋（鼠径部）挫傷に用いるテーピング 162

8　肩関節と肘関節 167
解剖学的領域：肩関節 168
解剖学的領域：肘関節 171
肩鎖関節捻挫・肩関節離開に用いるテーピング . . 174
肘関節過伸展による捻挫に用いるテーピング . . . 181

9　手関節と手 187
解剖学的領域：手関節と手 188
手関節過伸展による捻挫に用いるテーピング . . . 193
母指捻挫に用いるテーピング 198
手指捻挫に用いるテーピング 205

10　おわりに 211

用語集 214
推薦図書 215
負傷部位別TESTS（評価項目）リスト 216

索引 217

まえがき

本書は下記のようなものとしての使用に適している。
- 理学療法、オステオパシー、カイロプラクティクスおよびスポーツセラピーなど、医学および用手療法の各課程のテキスト
- スポーツコーチのための手引き
- 救急外来のスタッフのための手引き
- テーピングを利用している患者を診る施術者と、テーピングを施している施術者のための詳しい参考書

本書は、施術者とその患者に必要なものを提供するよう作られたものであり、患者（特にテーピングやサポーターを日頃から使用しているアスリート）のケアに積極的に関わっている者が考案したテーピング法が、図や写真でわかりやすく示されており、得るものが多い一冊となっている。著者らが蓄積してきた経験には、教育および臨床応用といった患者ケアの多数の側面のほか、全国レベルや国際レベルのスポーツ大会のサポート陣営としての積極的な関わりがある。

信頼できる包括的な実用書である本書は、医学、理学療法、オステオパシー、カイロプラクティック、スポーツセラピーといった実にさまざまな臨床的バックグラウンドをもつ学生のほか、スポーツコーチ、トレーナー、体育教師、マネージャー、アスリートとその家族にとって必携の書である。学生は本書からテーピング法を示す学理を学ぶことになる。指導マニュアルとしても、病院の救急外来、手術、スポーツ障害クリニック、理学療法センター、オステオパシーおよびカイロプラクティック医院やスポーツの競技会場では実践ガイドとしても推奨する。

テーピングを必要とする損傷の効果的な治療およびリハビリテーションに不可欠なのは、損傷の種類、機序および程度、組織と修復過程、処置しようとする構造に適したテーピング材料と、その材料の正しい使用方法である。テーピングは、治療のほか、炎症および疼痛を抑え、可動域、柔軟性、筋力および自己受容性を取り戻すことを目的とした包括的リハビリテーション計画と並行して用いる必要がある。本書を参考にすれば、損傷した構造の部位を十分に圧迫、安定、固定するなど適切で効果的なテクニックを利用することで、複雑な状況にも対応できるようになる。望まれる効果が、活動への即時復期あるいは段階的な回復のいずれであっても、損傷が正しく評価・診断された後、負傷領域に合ったテーピング技術を正しく適用することが、保護を確保し機能本来の動きを可能とする。

本書は2部構成になっている。Section1ではテーピング用品とそれぞれの特徴と用途を紹介するほか、頭文字をとったSUPPORT（日本語で「支え」の意）とPRECAUTION（日本語で「注意」の意）という独自の審査法とともにテーピングの原則と指針を示し、捻挫、挫傷および打撲を表として収載し、さまざまな種類のテープについても大まかに説明している。

Section2では、さまざまな損傷に合ったテーピング技術を手順ごとに写真とともに詳しく説明している。テーピング用品一覧のほか、テープを貼る際の姿勢もわかるようになっている。また、各技術の後ろには簡単な損傷の評価法および治療法をまとめている。

本書には付録のDVDもあり、よく利用する方法や有用なヒントを収録している。

本書と付録DVDの内容を身に付け、実践して習得すれば、実務者としてテーピングのレパートリーを広げるすばらしい土台を身に付けることになる。日頃からテーピングに関わっている方であれば、経験を積むことによって、無数にある状況にあわせて本書に記載の原理と技術を改良することができるようになるだろう。

トム・ヘヴェトソン

〈序文〉 予防目的、治療法、競技復帰に利点のあるテーピング

　治療現場の第一線で活躍する国内外の実務者間での交流や意見交換の成果もあり、スポーツをする環境のなかでテーピングをする機会が近年、増えつつある。市販のテーピング用具も改良され、テクニックの幅が広がり、テーピングを利用しようという意識が高まっている。市販のテーピング材は実にさまざまなものがあり、実務者らも損傷やアスリートに合うよう従来のテクニックを改変できるようになっている。予防目的、治療法、さらには、安心して競技に復帰するためなど、テーピングは損傷管理のあらゆる局面において有効に用いられる。例えば、負傷後の急性期には圧迫または不必要に動かしたり負荷をかけないように、治療を進めるなかでは自己受容的フィードバックをもたらし、リハビリテーション時には機能するための位置で損傷部位を支える（これによって自信が増す）といったことである。

　本書は、新人にも熟練の実務者にも読みやすく、スポーツや運動中に負傷した関節や軟部組織の数々のテーピングを単純明快に取り上げている。テーピングはこれまで、動きを修正してまでスポーツを再開するべきではない損傷組織を「支える」ものであるとたびたび批判されてきた。著者らが本書で注意やヒントを与え続けることによって読者諸氏はきっと、テーピングは治療／リハビリテーションに代わるものではなく、最初に損傷を十分評価せず、診断に至らないまま適用すべきではないという考えが根付くと確信している。どのような損傷であっても、その初期評価、正確な診断および継続的な評価は、最良の結果を得るうえできわめて重要である。

　スポーツをする環境下でテーピングに関わっている方は、スポーツの種類によって競技ルールが異なることを念頭に置いておかなければならない。ルールはスポーツによってさまざまであり、年度ごとに変更されることもあり、特定の関節の保護にテーピングを使用することを禁じるものもあれば、特定の種類や色のテープに限って競技中に用いることを認めているものもある。

　テーピングは、テープの過剰使用や周辺組織を傷つけることなく、機能的で常に目的を達成する必要がある。施術においてテープの種類を細かく使い分けるほど、アスリートや患者が適用したテーピング法や施術者を受け入れるようになる。

テーピングは、スポーツ人口およびスポーツ関連の施術者をそこにとどまらせるものであると思われることが多い。本書は、スポーツ中、仕事中や、場合によっては不運な事故など、いかなる状況下で起きた負傷であっても、その治癒／回復過程のさまざまな段階にある多くの軟部組織損傷に、テーピングがいかに適しているかを図表と言葉で示すものである。テーピングは、皮膚の状態がテーピングに適してさえいれば、負傷者の年齢に関係なく用いることができる。そしてもちろん、スポーツする環境で、アスリートが故障した場合に深く関わっている。

　図表とテキストを併用してわかりやすくしているため、写真通りにテーピングすることかでき、経験を積めば、本書に示すテクニックの基本を用いて独自の方法を考案できるようにもなる。損傷というものは、治癒、治療およびリハビリテーションのさまざまな段階でさまざまな形となって現れる。本書があれば、制限したり支えたりしなければならない動きや、そうするための手段について想像力を働かせ、それぞれを区別することができる。

　本書は、テーピングの仕方についてアドバイスするだけのものではない。身体表面の解剖に関する備忘録にも、よくある軟部組織損傷の基本的な治療要領の概要書にもなる。

　どんな治療でも「習うより慣れろ」であるが、これはテーピングにも当てはまる。熟練の実務者によるテーピングを見ていると簡単そうであり、ほとんど手こずることなく手早く仕上がり、テープがよれたり折れたりもしておらず、体表面もきっちり覆われている。しかし実際にやってみると、そんな理想的なものとは程遠い結果になる。何度もいうが、実践を積むのはきわめて重要である。長々と時間をかけてテーピングし、皮膚の状態や血の巡りが悪くなるなどして、効果が得られなかったりかえって問題が増えるという理由で外すしかなくなるというのは最悪である。しかし、外さないことによって体面を保とうとし、下手なテーピングを繰り返すようなことをしないことが重要である。その時は気まりが悪くならずにすむが、アスリートや患者にとっては、結局はありがたくないことに必ずなるのだから。上手くいかなければ最初からやり直すこと。つまり、決まりが悪くなったり、時間がかかったりしないためには、どのテクニックもスムーズにこなし、自信がある雰囲気が漂うようになるまで、常日頃から実践を積まなければならない。負傷した人はみな、仕事のできる人に信頼を置くことは言うまでもない。

　テーピングの技術を習得したい新人でも、記憶をよみがえらせたり見解を確認したりしたいと思う熟練者でも、本書をお読みになればその有用性がわかる。

リン・ブース
Lynn Booth
物理療法協会員、社会学修士
英国公認理学療法士

〈序文〉 たった2本のテーピングで上手くいく、根拠に基づいたエキスパートの技！

　本書に記載のすぐれた参考文献および推薦図書からわかるように、効果的なテーピングがいかに有益であるかを立証した研究は無数にあり、周知のように、職場がクリニックであっても、コートや競技場の傍であっても、機能面で適切なテーピングを慎重に施すことによって、その治療が時に「ありがたい疼痛緩和」から、パフォーマンスを可能にし、さらには向上させる本来の方法へと変わることがある。

　人の身体を保護することが、（スポーツであっても軍隊であっても）闘争心には必要であるのは明白であり、人が競争やスポーツ好きである限り、過去から現在に至るまで、テーピングやストラッピングがすぐれたスポーツのケアマネジメントの礎となっている。ローマやギリシャの古代文明の絵を見れば、そのことがわかる（アキレスが足関節のまわりをもっときちんと保護していれば、その歴史上の位置づけは大幅に違ったものになっていただろう）。著者のトム・ヘヴェトソンの遠い親戚に、トムが講義で披露したり、重要な本をすばらしいものに改訂したのと同じ腕前があれば、なんとかして闘技場の苦しみから逃れられたのではないかと思いを馳せることもできる。

　この有名なヘヴェトソンは何しろ、往年のラグビー選手ローレンス・ダラーリオなど、現代の剣士たちを相手にこの15年間、変わらず仕事をしているのである。熱心な専門家の例にもれず、トムは自らが診るどんな患者にも最善を尽くしていると心から思っている。また、純粋な専門家同士のスポーツ医学チームからの依頼に対しても熱心である。

　理学療法士やアスリートのトレーナーは一般に、テーピングやストラッピングの分野で支配権を握ってきたが、「構造は機能を支配する」の整骨原則を応用することによって、スポーツ選手らを相手に幅広く仕事をしている整骨医も、テーピングをきわめて効果的に自身の施術（整骨療法領域）に取り入れられることを見出した。

　トムのような人に本書の改訂を打診してくれたことはとても喜ばしい。身体部位別に特化したテーピング技術を知る前に、テーピングの原理、目的および病理学の基礎を学ぶことのできる本書は、テーピング初心者の入門書として理想的なものである（しかも、すでにその「技術」を身に付けた人にとっても理想的なものに改訂されている）。本書に取り上げられているテクニックによって、テーピング人生のなかで「手を出してみる」選択肢が大幅に増えることになろう。DVDも利用すべきである。テーピングはつまるところ、理論だけではとても足りないのである。エキスパートが実際にしているのを見ることが、テーピングをきちんと身に付ける方法としては最良のものであり、トムは（ここで打ち明けていいのかわからないが）、間違いなくエキスパートである。

読者諸氏にはぜひとも、本書を単なる参考資料としてだけではなく、最初から最後までしっかり読んでいただきたい。すぐれたテーピングやストラッピングを自身の治療の武器として加えてほしい（まだそうではないと仮定してのことであるが）。そうすれば、すぐにでもそのテクニックの数々に磨きをかけて工夫できるようになり、テーピングもストラッピングもあっという間に腕が上がって、すばらしく効果的かつ有用なスキルを基に独自の「収穫」も取り入れた方法が出来上がることになる。

テーピングの最高峰といわれる雲の上の伝説の地位に到達できたのは、追従運動に異常のある膝蓋骨を中央に固定することの価値を実感した時であった。（ジェニー・マッコネルの革新的な論文が*Australian Journal of Physiotherapy*に掲載される前のことではあるが）残念ながら、私の至らなさは、自身の（あまりにも）長いレバーストラッピングの複雑さと、私のテクニックでは（トランポリンでの抱え込む動きができるよう）40度を超える角度に膝を固定できないことにあった。十分に機能する膝のアライメントの再建も再教育も可能にしつつ、たった2本でこれまで以上に上手くいく、ジェニーのエビデンスに基づくテーピング法には驚いた。われわれにトムやジェニーのようなエキスパートが必要である理由はそこにあり、それによってこの2人から学び、患者の目の前で上手くやってのけることができるのである。

見事だよ、トム。上出来だ。

ジョナサン・ベッツェル
Jonathan Betser
整骨医
整骨スポーツケアコンサルタント
ウッドサイドクリニック臨床部長
英国整骨スポーツケア協会会長

本書の目的と活用法

　本書と付録DVDの目的は単純明快。患者やアスリートを対象にしたテーピングを施術に取り入れることを考えている人のための教材であり、すでにテーピングのテクニックを用いている人のための手引書でもある。今のところ、テーピングに関する本は少なく、学校等の教材として推奨できるものともなるとさらに少ない。本書では、テーピングとその治療／予防ツールとしての役割のほか、テーピングをすることによって得られる効能などを網羅している。

　本書では、身体部位別の負傷領域のテーピング法が、読みやすく、理解しやすいよう、表にまとめられている。表では、読者にわかりやすいよう、頭文字や語呂合わせを用い、その損傷を治療する方法について一般的なアドバイスを記載している。

　付録のDVDは、さまざまな手技を映像で見ながら説明を聞くことができ、本書の内容を補うものになっている。

　アスレティックテーピング（スポーツテーピング）は、テーピング法のなかでも最もよく用いられている。固定用と半固定用があり、スポーツをしている間のみ使用し、終われば外す。この種のテーピングが大半を占めているが、アスリートの間でのみ用いられているものではなく、包括的な治療法およびリハビリ法の一部として用いることができるすぐれた方法であり、支えたり補助してくれたりするテーピングのお陰でアスリートは活動に復帰しやすい。ただし、損傷部の事前／事後評価は徹底して行うか、または損傷部の事前評価を徹底して行った上でテーピングをすることが求められる。なお、しかるべき検査および診断を待つ間に用いる吊り帯など、保護を目的したテーピング法もある。

　決して忘れてはならないのは、テーピングをすることによって、生理学的、生体力学的、神経生理学的、心理学的な影響がもたらされるということであり、そのいずれも考慮せずにテーピングをするようなことがあってはならないということである。単に粘着テープを貼ったり支持包帯を巻いたりするといった簡単なことではない。テーピングをするには臨床的な根拠がなければならない。FrettとReilly[1]によれば、正しくテーピングされていなかったり、理由なくテーピングをしたりすると、アスリートが負傷しやすくなったり、すでにある損傷の重症度が増しかねないとされている。

　テーピング、ストラッピング、ブレイスサポーター（装着固定具）およびサポーターは、長年にわたってさまざまな理由で用いられてきた。その一部を以下に挙げてみる。

- 包帯など、創傷被覆材がずれたりしないように支える。
- 創傷の急性期または炎症期に損傷部位を圧迫して、炎症性滲出液を抑える。
- 全項目検査の実施を待つ間、応急的に保護したり（患者を救急室まで搬送するまでの間など）、初期の頃の次の治療までの間に損傷の範囲を極力小さくするため、損傷した構造を支えたりする。
- リハビリ中、特にアスリートが損傷の悪化を回避しつつ、様子を見ながら活動を再開し、体力面および技術面のレベルを維持する際に、損傷した組織を支える。
- 治療およびリハビリが終わり、通常の活動を再開してからも、予防目的で支え続ける[2-7]。

また、次のような場面で役立っている。

- 関節機能の代わりをすることによって、神経運動制御に影響を及ぼす[8-13]
- 自己受容感覚的フィードバックに影響を及ぼし、バランスの回復を支援する[4-21]
- 関節の可動域を制限し、炎症性滲出液の作用を減少させ、疼痛の元になっている組織の負担を軽減することで疼痛管理を行う[22-26]

テーピングは病院の救急室、医師による外科的処置、理学療法、整骨治療、カイロプラクティック、スポーツ外傷の治療行為のほか、世界中のあらゆるスポーツクラブで実際に活用されている。

テーピングを上手に仕上げるカギは、多かれ少なかれ、次のような因子が握っている。

- **損傷／病因の機序を理解する**

  答えは必ず、症例の既往にある。負傷時に本人が精神的に健全である限り、アスリートは通常、どのように負傷したかを話すものである。それを細部に至るまでたずねること。どんな患者でも痛みの部位（たとえば、足関節の外側）と、それがどんなふうに起きたか（サッカーをしていた、など）を話すが、具体的にどの組織に何が起きたかを知るには詳細を知る必要がある。本人には厳密にどのようにして起きたかをたずねる。そうすることにより、損傷を受けたとみられる構造を知ることができる。この時点では、足関節を捻って（内反損傷）前距腓靭帯を損傷したと考えるのが普通である。そう推測するのがまあ妥当であり[27、28、29]、足関節側方の損傷機序としてはおそらく最も多い。しかし、本人が捻ったのではないと言ったら、誰かがそこにのしかかってきたのだと言ったら、どうなるだろう。構造の損傷に別の可能性が思い浮かぶはずである。本人に質問して答えてもらうことによって、それにあった臨床検査を実施し、それによって診断したり、時期をみて超音波スキャン、X線撮影、CTやMRIでのスキャンなど特殊な検査を受けるよう紹介したり、ほかの病院等を紹介したりすることになるはずである。

- **損傷の病態生理と範囲を理解する**

  組織の障害の程度を知ることによって、治療の種類やどの程度のテーピングが必要になるかが決まってくる。軟部組織損傷の程度の分類は明確ではない。一般に、第1度損傷は軽度の損傷で、組織の断裂も弛緩もない。第2度損傷は軽度ないし中等度の損傷であり、組織が部分的な断裂や弛緩を来している。第3度は中等度ないし重度であり、組織が大幅に断裂したり弛緩するものから、完全に断裂するものまである[30-32]。損傷を度数で分ける理由は、損傷の程度が大まかにでもわからなければ、その患者にとって正しい治療法にも回復法にも行きつけず、どの程度のテーピングが必要であるかも明らかにできないからである。テーピングが不足していたり過剰であったりすることになってしまいかねない。前者の場合であれば、よくて損傷が長引き、最悪の場合悪化してしまい、後者の場合は、固定しすぎてほかの組織に変化が生じるなど、新たな問題を生じることがある[28-31]。また、患者に回復までの時間をおおよそでしか伝えられない[32、33]。

本書の目的と活用法

- **損傷組織の修復過程を理解する**

  損傷の治療が奏功すれば回復し、アスリートはテーピングに支えてもらう必要性が減ってくる。修復過程と、修復の各段階で何が起きるかを知っておけば、その時々に応じて、支持を強めにするか弱めにするかを決めるのに役立つ。たとえば、いつどのような方法をとるべきかなどである。まず、炎症期または急性期（第1期）には、圧迫法を用いて腫れを抑えようと考えると思う。増殖期、組織形成期または再生期（第2期）にはしっかりと支えて可動域を完全に制限しようとする。リモデリング期（第3期）には、制限はやや緩めながらも支えは残し、疼痛を抑えられるようにしようとするであろう。

  組織修復のおおよその速さを知っておけば[32, 33]、あくまでもおおよそではあるが、テーピングをしておく期間をアスリートに伝える際に役立つはずである。もちろんそれは損傷の範囲によることになる。覚えておいてほしいのは、その時間はあくまでも「そう思う」だけのものであって、組織が異なれば修復に要する時間も異なり、患者によっても異なることである。損傷の範囲によって、数日で修復可能なものから数カ月かかるものまである[36, 37]。組織を修復する細胞は損傷回復後、最長で12カ月間損傷部周辺に存在する[38]。このため、アスリートの能力と疼痛を回復の目安とする方が望ましい。

- **テーピングをする領域の機能解剖学を理解する**

  実際に、損傷領域の機能解剖学（構造および正常な可動域）を知っており、どの可動域が制限されているかを知っていれば、教えられなくても自然にその可動域を制限するようテーピングすることができる。ただし、どのような場合にどのテープや付属具を使用するかについて指導や手ほどきを受け、裏付けのあるテーピング技術を用いれば、テーピングの熟練者としてさらに腕を上げることができる。Bunchら[39]は、テーピングは主としてそれを扱う者の経験不足によって効果がなくなるとしている。たしかに、生まれながらにテーピングの方法を知っている者はいない。しかし、テーピングをする領域の機能解剖学を理解していれば、優秀なテーピング技術者になる長い道を歩みはじめたことになる。あとは、指導を受け、実践と経験を積んでいくのみである。

- **損傷部支持や負傷予防のうえで、テーピングにできることとできないことを知る**

  ギプスは、意図や目的に関係なく、関節の動きを完全に止めて重度の損傷（骨折など）を来した領域を保護するものである。装具の役割は、極端に支えるものから靴下や服の袖と変わらない程度のものまである。テーピングも同じで、拘束性を高くすることもあれば、損傷部位を保護しつつ可動性を大きめにすることもある。特にテーピングを受けたことのない人を相手にする場合、どの程度の支えが必要かを決めるのはあくまでもテーピングを施す者である。また、例えば定期的にテーピングをしてもらっている人の場合には、その本人から得た情報（どの程度きつくするか、緩くするかなど）を考慮したいと思うだろう。しかし、現実に使用するテープの種類の予測を立て、テーピングを受ける人に自分の考えを伝える必要がある。「関係者の認識が損傷予防におけるテーピングの効果に寄与している」ことに留意すること[40, 41]。テーピングが予防になるかどうかという問いには、安易に答えは出せない。それは、次のようないくつかの因子によるからである。

- 本人の生体力学
- 自己受容性
- 神経運動コントロール
- 以前の損傷
- 現在の損傷の範囲とどの回復期にあるか
- 効果的なテーピングの方法

アスリートには、さらに考慮すべき次のような側面がある

- 本人の技術レベル
- （スポーツまたは活動で用いる）地面の状態
- 使用する用具類（テニスのラケットが手関節の損傷を引き起こす可能性など）
- タックルをしたりされたりする範囲
- 損傷部位にかかる力の速度、時間、方向および反復
- 患者の日々の生活および仕事の活動

一方、テーピングが予防的役割を果たしていることを示す十分なエビデンスも存在する。

ヒント

テーピングを行う際のチェックリストを事前に作成しておけば、重要なことを忘れないで済むだろう。

- 診断結果を知っていなければならない
- 損傷と修復の機序を知らなければならない
- 治療せずにテーピングをするようなことがあってはならない
- リハビリの一環として用いることができる
- スポーツのルール（テーピング使用の可否）を知っておかなければならない
- アスリートが必要としていること／望んでいることを知っておかなければならない（支え／快適さの程度）
- 正しいテープを使わなければならない
- 理由もなくテーピングをするようなことが決してあってはならない

参考文献

1. Frett TA, Reilly, TJ. Athletic taping. In: Mellion MB (ed) Sports medicine secrets: Philadelphia: Hanley and Belfus, 1994: 339–342.
2. Verhagen EA, Van Mechelen W, de Vente W. The effects of preventative measures on the incidence of ankle sprains. Clin J Sports Med 2000; 10: 291–296.
3. Ricard MD, Sherwood SM, Schulthies SS et al. Effects of tape on dynamic ankle inversion. J Athl Train 2000; 35: 31–37.
4. Olmstead LC, Vela LI, Deneger CR et al. Prophylactic ankle taping and bracing: a numbers needed to treat and cost benefit analysis. J Athl Train 2004; 39: 95–100.
5. Vicenzino B, Franettovich M, McPoil T et al. The effects of anti pronation tape on medial longitudinal arch during walking and running. Br J Sports Med 2005; 39: 939–943.
6. Moiler K, Hall T, Robinson K. The role of fibular tape in the prevention of ankle injury in basketball: a pilot study. J Orthop Sports Phys Ther 2006; 36: 661–668.
7. Ivins D. Acute ankle sprains: an update. Am Fam Physician 2006; 10: 1714–1720.
8. Lohrer H, Alt W, Gollhofer A. Neuromuscular properties and functional aspects of taped ankles. Am J Sports Med 1999; 27: 69–75.
9. Alt W, Lohrer H, Gollhofer A. Functional properties of adhesive ankle taping: neuromuscular and mechanical effects before and after exercise. Foot Ankle Int 1999; 20: 238–245.
10. Wilkerson GB. Biomechanical and neuromuscular effects of ankle taping and bracing. J Athl Train 2002; 37: 436–445.
11. Shima N, Maeda A, Hirohashi K. Delayed latency of peroneal reflex to sudden inversion with ankle taping and bracing. Int J Sports Med 2005; 26: 476–480.
12. Alexander CM, McMullan M, Harrison PJ. What is the effect of taping along or across a muscle on motorneurone excitability? A study using triceps surae. Man Ther 2008; 13(1): 57–62.
13. Kilbreath SL, Perkins S, Crosbie J et al. Gluteal taping improves hip extension during stance phase of walking following stroke. Aust J Physiother 2006; 52: 53–56.
14. Callaghan MJ, Selfe J, Bagley PJ et al. The effects of patella taping on knee joint propriocepction. J Athl Train 2002; 37: 19–24.
15. Callaghan MJ, Self J, McHenry A et al. Effects of patella taping on knee joint proprioception in patients with patellofemoral pain syndrome. Man Ther 2008; 13: 192–199.
16. Refshauge KM, Kilobreath SL, Raymond J. The effects of recurrent ankle inversion sprain and taping on proprioception at the ankle. Med Sci Sports Exerc 2000; 32: 10–15.
17. Robbins S, Waked E, Rappel R. Ankle taping improves proprioception before and after exercise in young men. Br J Sports Med 1995; 29: 242–247.
18. Leanderson J, Ekstam S, Salomonsson C. Taping of the ankle – the effect on postural sway during perturbation, before and after a training session. Knee Surg Sports Traumatol Arthrosc 1996; 4: 53–56.
19. Sinoneau GG, Degner RM, Kramper CA et al. Changes in ankle joint proprioception resulting from strips of athletic tape applied over the skin. J Athl Train 1997; 32: 141–147.
20. Tropp, H. Functional ankle instability revisited. J Athl Train 2002; 37: 512–515.
21. Fong DT, Hong Y, Chan LK et al. A systematic review on ankle injury and ankle sprain in sport. Sports Med 2007; 37: 73–94.
22. Herrington L. The effect of corrective taping of the patella on patella position as defined by MRI. Res Sports Med 2006; 14: 215–223.
23. Simmonds JV, Keer JR. Hypermobility and the hypermobility syndrome. Man Ther 2007; 12: 298–309.
24. Viljakka T, Rokkanen P. The treatment of ankle sprain by bandaging and antiphlogistic drugs. Ann Chir Gynaecol 1983; 72: 66–70.
25. Van Dijk CN. CBO-guideline for diagnosis and treatment of the acute ankle injury. National Organization for Quality Assurance in Hospitals. Ned Tijdschr Geneeskd 1999; 143: 2097–2101.
26. McConnell J. A novel approach to pain relief pre-therapeutic exercise. J Sci Med Sport 2000; 3: 325–334.
27. Kofotolis ND, Kellis E, Vlachopoulos SP. Ankle sprain injuries and risk factors in amateur soccer players during a 2 year period. Am J Sports Med 2007; 35(3): 458–466.
28. Emery CA, Meeuwisse WH, McAllister JR. Survey of sports participation and sports injury in Calgary and area high schools. Clin J Sports Med 2006; 16: 20–26.
29. Purdam CR, Fricker PA, Cooper B. Principles of treatment and rehabilitation. In: Bloomfield J, Fricker PA, Fitch KD (eds) Science and medicine in sport. Oxford: Blackwell Science, 1995: 246–263.

30. Oakes BW. Tendon-ligament basic science. In: Harries M, Williams C, Stanish WD et al (eds) Oxford textbook of sports medicine. Oxford: Oxford University Press, 1996: 493–511.
31. Torres JL. Ankle sprains. In: Brown DE, Neumann RD (eds) Orthopedic secrets. Philadelphia: Hanley and Belfus, 1995: 323–327.
32. Zainuddin Z, Hope P, Newton M et al. Effects of partial immobilization after eccentric exercise on recovery from muscle damage. J Athl Train 2005; 40: 197–202.
33. Eckstein F, Hudelmaier M, Putz R. The effects of exercise on human articular cartilage. J Anat 2006; 208: 491–512.
34. Urso ML, Scrimgeour AG, Chen YW et al. Analysis of human skeletal muscle after 48h immobilisation reveals alterations in mRNA and protein for extracellular matrix components. J Appl Physiol 2006; 101: 1136–1148.
35. Hudelmaier M, Glaser C, Hausschild A et al. Effects of joint unloading and reloading on human cartilage morphology and function, muscle cross-sectional areas, and bone density a quantitative case report. J Musculoskelet Neuronal Interact 2006; 6: 284–290.
36. Watson T. Tissue healing. Electrotherapy on the web. Available online at: www.electrotherapy.org.
37. Lederman E. Assisting repair with manual therapy. In: The science and practice of manual therapy. Edinburgh: Elsevier, 2005: 13–30.
38. Hardy MA. The biology of scar tissue formation. Phys Ther 1989; 69: 1014–1024.
39. Bunch RP, Bednarski K, Holland D et al. Ankle joint support: a comparison of reusable lace on brace with tapping and wrapping. Phys Sports Med 1985; 13: 59–62.
40. Sawkins K, Refshauge K, Kilbreath S et al. The placebo effect on taping in ankle instability. Med Sci Sport Exerc 2007; 39: 781–787.
41. Hunt E, Short S. Collegiate athletes' perceptions of adhesive ankle taping: a qualitative analysis. J Sports Rehab 2006; 15(4).

Section 1

基礎

1. テーピング用具 — 9
2. テーピングの目的 — 19
3. テーピングのための総合ガイドライン — 25
4. 基礎病理学 — 33
5. テーピング技術のキーポイント — 41

第1章 テーピング用具

Section 1

　テーピングの仕事での成功は、質の高い用具類を選ぶところからはじまる。最高品質のテープの方が低品質のものよりも信頼性も密着性も高く、最適な保護には不可欠である。テープの質によって、テーピングの腕をきちんと反映させるのに必要な圧迫度、安定性およびサポート性が違ってくる。

　本章では、さまざまなテープや備品類とその使用法などについて説明する。テープや備品類は2種類に分けられる。ひとつは、テーピングに必要不可欠であると推奨されるもの、もうひとつは、市販されているが、必ずしも必要とはいえないものである。必要なものが揃ったテーピング用具一式に加えられるものはまだまだあるが、最も重要であると考えられるものに限ってとりあげることにした。

不可欠な備品類

不可欠な備品類
- 使い捨て剃刀と石鹸
- タフナースプレー
- 速乾粘着スプレー
- 潤滑軟膏／ペトロリュームジェリー（Vaseline™）
- ヒールアンドレースパッド
- アンダーラップ
- Comfeel™
- 2.5cm（1インチ）および5cm（2インチ）幅の非伸縮性（酸化亜鉛）テープ
- 垂直方向の支持帯を強化するには、テープ幅の広い方が有用
- 2.5cm（1インチ）、5cm（2インチ）および7.5cm（3インチ）幅の伸縮性粘着包帯
- 固定用テープ(Fixamol™、Sanipore™、Hyperfix™)
- 包帯用ハサミ
- パッド：フェルトパッド、フォームパッドまたはゲルパッド
- 2.5cm（1インチ）、5cm（2インチ）および7.5cm（3インチ）幅の粘着包帯
- テープカッター
- 病歴用紙、筆記具と紙

フィールドキット用補足品
- 手術用手袋
- 創傷洗浄剤
- 消毒液
- Kaltostat™（線維性血液凝固ドレッシング）
- 万能ハサミ
- 綿ガーゼハサミ：滅菌、非滅菌
- 絆創膏類
- 氷とタオル
- 携帯電話類

その他備品類
- インスタントコールドパック
- 抗菌スプレーまたはパウダー
- 水ぶくれ保護材
- 塗布用綿棒
- 舌圧子
- 防水テープ
- 1.2cm (1/2インチ) 幅の非伸縮性（酸化亜鉛）テープ(白)
- 接着剤除去剤
- 爪切り
- 三角巾
- カラーとカフ

Section 1：基礎

伸縮性粘着包帯（EAB）

このテープは、伸縮性と粘着性がある。用途の幅が広い。
- 挫傷部位のみを圧迫した状態を維持する
- 損傷部位に血流を妨げない範囲で最大の圧をかけた状態を維持する
- 筋肉部分周辺のアンカーとなる
- 固定具がずれたりしないようにする

高品質の特徴
- 戻る力が強い。検証方法として、80cm（32インチ）にカットしたテープを伸びきるところまで伸ばし、そのまま30秒待ってから離す。元の長さの125%（100cm、40インチ）以内に収まっていればよい。
- 新しい状態を維持するため、気密容器に入れておくのが理想である。

低品質の特徴
- 伸ばした後にほとんどないし全く戻らないか、効果のない戻り方をする。
- 端がほつれやすい。
- しっかりと貼りつかない、はがれやすい。

消毒剤——抗菌スプレーまたはパウダー

軽度の擦傷、水ぶくれ、裂傷およびテープ傷等の二次予防に有用である。
- テーピング前に創部を清潔にして塗布。
- テープの種類を問わず、テープの粘着性が損なわれないよう、塗布量は少なめにする。

非伸縮性（酸化亜鉛）テープ

スポーツの種類を問わず、どんなテーピングキットにも欠かせない多目的テープである。さまざまな長さのロール状で市販されている粘着性があり非伸縮性の酸化亜鉛テープは、アスリートのテーピングに従事する者にとっては必要不可欠である。

高品質の特徴
- ごく小さな穴があり、テープを少しだけ横方向によじって斜め方向に伸ばせるようになっている。
- 検証方法は、5cm（2インチ）の長さに切ったテープの両端を両手で握り、横方向に引っ張ってみる。いずれかの方向に20°まで（下の写真のように）しわなどなくよじれる。

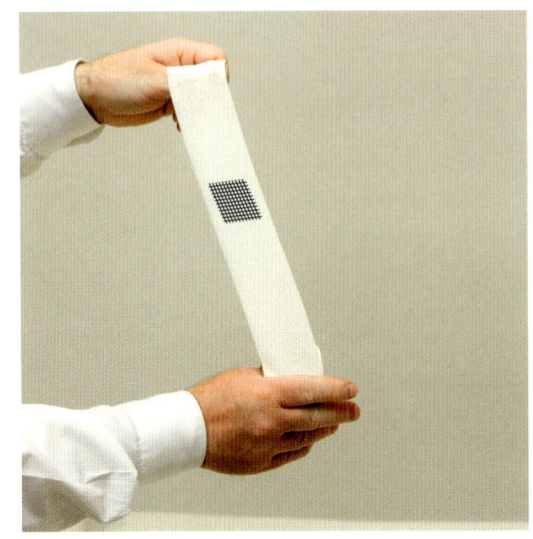

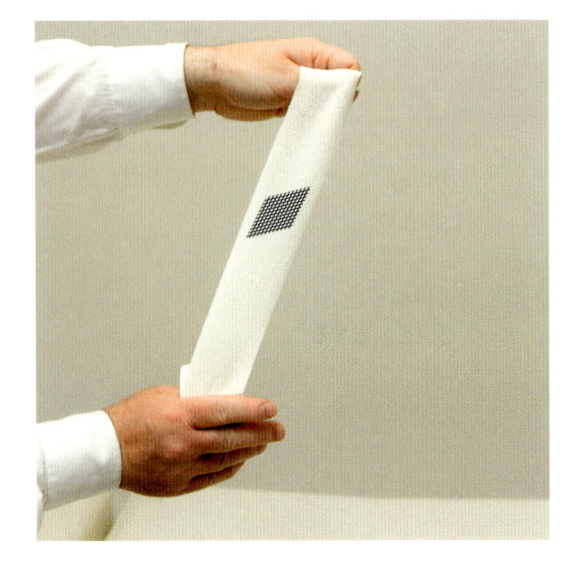

低品質の特徴

- 同じ方法で検証してみると、質の悪いものは横方向に力をかけはじめたとたん、しわができて粘着しはじめてしまう。ほかの種類のテープも、安価なものは端から端までの網目の長さが統一されていない。質が悪いわけではないと思われるが、ムラなくすっきりテープを貼る（アスリートが靴や靴下を履く場合に重要）ことはできない。しわやほころびはテープを貼る前になくしておかなければならない。

固定用テープ（Fixmol™、Sanipore™、Hyperfix™）

　このテープは主として、包帯がずれたりしないようにするためのものである。しかし、腕や脚などの全周締め付けが現実的でなかったり、禁忌であったりする場合には特に、粘着スプレーと組み合わせることによってすぐれたアンカーとなる。このような場合、非伸縮性酸化亜鉛テープまたは伸縮性粘着包帯の代わりに用いることができる。（疼痛緩和を目的とした神経／筋膜の）負荷軽減テクニック適用時のアンカーとして使用されることが多い。

高品質の特徴

- 丈夫である
- 低アレルギー性の粘着剤を使用
- 粘着性が高い
- （皮膚呼吸ができるよう）きわめて多孔質である

低品質の特徴

- 長くなると扱いづらい
- 一度しわになるなどしてくっついてしまうと、もう剥がすことはできない

タフナースプレー

速乾のエアゾールスプレーであり、薄い粘着層を形成し、テープの刺激物質から皮膚を保護し、粘着力が高まる。

高品質の特徴

- 乾きが速い
- 粘着性がよい

低品質の特徴

- 敏感肌を刺激する
- 取り除きにくい

注意
テープは種類を問わず乾燥した涼しいところに保管する。備品類は常に管理し、新しい状態を維持する。古くなったテープはねばねばして扱いづらい。

ヒント
特定の化学物質に過敏なアスリートにも刺激を起こしにくいブランドもある。手元にいくつかのブランドを用意しておけば、化学成分が異なるものを変えて使ってみることができる。

Section 1：基礎

粘着スプレー

速乾粘着スプレーを直接皮膚に塗布すれば、テープが滑りにくくなる。

高品質の特徴
- すぐに乾く
- 粘着性がよい

低品質の特徴
- 皮膚を刺激する
- 取り除きにくい

アンダーラップ

テーピング領域のアンカー間に用いることによって、薄い泡状の本品が皮膚と直接触れにくくなり、静止摩擦による熱傷やテープの刺激から皮膚を保護する（テープの酸化亜鉛および粘着成分は、皮膚に刺激やアレルギー反応を引き起こすことが多い）。

アンダーラップは、皮膚の水ぶくれやテープ傷が特に起こりやすい骨ばった領域をテーピングする際に有用となる。

高品質の特徴
- ごく細かい泡状の薄いシートを巻いたもので、わずかに伸び、粘着性はない。通常は幅5cm（2インチ）である
- 肌色だけでなく、さまざまな色のものがある

低品質の特徴
- 薄すぎる－容易に裂け、端が丸まりやすく、身体の線に沿って引っ張るとうねができて皮膚を刺激する
- 厚すぎる－テープの有効性が弱まり、幅が広くなるほどロールの長さが著しく減り、費用効果がない

Comfeel™ (Coloplast™)

速乾の液体で、保護膜（第二の皮膚）を形成する。本品は、つましい生活をしている人にとっては高価である。

高品質の特徴
- とても塗布し易い
- 皮膚を刺激から保護する
- 防水性、弾性、半透過性である

低品質の特徴
- 塗布時に刺激臭があり、換気のよいところで塗布する必要がある
- 高価である

ヒント
湿度が高い場所や、水中に入って粘着性に問題が生じる（水泳選手など）などさまざまな状況下で必要である。

注意
粘着性を第一に考えているのでなければ、タフナースプレーに代えてもよい。

ヒント
アンダーラップを選ぶ際には、薄いものが好ましい。ただし薄すぎると端が丸まってきやすくなり、うねができしまう。

（テーピング用具）

テーピング用具

潤滑軟膏／ペトロリュームジェリー

テープと皮膚との摩擦を抑えるために用いられる粘性の潤滑軟膏。ヒールアンドレースパッドの代わりにも用いることができる。

高品質の特徴
- 体温でも粘性を維持
- 石油ベース

低品質の特徴
- 薄く、水ベース
- 体温では粘性が維持されない

ヒールアンドレースパッド

薄い泡状の四角いシートで、前足関節の靴紐部分および踵のテーピング装着中に摩擦が起きる可能性がある領域に用いられる（皮膚潤滑剤の層と合わせて用いる）。

高品質の特徴
- 薄くて丈夫
- 曲げてもはがれたり破れたりしない
- 滑らかな仕上がり

低品質の特徴
- 表面が粗い
- 破れたりはがれたりしやすい

滅菌ガーゼパッド

表面に粘着性のないパッドであり、開放創に有用である。使い方は次の通り。
- 擦傷および裂傷を使用毒剤で清潔にする
- 水ぶくれ、裂傷、小さな切り傷および擦傷を清潔にしたあとに開放創部分を保護する

高品質の特徴
- しっかり編まれている
- 個包装されている

低品質の特徴
- きちんと包装されていない：無菌状態を保証することができない

ヒント
テーピング全体の安定性および支えが損なわれないよう、ごく少量のみを用いることに注意しなければならない。

注意
アキレス腱停止など摩擦が起こりやすい部位や、過敏な皮膚の領域（表層に腱のある足関節前側など、皮膚に水ぶくれやテープ傷ができやすい）に潤滑剤は不可欠である。

ヒント
経済的には、発泡プラスチックの薄いシートを7cm（2.75インチ）四方にカットする。四角のガーゼを用いてもよい。

注意
創部にあてがう際に滅菌状態でなければならないため、パッドの開封には注意する。

不可欠な備品類

Section 1：基礎

非滅菌ガーゼパッド

下記の目的で用いる。
- 擦傷および裂傷の周囲を洗浄する
- 止血のために創部付近に圧をかける
- つま先の骨折など、小さい創部に副子を装着し、保護する

高品質の特徴
- しっかりと編み込まれている

低品質の特徴
- 網目が透けている

伸縮性包帯／粘着包帯／伸縮性ラップ

テーピングキットのなかでも最も汎用性が高く、包帯自体には貼り付くが、皮膚や体毛には貼りつかない。そのため、貼り付ける部位の剃毛する必要がなく、同じ理由からアンダーラップをなしで済ませられる。皮膚呼吸を妨げず、耐久性にすぐれ、圧迫力が変わらない。

さまざまな幅のものが市販されているが、最もよく用いられるサイズは次のとおりである。
- 15cm（6インチ）：痛めた大腿部と鼠径部を支えたり、副木を支えたり、アイスパックがずれないように止めたり、軟部組織の損傷部を圧迫したり、粘着剤が「セット」されるまでほかのテーピングを一時的に覆ったりする
- 10cm（4インチ）：足関節の捻挫を支えたり、姑息的にスリングにしたり、アイスパックがずれないように止めたり、軟部組織の損傷部を圧迫したり、粘着剤が「セット」されるまでほかのテーピングを一時的に覆ったりする
- 8cm（3インチ）：小さい足関節、大きい手関節、軟部組織の損傷部の圧迫
- 5cm（2インチ）：手関節の捻挫、小児の負傷、軟部組織の損傷部の圧迫

高品質の特徴
- しっかりと編み込まれている
- すぐれた伸縮性：伸び幅が広く、徐々に抵抗性が増す
- すぐれた反跳：使用後、元の長さの10％以内に戻る
- "粘着力のある"表面：層の間の滑り抑え、四肢の位置を保つ

低品質の特徴
- 網目が緩い
- 伸縮性に劣る：伸びやすく、その限界まできたときに突然止まる
- 反跳に劣る：使用後に伸びたままになる傾向にあり、元の長さの20％以内にも戻らない
- 表面が滑らか過ぎる：層の間が滑りやすく四肢に沿ってずれ落ちる

> **ヒント**
> ほかにも、伸縮性包帯が有用となるさまざまな応用の仕方がある。内容が揃ったテーピングキットにはここに挙げたさまざまなサイズの包帯類が入っており、状況に応じて対応できるようになっているはずである。

フォームパッド

密度の高い泡でできた薄いシートであり、挫傷部位、たとえば、挫傷した脛骨をテーピングする際に、パッドの層が負傷部位を保護するため、有用である。

高品質の特徴
- "独立気泡"：しっかりした構造で防水性があるため、よく保護してくれる

低品質の特徴
- 厚く、スポンジのような外観

外科用フェルトパッド

密に圧縮された繊維のシートであり、たとえば肩鎖関節を負傷した肩の保護と支持に用いたり、全体重を支える踵を一時的に挙上するのに用いたりする。

高品質の特徴
- 目が均等につまっている
- 触れると柔らかい
- シート全体の厚みが均一

低品質の特徴
- 目が緩く十分に保護することも、体重がかかり続けるとそれを支持することもできない
- 繊維が圧縮され過ぎていると、切断が難しく割くこともできない
- シート全体の厚みが不均一

ゲルパッド

ゲルパッドには、靴下上、袖状、詰め物状など、さまざまな形のものがある。ショックを和らげるのに用い、摩擦を抑えたり、圧力および剪断力に起因する諸問題を緩和したりする。

高品質の特徴
- 裂けない
- 身体、特に骨ばったあたりによくフィットする
- 洗って再使用することができる。

低品質の特徴
- 厚すぎると快適でなくなる
- 厚すぎると切ったり形を整えたりするのが困難である

> **注意**
> 効果的なテーピングのために、肩甲骨－鎖骨損傷のように局所圧迫としっかりした保護が必要である場合、硬めでありながらフォームパッドよりもクッション性のあるフェルトパッドが好ましい。軽量かつ安定したフェルトは踵の挙上に用いられる。

> **ヒント**
> 質の高いフェルトなら厚いシートでも、めくって薄い層にすることができる。

Section 1：基礎

絆創膏類（Compeed™、BAND-AID™）

さまざまな幅および長さのものが市販されており、軽い切り傷や擦り傷に有用である。防水仕様のものもある。

高品質の特徴
- 単独でラップできる
- よく粘着する

低品質の特徴
- 滅菌していないこともある
- うまく貼りつかない

低品質の特徴（生地の細片）
- うまく貼りつかない
- しわができるまで延ばすと、水ぶくれができることが多い

テープカッター

その形から「シャーク（サメ）」と呼ばれることが多い。
- プラスチック製のハンドルに、替刃の鋭利な刃が収納されている（きわめて鋭利なので、この刃を使用したり交換したりする際には注意する）
- 先端に丸みをもたせているため、テープを外す際に皮膚が保護される
- ハサミを動かすのが難しかったり不可能な場合、足関節または手関節のテーピングには特に有用である

> **ヒント**
> テープカッターは、何重にもなる足関節のテーピングを扱ったり、迅速さがきわめて重要とされたりする場合に便利である。

包帯用ハサミ

特殊な用途のハサミであり、先端に丸みをもたせているため、テープを外す際に皮膚まで切ってしまうことがない。

病歴用紙

これまでと現在の愁訴（筋骨格を含む）のほか、現在の処置について正確に記録しておく。

不可欠な情報
- 患者の氏名、住所、生年月日および連絡先電話番号
- かかりつけ医の詳細
- 負傷部位（身体部位）
- 負傷日
- 負傷の詳細（結果）
- 現在の健康状態と医学的情報

- 過去の健康状態と医学的情報
- 投薬
- 損傷とそれに関わる領域
- 治療内容（あれば）と今後示唆されるなどするケア

アスリートのための追加情報
- 種目
- その種目のレベル
- トレーニング／試合の頻度
- トレーニングの強度と量
- トレーニングの種類
- クラブの詳細
- この損傷についてアドバイスする人（連絡のとれるコーチ、トレーナー、マネージャー、外科医等）

上の情報は、統計記録に不可欠であり、万一、法医学的に厄介な事態が生じた場合や、治療が難しい場合にも、きわめて重要になってくる。詳しい記録を残しておくことの重要性は念を押しすぎるということない。

手術用手袋

使い捨ての非滅菌薄手ゴム手袋。
- 血液または血清が滲出している創部を扱う際には必ず着用する。見た目にはたいしたことがなさそうな擦傷または裂傷でも、血液が汚れを運搬する可能性がある
- 最大限保護するため、小さい傷でも治療時には手術用手袋を用いる必要がある
- 交差感染を防ぐため、患者ごとに手袋を交換する
- 手袋が汚れたら、正しい方法で廃棄する

高品質の特徴
- 薄いのに強い
- 伸ばしても破れない

低品質の特徴
- 破れたり、穴があいたりしやすい
- ごく薄のものは、皮膚が破れている場合にはほとんど保護することができない

携帯電話類

大きな損傷で、救急車での搬送や医療従事者の応援が必要な場合には、時間との勝負である。携帯電話またはペイフォンの残高と、該当地域の緊急連絡先一覧があれば、緊急の応援を呼び出しやすい。

注意
手術用手袋の信頼性に少しでも疑問があれば、2枚重ねで着用する。

注意
分厚く不格好な手袋を使うと、効果的なテーピング作業に必要な手先の器用さが奪われてしまう。

Section 1：基礎

その他備品類

非伸縮性酸化亜鉛テープ（白）

手足の指など小さな関節のテーピングには、幅の狭い1.2cm（2分の1インチ）のものが有用である。

接着剤除去剤

接着剤を溶解して、残った接着剤を取り除く。
- 24時間以内にテーピングを外す場合に有用である
- 除去剤の使用後は、刺激が起こらないよう皮膚を入念に洗う

舌圧子／平たい木の棒

本来の用途以外にも、オイルなどで手を汚すことなく潤滑剤や軟膏を塗布する場合にも有用である。

綿棒

ゲル、クリーム、オイルを正確に塗布したり、目の周りや開放創にタフナースプレーや粘着スプレーを使う際には、面のパッドが好ましい。

水ぶくれ保護材（Second Skin™またはCompeed™）

- 水ぶくれの治療には不可欠である
- 患部を悪化から保護しつつ、身体の動きを妨げない

三角巾、カラーとカフ、モスリンスクエア（万能子育て布）

しばったり、副子を当ててくくったりするのに有用である。
- 腕／肩を負傷した際に三角巾として用いることができる
- パッドにも圧迫用にもなる

防水テープ

- 湿度の高いところや水に関わる競技には不可欠である
- ほかのテープの上から覆えば防水に効果的である

爪切り

剥がれかけた爪を取り除いたり、テーピング前に切りそろえるのに有用である。

> **注意**
> 危険なので、目の周りや開放創にスプレーしてはならない。

> **ヒント**
> 水ぶくれ保護材を水ぶくれができやすいところにあらかじめ使用しておけば、水ぶくれが生じにくくなる。

第2章　テーピングの目的

Section 1

　テーピングの根本的な理由は、負傷した部分を保護して支えつつ、機能に見合った最良の動きをさせることである。リハビリテーションの必須ツールであるテーピングは、慎重に調整した制限範囲内で早期から活動させることによって損傷の回復を速め、それによって治癒を促す[1-7]。テーピングはほかにも、負傷部位をさらに負傷したり悪化したりしないよう保護することによって活動、練習、試合への復帰を早めてくれる上に、足関節の重度の損傷により股関節筋の動きが遅くなるなど、ほかの部位の代償損傷を回避することにもなる[8]。さらには疼痛も抑えてくれる（十分な説明は最終章にて）。

テーピングか装着固定具か

　損傷を来した組織を支え、その修復を促す上で、ブレイスサポーター（装着固定具）はテーピングと同程度に有効であることが多く、場合によってはそれ以上に有効であることを示す証拠は多数ある[9-23]。しかし、身体がぶつかりあうスポーツでは特に、固定具には適切ではない種類（通常は金属製、硬質プラスチック製、カーボンファイバー製）もある。テーピングは基本的に支持体として好まれている。アスリートがテーピングのサポートを受けて活動やトレーニング、試合に復帰する場合には特にそれが当てはまる。

　それでは質問する。アスリートがトレーニングや試合のために著しいサポートを必要とする場合、テーピングをすべきかどうか。答えはもちろん「ノー」である。また、テーピングをして活動してもまだ痛みがある場合には、**直ちに止めること**。テーピングを外し、損傷の評価を再度実施する必要がある。

ブレイスサポーター（装着固定具）

- 専門的な技術や知識は不要、患者本人が装着可能
- 再使用可能
- ノンアレルギー
- 調節可能
- 費用効果あり
- 競技によっては禁止されている固定具がある

テーピング

- 個別箇所・症状に適用可能
- 装着固定具ほどかさばらない
- 装着固定具では難しい部位にも施術可能
- 専門的な技術や知識を要することもある
- あらゆるスポーツでサポーターとして受け入れられている

Section 1：基礎

テーピングの目的と利点

テーピングの目的と利点は次の通りである。

目的

- 負傷した身体組織を支える
- 危険な可動域を制限する
- 修復と回復を促進する
- 本来の動きを無痛でできるようにする
- 保護された状態で活動を再開できるようにする
- 痛みを和らげる

利点

- 無痛で動かせることにより、循環がよくなる
- 腫れが抑えられる
- 下記の予防になる
  a. 当初の損傷の悪化
  b. 隣接部位の代償損傷
  c. 動かさないことによる衰え
- 下記のことができる
  a. 負傷後に動かさないことによる低下しがちな体調の調整と体力の強化を継続
  b. 阻害因子（疼痛、再負傷の恐怖心）によって失われがちな反応能力の維持

テーピングはいつまで貼っておくか

スポーツテーピングは、スポーツ中に維持し、活動後に外すよう考えられている。テーピング時、特に血液および神経が届いている身体領域に巻きつける際には、注意しなければならない。常に本人からフィードバックを受け、血液供給が妨げられている徴候がないかをみて、神経を圧迫していないかどうかをしかるべき質問にてたずねる。長時間にわたるテーピングが必要な場合には、それに見合った材料と技術と選び、本人には注意する点を警告し、不安要素があればテーピングを外してアドバイスを求めるよう伝える。

テーピングは、損傷を正しく評価して診断し、適切なテーピング技術を用いて初めて有益となる。テーピング技術が不適切であれば、関連領域に無理が生じ、水ぶくれや刺激が生じたり、場合によっては、損傷の重症度が増して、さらに周辺組織にも損傷を来したりする。

安全かつ有効なテーピングには、テーピングを施す者がその目的と、回避すべき状況の両方を熟知しておくことが不可欠である。本章では、その基準について説明する。

テーピングの目標：SUPPORT

　十分な理解と合意を得るために、患者には必ずテーピングを推奨する理由を事前に十分説明する。テープでアレルギー反応が出たことがあるかどうかを必ずたずねること。質問の仕方としては、「バンドエイドで皮膚がヒリヒリしたことはありますか」のように簡潔な方がよい。疑いのある場合の評価方法としては、小さなテープ片を皮膚に貼るパッチテストを行うとよい。アレルギー反応が現れることがわかっている患者と、反応が現れた患者には、アンダーラップ、低アレルギー性テープまたは皮膚鎮静剤を試してみる。**患者が少しでも刺激を感じたら、その場ですぐに外して皮膚を洗い、清潔にすること。**

　効果的なテーピングの目標は、それぞれの頭文字をとってSUPPORT（日本語で「支え」の意、原文は各々の頭文字から始まる）とした。テーピングする際にこれを重要なチェックリストとして用いれば、各損傷に最善の方法と材料を素早く選ぶことができる。

注意
テーピング単体では、完全に治療に代わるものにはならない。第4章（基礎病理学）および第6〜9章（実践）の表を見ればわかりやすく、治療計画全体にテーピングがどう関わっていくかを知るのに役立つ。

〈テーピングの目標〉

S 腫れは十分なパッドや圧迫材によってコントロールし、刺激性の滲出液をはじめとする液体が蓄積（浮腫）しないよう、組織の再生と修復に最善の環境を確保する。

U 損傷領域への過度のストレスは必ず予防し、別の負傷を招く可能性を抑えたり、損傷の重傷度が悪化したりしないようにする。

P パッド、潤滑剤をはじめとする保護剤を用いて、軟部組織が挫傷、水ぶくれ、テープ傷などでさらに損傷しないよう保護する。

P 損傷部位を支え、不要な動きや過度の動きを制御し、さらには、損傷組織への刺激を避けることによって、痛みや不快感は極力抑えなければならない。

O 正しくテーピングし、可動域を安全な範囲内に維持し、圧迫状態を維持することによって、最適な治癒および組織修復を増進する。

R 回復段階（亜急性期、機能回復、スポーツへの復帰）に合わせた正しいテーピング技術を選ぶ際には、組織が本来の機能（関節の動き、軟部組織の柔軟性、筋力、靱帯の安定性、運動支配のコントロールおよび自己受容感覚）を十分に取り戻すことを考慮しなければならない。

T 治療早期のケアは迅速な回復にきわめて重要である。治療には、電気的理学療法（超音波、レーザー、干渉電気療法、筋肉の刺激など）、徒手療法および運動療法があり、痛みと腫れを抑えつつ迅速な治癒を促す。

Section 1：基礎

テーピングの重要事項：PRECAUTION

　個々に用いたテーピングの目的を意識するほか、テーピングを終えてから観察したり回避したりする状態や状況がある。テーピング後のそんな重要事項を覚えやすいよう、それぞれの頭文字をとってPRECAUTION（日本語で「注意」の意、原文は各々の頭文字から始まる）とした。

〈テーピングの重要事項〉

P 損傷部を使う活動へのあまりにも早い参加は回避しなければならない。患者、特にアスリートがやりがちな重大なミスは、活動復帰が早すぎることである。それによって治癒が遅れ、再び負傷してその部分が弱くなるほか、ほかの部位にも代償的な合併症が現れる確率が高くなる。

R 可動域を制限しつつも、できる限り当該身体部位の正常に近い状態に維持する必要がある。動きを制限し過ぎると、周囲の身体構造または代償部位が過伸展となり、修復と回復が長引き、負傷関節とその周囲の組織が変化を来すことになる[24-27]。可動域を自由にさせ過ぎると、患部組織が十分に保護されず、さらに負傷しやすくなってしまう。

E 重篤な損傷、特に骨折、脱臼または組織断裂が疑われる場合には、専門医療機関に見解を求めなければならない。また、医療費支払い代行機関から、または政府の規制により、治療前に医師の評価が必要になることがある。

C 狭窄の徴候がわずかでもないかどうか、損傷領域の循環をモニタリングしなければならない。圧迫包帯は定期的にチェックしなければならない。

A アレルギーと皮膚の刺激はきわめて現実的な問題であり、テーピングをする側にとってもされる側にとっても、失望感が生まれる。さらに重篤なアレルギー反応になると、局所的に水ぶくれ、みみず腫れ、いぼ、赤み、痛みが現れる。ごく軽い場合は一般に、皮膚が赤くなったり、小さな水ぶくれができたりする程度である。

U テーピングに頼り過ぎるのは心理的に危険である。これは、患者、特にアスリートがテーピングなしではプレーできないと思うことによって生じるものである。このような場合、負傷領域が負傷前のレベルに戻らないことがある。動かさない時間が長引けば、患者は長期間にわたる過度のテーピング結果を克服するために不必要な徒手療法を受けることになる。

T 腱、筋肉および身体の突出部は、圧が高くなったり摩擦が起きたりしないよう、特に注意してテーピングをしなければならない。

I 負傷部位にアイシングをしてはならず、直ちにテーピングする。アイシングによって一時的に組織量が減少し、その身体部位の温度が上がるにつれてテーピングが徐々にきつくなる。また、患者はアイシング後の皮膚感覚が薄れているものと思われ、感覚の消失から組織損傷を来す可能性がある。

O テーピングを常に高い水準で維持するには、最高品質の備品類だけを用いること。

N 神経伝達および局所感覚が、二次炎症またはテーピング作業そのものの影響を受けることがある。感覚を変質させる因子を正しく評価することができるよう、テーピング前に感覚のレベルを評価しておくことが不可欠である。

参考文献

1. Kerhoffs GM, Rowe BH, Assendelft WJ et al. Immobilization for acute ankle sprain: a systemic review. Arch Orthop Trauma Surg 2001; 121: 462-471.
2. Kerhoffs GM, Rowe BH, Assendelft WJ et al. Immobilisation and functional treatment for acute lateral ankle ligament injuries in adults. Cochrane Database Syst Rev 2002;(3):CD003762.
3. Costa ML, Shepstone l, Darrah C et al. Immediate full-weight-bearing mobilization for repaired Achilles tendon ruptures: a pilot study. Injury 2003; 34: 874-876.
4. Costa ML, MacMillan K, Halliday D et al. Randomised controlled trials of immediate weight-bearing mobilisation for rupture of the tendo Achillis. J Bone Joint Surg Br 2006; 88: 69-77.
5. Feiler S. Taping like in professional sports: targeted stabilization and early mobilization of the ankle. Fortschritte de Medizin 2006; 148: 47-49.
6. Jacob KM, Paterson R. Surgical repair followed by functional rehabilitation for acute and chronic achilles tendon injuries: excellent functional results, patient satisfaction and no re-ruptures. Aust NZ J Surg 2007; 77: 287-291.
7. Maripuri SN, Debnath UK, Rao P, Mohanty K. Simple elbow dislocation among adults: a comparative study of two different methods of treatment. Injury 2007; 38(11): 1254-1258.
8. Bullock-Saxton JE, Janda V, Bullock MI. The influence of ankle sprain injury on muscle activation during hip extension. Int J Sports Med 1994; 15: 330-334.
9. Burks RT, Bean BG, Marcus R, Barker HB. Analysis of athletic performance with prophylactic ankle devices. Am J Sports Med 1991; 19: 104-106.
10. Paris DL. The effects of the Swede-O, new cross, and McDavid ankle braces and adhesive taping on speed, balance, agility, and vertical jump. J Athl Train 1992; 27: 253-256.
11. Paris DL, Kokkaliaris J, Vardaxis V. Ankle ranges of motion during extended activity periods while taped and braced. J Athl Train 1995; 30: 223-228.
12. Verbrugge JD. The effects of semirigid Air-Stirrup bracing vs adhesive ankle taping on motor performance. J Orthop Sports Phys Ther 1996; 23: 320-325.
13. Jerosch J, Thorwesten L, Bork H et al. Is prophylactic bracing cost effective? Orthopaedics 1996; 19: 405-414.
14. Metcalf RC, Schlabach GA, Looney MA et al. A comparison of moleskin tape, linen tape and lace-up brace on joint restriction and movement performance. J Athl Train 1997; 32: 136-140.
15. Callaghan MJ. Role of ankle bracing and taping in the athlete. Br J Sports Med 1997; 31: 102-108.
16. Hume PA, Gerrard DF. Effectiveness of external ankle support. Bracing and taping in rugby union. Sports Med 1998; 25: 285-312.
17. Cordova ML, Ingersoll CD, LeBlanc MJ. Influence of ankle support on joint range of motion before and after exercise: a meta-analysis. Orthop Sports Phys Ther 2000; 30: 170-177.
18. Verhagen EA, van Mechelen W, de Vente W. The effect of preventative measures in the incidence of ankle sprains. Clin J Sports Med 2000; 10: 291-296.
19. Handoll HH, Rowe BH, Quinn KM et al. Interventions for preventing ankle ligament injuries. Cochran Database Sys Rev 2001; 3.
20. Barkoukis V, Sykaras E, Costa F et al. Effectiveness of taping and bracing in balance. Percept Mot Skills 2002; 94: 566-574.
21. Arnold BL, Docherty CL. Bracing and rehabilitation – what's new? Clin J Sports Med 2004; 23: 83-95.
22. Olmsted LC, Vela LI, Denegar CR et al. Prophylactic ankle taping and bracing: a numbers needed to treat and cost benefit analysis. J Athl Train 2004; 39: 95-100.
23. Boyce SH, Quigley MA, Campbell S. Management of ankle sprains: a randomised controlled trial of the treatment of inversion injuries using an elastic support bandage or an aicast brace. Br J Sports Med 2005; 39: 91-96.
24. Zainuddin Z, Hope P, Newton M et al. Effects of partial immobilization after eccentric exercise on recovery from muscle damage. J Athl Train 2005; 40: 197-202.
25. Eckstein F, Hudelmaier M, Putz R. The effects of exercise on human articular cartilage. J Anat 2006; 208: 491-512.
26. Urso ML, Scrimgeour AG, Chen YW et al. Analysis of human skeletal muscle after 48h immobilisation reveals alterations in mRNA and protein for extracellular matrix components. J Appl Physiol 2006; 101: 1136-1148.
27. Hudelmaier M, Glaser C, Hausschild A et al. Effects of joint unloading and reloading on human cartilage morphology and function, muscle cross-sectional areas, and bone density – a quantitative case report. J Musculoskelet Neuronal Interact 2006; 6(3): 284-290.

第3章　テーピングのための総合ガイドライン

Section 1

　テーピング技術の選択には、特殊な知識と観察力が求められる。効果的、効率的なテーピングを適用するには、下記の項目がきわめて重要である。
- テーピングしようとする身体部位の解剖学的知識
- 下記事項を評価するための技量
   a．負傷した身体構造
   b．損傷の重症度
   c．治癒の段階
- 適切なテープと技術の選択
- スポーツ科学のニーズ（あれば）の考慮
- 個々のニーズに適した技術の適用
- テーピングしようとする領域の十分な前処理
- テープの効果的な活用法
- テープが完全に貼れていることの確認

　損傷部にいつテーピングをするか、最大の効果を得るにはどの技術を利用すればよいか、作業後の確認はどうすればよいかは、新人にとっては怖気づいてしまいそうなものばかりである。このプロセスを単純化して進めやすくするため、テーピングを大きく3段階に分け、以下にチェックリストを設けた。これを利用すれば、各段階ごとの重要ポイントを残らず迅速に評価することができる。その戦略が下記の通りである。
- テーピング前
- テーピング時
- テーピング後

　そのスポーツや種目独特の要件に精通した人およびそれに関わるアスリートたちの助けを借りて次ページからの概要をガイドラインとして使えば、そのスポーツ特有のチェックリストを作り出すことができる。

Section 1：基礎

テーピング前のチェックリスト[✓]　　27ページ
- 実用的か　　27ページ
- 論理的か　　27ページ
- テーピング用具　　27ページ
- 事前評価　　27ページ
    - 関節域および筋肉の柔軟性　　28ページ
    - 注意を払う領域　　28ページ
    - スポーツ特有の対処　　28ページ
- テーピングの開始姿勢　　28ページ

テーピング時のチェックリスト[✓]　　29ページ
- 損傷部の前処置　　29ページ
- 正しいテープの選択　　29ページ
- テープの貼付　　29ページ
- テーピング法の選択　　30ページ
- テーピング中の注意点　　30ページ

テーピング後のチェックリスト[✓]　　31ページ
- 仕上がりの確認　　31ページ
- 機能テスト　　31ページ
- テープの除去　　32ページ
- 皮膚の確認　　32ページ

テーピング前のチェックリスト

実用的か：テーピングはその損傷に効果があるか
- テープが身体部位に効果的に貼り付くか
- 当該領域は洗浄して剃毛するなどの処置が必要か
- 皮膚に湿り気があったり、油分が過剰ではないか
- 環境やスポーツの因子によってテーピングが使い物にならなくなる可能性はあるか（雨降り、気温が低い、湿度が高い、ダイビングや水泳での負傷など）
- アスリートが、貼り付いていないテーピングのまま処置室を去っていないか。安全の感覚を誤ってさらに負傷に至る可能性がある

論理的か：その損傷はテーピングの対象か
- 損傷は十分に評価し、正しく診断されているか。しかるべき評価の腕がないのであれば、ほかの者がアスリートを評価し、負傷した身体構造、損傷の重症度、治癒の段階を確認する
- 治療を要する骨折や脱臼、亜脱臼の可能性はないか。そのような場合、テーピングが適切ではないこともある
- 脳振とう、大出血、擦過傷、裂傷などの場合には、**直ちに応急処置をし**、救急室に搬送するのが正しい選択である。テーピングの対象ではない

テーピング用具：必要なものは揃っているか
　特定の損傷に必要なテーピング用具の種類と量をすばやく吟味することによって、迅速かつ計画的なテーピングができることになる。備品類が手元に揃っていれば、効率はこの上ない。

事前評価：負傷に対する知識はあるか
　正しいテーピング法の選択に際しては、負傷（または直接的か間接的かを問わず負傷の恐れがある）している箇所とその程度を評価する能力が不可欠である。解剖学の知識が十分で、なおかつ特定のスポーツに求められる必要条件を理解していることも、適切なテーピング技術を選ぶ上で不可欠である。リハビリテーションの一助としてテーピングを用いる場合、テーピング施術者には、負傷組織をテーピングする際に修復の機序と段階の知識も求められる。この知識を応用すれば、経験を通じた第二の天性となる。

　損傷部のテーピングをする**前**に下記の一般的事項を考慮する必要がある。

注意
アスリートが万が一、誤った判断によるテーピングでスポーツに参加し続けた場合、重篤な組織損傷を来し、回復過程がさらに複雑化することにもなる。

ヒント
応急処置は大いに推奨され、スポーツが関わる損傷の治療に関与する場合には義務とされることも多い。

ヒント
シミュレーションによる事前練習は、意思決定およびテーピング技術向上に役立つ。

Section 1：基礎

テーピングのための総合ガイドライン

関節域および筋肉の柔軟性：平常時の可動域の把握

　関節域はアスリートによって異なり、負傷していない関節および筋肉の領域のテストや検査が、その実際の様子を正しく知る上で有用になるはずである。この手順によって、テーピングが負傷領域の可動域を制限しすぎてしまうこともなくなる。

注意を払う領域：軟らかい皮膚または骨ばった部分の表皮

　軟らかい皮膚（肘や膝の皮）および骨のでっぱりの周囲に施したテーピング部分（足関節のテーピングであれば踵の後ろ側）が、表皮の損傷を来しやすい部位である。

　未熟なテーピングにより、常に圧がかかった状態になると、圧点に痛みが生じることがある（足関節のテーピングがきつすぎた場合の第5中足骨底の茎状突起など）。

　解剖学的に表在性（皮膚の表面に近い）の動脈、静脈、神経または骨がある部分は特に、皮膚を損傷させないよう注意する必要がある。

　テーピングに取りかかる前に、損傷領域ごとに問題の起こりやすい場所を改めて検討する必要がある。

スポーツ特有の対処：アスリートに必要な動きを実現する

　負傷したアスリートのスポーツに必要な可動域とはどのようなものか。たとえば外側足関節捻挫の場合、バスケットボール選手のテーピングに必要なのはほぼ最大の足底屈（ジャンプするため）であり、アイスホッケー選手ならほぼ最大の背屈になる。いずれの場合も、テーピングの目的は側方への過剰な移動負荷を制限することにあるが、それぞれのスポーツに必要となる可動域を可能にするには、テーピング方法は違うものになるはずである。同じスポーツでも異なることはある。たとえば、ラグビーではフォワードとバックスとでは必要とされるものが異なる。どうしてほしいか、普段はどんなテーピングをしてもらっているかを遠慮なくアスリートにたずねること。どうすれば上手くいくか、どうするのが快適なのかは本人が知っているケースが多いからだ。何をするにせよ、それが間違いなく効果につながることを覚えておいていてほしい。

テーピングの開始姿勢

　損傷部に負荷がかからず、十分に支えられている（伸びていない）姿勢が最善である。テーピング中は、アスリートが必要な体勢を維持するのに無理のないことを確認する。テーピングをする側も、能率的かつ快適で、生体力学的に適した肢位から開始できるようにする。

テーピング時のチェックリスト

損傷部の前処置——皮膚の状態を確認する

- 汚れている——液体殺菌石鹸または殺菌剤を含ませたガーゼでやさしく汚れを取り、軽くなでて乾かす。皮膚の傷口が開いていたり、擦りむけていたりする場合には、その部分に抗生物質の軟膏を薄く塗り、保護ガーゼで覆う。裂傷および擦過傷を扱う際には、必ず保護手袋を着用する
- 濡れている——ガーゼでやさしく乾かす。粘着スプレーを用いる
- 油っぽい——アルコールガーゼでぬぐい取る。粘着スプレーを使用してテープの粘着性が弱まらないようにする
- 毛深い——テーピングする部位を剃毛する。殺菌ローションを塗布する。ガーゼで拭き取って乾かす。皮膚に刺激がなければタフナーを用いる
- ヒリヒリする——抗生物質の軟膏を少量塗布する。潤滑剤は控えめに塗布し、保護パッドで覆う

正しいテープの選択

第2章で言及したように、正しいテープ選びは、テーピングを施す部位の構造と、テーピングにパッド、サポート、抑制、圧迫のいずれが含まれるかによって決まる。

一般に、**伸縮性**テープは、**伸縮性**組織（筋肉、腱など）の損傷に用いる。伸縮性テープが好ましいのは、組織を伸ばすことができながらも、テーピングによるサポートと抵抗でその筋肉や腱が伸びきることがないためである。

筋肉は、身体を動かす際、一定の範囲内で伸びる状態になければならないため、大きな筋肉をテーピングする際には、伸縮性のテープを**アンカー**として用いる必要がある。このほか、局所圧迫を必要とする独特な圧迫テーピングに用いることもある。

非伸縮性テープは、**非伸縮性**組織（靱帯など）の損傷部を支えるために用いる。非伸縮性テープを用いれば、靱帯と同じ方法で関節が補強され、関節の安定性が増す。

テープの貼付

損傷部位のテーピング作業に当たる者は必ず、個別の状況と、患者の要望に応じて貼り方を調節する。教育を受けて経験を積めば、本書に示す基本技術に基づいて技術のバリエーションを増やすことができる。足関節のテーピングについては、第6章にていくつかのバリエーションを紹介する。

テーピングが、ほかの構造を危険にさらすことなく対象部位を支えたり保護したりするという目標を満たそうとするものである限り、手順に変化をもたせてよい。

> **ヒント**
> 踵の後ろ、アキレス腱、足関節全面、ハムストリングなど、特にテーピングで刺激が起きやすい部位には、潤滑剤により保護する必要がある。

Section 1：基礎

テーピング法の選択

テーピングで用いられるテクニックには主として、ストリップ法とスムースロール法のふたつがある。

ストリップ法は、細く短く切ったテープを1片ずつ用いる方法であり、ごく限られた一定方向への張力を確実にコントロールできる。この方法は、第6章で紹介する基本的な予防テーピングによく用いられる。

スムースロール法は、1本のテープを続けて巻き付けていく方法をいう。

	長所	短所
ストリップ法	● 張力調整が可能 ● 必要なところだけテーピング可能	● 習得に時間と練習を要する
スムースロール法	● 迅速に貼れる ● メンバー全員のテーピング時に有用	● 正確な張力の調整が困難 ● テープを使いすぎる傾向にある

注意
ストリップ法は、損傷した特定部位を支えることができるより効果的な方法で、本書でも取り上げている。

テーピング中の注意点

- 血液循環を損なうことなく効果的に圧迫状態が維持されているか
- テープは正しく粘着しているか
- 損傷した構造は、選択したテーピング法によって正しく支えられているか
- 支えるテープおよびアンカーは十分に固定されているか

テーピング後のチェックリスト

仕上がりの確認──効果的なテーピングになっているか

テーピング作業が完了したら必ず、下記の項目を確認する。
- 手でやさしく関節の動きに負荷をかけて、当該四肢の可動域が損傷の方向に対して十分に制限されているかどうかチェックする。
- 関節とテープが安定しているかどうかチェックする。アスリートが痛みを感じないようにチェックすること。
- さらに、スポーツ特有な動きをさせて機能をみるほか、動きや可動域をみることによって、テーピングの仕上がり具合をみる。
- アスリートには必ず「違和感はありませんか。十分に動かせますか」とたずねる。

機能テスト──アスリートは安全にスポーツができるか

アスリートがトレーニングや試合に復帰する前に、スポーツ特有の技術と動きと関連するテーピングを徹底的に評価する必要がある。その際、簡単なものから実施して関節に負荷をかけていき、これを医学の点からも評価してもらう必要がある。

機能テストの例

スポーツ──サッカー
負傷部位──足関節
検査の進め方

- 単純な歩行〜ジョギング
- その場でのジョギング
- 直線上のランニング
- 大きなS字を描くランニング
- 小さなS字を描くランニング
- 8の字ランニング
- ジョギングでのジグザグ走り
- ランニングでのジグザグ走り
- 後ろ向きランニング
- 最後にジャンプ

最後のジャンプは、足関節にかかる負担が最も大きい、高い位置（足関節を再負傷するリスクが最も高い位置）からの衝撃に、耐えられるかどうかをみるものである。

上記テストのいかなる時点においても、アスリートが痛みを感じたり、敏捷さが損なわれたりすれば、損傷程度が増したり再損傷を来したりしないうちにその評価は**取り辞める**。

注意

テスト中にテーピングの効果がみられない場合には、痛みを感じたり、敏捷さが損なわれたりする原因箇所を修正するか、テーピングを一からやり直したうえで、正しくテーピングされているかどうかを再評価する。

Section 1：基礎

アスリートが、テーピングの力を借りながらトレーニングや試合に復帰できるかどうかを決めるうえで、重要な因子として、次のようなものが挙げられる。
- スポーツ特有の動きにおける能力とスピードをモニタリングする
- 無痛機能テスト
- トレーニングや試合復帰時に痛みなしで動けるか

テープの除去

テーピングの必要がなくなったら、細心の注意を払ってテープを取り除く。"素早く剥がす"と皮膚を痛めてしまい、傷になって回復が難しくなる可能性があるため、そのような方法はとらないようする。

唯一適切なのは、包帯用ハサミまたはテープカッター（テープシャーク）を用いることであり、これによって当該部位の皮膚などデリケートな組織を痛めないようにする。

望ましい方法としてはまず、骨または骨の出っぱりから離れた軟部組織の領域を選ぶ。ハサミの丸い先端を利用してテープを切り、テープを皮膚からやさしく剥がし、切りやすいようにトンネル状にする。テープを切ったのち、やさしくゆっくりと慎重に剥がし、剥がした後の皮膚を抑え、テープそのものは皮膚表面と平行（垂直にはしない）に引き戻すようにして剥がす（あくまでも引き上げずにゆっくりと）。

安全なテープの剥がし方は、付録DVDにて紹介する。

皮膚の確認：刺激または損傷の徴候はあるか

刺激、水ぶくれ、アレルギー反応など、テープによる有害作用がないか、皮膚をよく点検する。

> **ヒント**
> ハサミなどの先端に、潤滑剤を少量塗布しておくとテープの下ですべりがよくなる。

第4章　基礎病理学

Section 1

　スポーツ活動中に起こる負傷の大半は、筋骨格系が関与する捻挫、挫傷および打撲傷である。本書に示すテーピング法は、そうした損傷に特に有用である。骨折、脱臼、神経損傷、裂傷、擦傷および水ぶくれを来していれば、何らかの形での副子固定および保護も必要であるが、それは本書の趣旨から逸脱するものである。

　適切なテープと方法を選ぶにはまず、軟部組織に該当する修復過程に関する実務知識を身に付けておく必要がある。治癒には次の3つの段階があるとされている。

1. **急性期**　これは負傷直後の段階であり、損傷の範囲に応じた炎症過程（程度に差はある）である。急性期は3-7日であり[1,2]、この期間のテーピングの目的は損傷部位の圧迫である。すなわち、選択するテープは粘着包帯（チュビグリップなど）のように伸縮性のあるものということになる。そうすることによって、組織が腫れていても動かしてよい部位が圧迫されることになる。粘着包帯やチュビグリップを用いる際、締め付け過ぎないよう慎重を期し、患者に対しては、きつすぎる場合には包帯を外し、すぐに相談に来るよう伝えておく。

2. **増殖期**　この期間は細胞が増殖するため、そう呼ばれている。ゆるい基質が敷き詰められ、組織に対して一時的な修復作用をもたらす時期であることから、再生期、基質期ともいう。組織をそれ以上損なうことなく圧迫することを目的としたテーピングをするのは、この時期である。このため、この時期のテーピングは強めにする。ゆるい基質は損傷を受けやすいが、力の線に沿った強い基質を形成するには、その組織を圧迫する必要がある。

3. **リモデリング期**　その呼び名から、組織が再形成されて"正常"化する時期であることをうかがい知ることができる。損傷が回復しきったとみられてから最長12カ月後まで、損傷部とその周辺に組織修復の細胞が確認されていることから、この時期がいつをもって完了となるかは現時点ではわからない[3]。このリモデリング期には、まだ支えながらも動きを大きくできるようなテーピング法をとる。

　テーピングの効果は、貼ってから約20分以内に20-40%失われるとの報告がある[4,5]。しかし、これは使用したテープの種類による[6]。この統計はきわめて否定的な値であり、同じものを別の角度から見れば、テーピングの効果が20分経っても60-80%も残っているということになる。しかし、筋肉が温まると関節のコントロールが増すことから、トレーニングや試合に復帰した初期の段階にあるほど、テーピングの安定化作用は重要度が高い[7]ため、この時期のテーピングは最大の効果がもたらされるものであることが、ひたすら求められる。

　アスリートが疲労すると、神経運動のコントロールが低下することがわかっている[8]。テーピングは、疲労したアスリートにとって予防の意味で支えることができる。

応急処置の手順：RICES

安静（Rest）、アイシング（Ice）、圧迫（Compression）、挙上（Elevation）、支え（Support）——この5項目は応急処置の手順として確立されているが[9-13]、エビデンスのほとんどは間接的なものである[14,15]。それでもこの手順は、施術者の多くが同意している治療およびリハビリテーションという観点のひとつとなっている[16-18]。患者に対してこのRICESを推奨する前に、下記の5項目を自問すること。

- 患者にとって安静はどういう意味があるのか。絶対安静なのか、それとも、損傷を悪化させたり損傷したままになったり、新たな負傷を生む可能性のある活動を控えるということなのか。後者の場合、どんな活動ならできるのか。
- 今のところ、アイシングに関しては見解の一致をみていない[19-21]。アイシングから何が期待できるのか。血管収縮か、それとも血管拡張か。疼痛緩和か。損傷部位が化膿したりするのか。表面の損傷も深部の損傷も、同程度のアイシング時間が必要なのか。1回どれぐらいの時間のアイシングをし、それをどの程度の期間続けなければならないのか[18,19]。損傷部位をアイシングするのか、その近位か、遠位か。
- 損傷部の圧迫をどうするか、どれも裏付けに乏しい[15,22,23]。テープ、チュビグリップおよび装具の多くは、圧迫度がそれぞれに異なっている。どれを、なぜ選ぶのか。なぜ損傷部を圧迫するのか。その損傷に必要な圧迫期間はどれぐらいか。どの程度の圧迫が必要か。
- 損傷部を挙上することを勧める書籍は多い。しかし、そのような治療法を採ることに対しては、それを裏付ける証拠も反証も見つかっていない。どうやって患者に損傷部を挙げておくよう勧めるのか。肩の負傷でも、そこを高くしておく必要はあるのか。挙上しておく時間と期間はどれぐらいになるのか。
- 支持用の装具はあれこれかさばるが、支持具の種類はどれが患者に最適か。

テーピングを必要とする身体部位

身体部位のうち、テーピングが必要になることが最も多いのは、関節、靭帯、筋肉、腱およびその骨部分である。ここでは、そのそれぞれの部位とそれぞれに独特なテーピングの考え方について簡単にまとめる。初心者には役に立ち、上級者には再確認できる存在になると思う。

関節

2つ以上の骨が向い合い、一方が他方を中心に相互に動く構造となっているものである。関節の動きは靭帯、関節包、筋肉、骨同士の接触によって制御されるほか、当然ながら、病理因子もある。そのひとつである摩擦は、骨の関節表面を覆う滑らかな（硝子質の）軟骨と、滑膜性関節の関節包内の滑液とによって最小限に抑えられている。

関節運動に関与する筋肉と腱とが複雑に相互作用するため、機能連鎖のなかの一部が負傷すると、構造全体のバランスが崩れてしまう。たとえば、足関節に重度の損傷を来すと、その代償として股関節筋群の動きが悪くなる[24]。この不均衡が原因で、痛みのほか、程度の差はあれ関節の機能不全が亢進する。このため、テーピングした関節について第一に考えなければならないのは、損傷を来した構造を支えて保護することである。機能を転嫁したり代替構造に頼ったりせずに最適な動きをさせつつ、関節の繊細なバランスを再構成することも、きわめて重要である。

関節のテーピングが仕上がったら、患者に機能に関する独特な動きをいくつかさせ、関節のバランスが戻っていることを明らかにし、代替応力を評価する。患者がアスリートであれば、スポーツ特有の動きをさせてみる。患者は指示された動きを痛みなく全部こなすことができるようでなければならない。

靭帯

靭帯は、構造的には非弾性の結合組織であり、関節を安定させ、関節包を補強する。靭帯を伸ばしたり、断裂や挫滅を来したりすると、その結果である捻挫に対して、さらなる靭帯の損傷の危険性を低減しつつ、構造を支えて機能としての関節の動きを確実にできるよう支えるために入念なテーピングが必要になる。一般に、関節の不要な動きをしかるべく制する**非弾性**テープを使用すれば、靭帯はそれ以上の応力がかかることも外傷も来すことなく回復に向かう。

筋肉・腱

いずれも弾性で収縮性のある構造であり、筋骨格系の動きを生み出す。弾性のテープを用いれば、損傷部が伸びきってしまうのを制限しつつ回復を支えてくれる。弾性のテープはほかにも、圧迫を維持しつつ当該部位の周囲長さの正常な変化は起こるようにもしてくれることから、この部分の血液循環が危険にさらされることはない。

骨の隆起部

表層の骨ばった領域であり、ここを覆う軟部組織はほとんどない。隆起部を覆う皮膚は皮下組織による保護が十分でないため、水ぶくれや擦り傷を来しやすい。このため、当該領域にテーピングをする際には特別なケアが必要である。

テーピングによるこの領域の締め付けが強すぎると、圧迫により循環が悪くなり、神経が圧迫されたり急性の痛みが生じたりして、上手く身体を動かせなくなる。

評価項目：TESTS

第3章に記載した通り、テーピング前には必ず、損傷部を評価して最適な治療法およびテーピング法を明らかにすることが重要である。**捻挫、挫傷、打撲**（紫斑）の3項目について、損傷の程度を簡潔かつ迅速に評価することができるよう考案した一覧を次ページ以降に示す。ほかの部位についても、これと同じような一覧を第6章〜第9章に各テーピング法を写真付きで解説したあとに掲載している。万一、個別の状態の重症度について判断しかねる場合には、医師による評価および検査を求めなければならない。このように医療を受けるよう勧めることは、テーピングを扱う者の責任である。

読者が語呂合わせで覚えやすく、順を追って評価を簡単に進めることができる方法を考案した。そのTESTS（日本語で「テスト」の意。原語が各々の頭文字から始まる）とは次の通りである。

注意

RICESの語呂合わせを用いれば、急性軟部組織の損傷に対する基本的な治療の要素、すなわち安静（**R**est）、アイシング（**I**ce）、圧迫（**C**ompression）、挙上（**E**levation）、支え（**S**upport）を思い出しやすくなる。

〈評価項目〉

T （TERMINOLOGY／専門用語）正しい名称、同義語のほか、損傷の状態を特定するための関連情報。

E （ETIOLOGY／病因）重要な関わりをもつ機序、原因となった要素、負傷率。

S （SYMPTOMS／症状）負傷した患者の自覚的愁訴と損傷の詳細。テーピングを施す者が測定可能な客観的身体所見。

T （TREATMENT／治療）応急処置の早期および晩期、徒手療法、テーピング。必要に応じて医師がフォローアップする。

S （SEQUELAE／後遺症）元になる損傷を治療しないか、治療が不十分であるか、または医師による十分なフォローアップを求めずに放置した場合に起こりうる合併症。

次に、損傷の分類および程度を明らかにすることを目的に、3つの表をまとめた。治療のさまざまな側面の概要を示しており、テーピングを施す者が治療計画全体に関する見通しを立てることができる。テーピング単体は決定的な治療ではなく、むしろ保護や、安全性を高め、回復を早める手段でしかない。

基礎病理学

捻挫（靭帯の損傷）の評価

T(TERMINOLOGY) 専門用語		第1度：伸長がほとんどないしまったくない線維の損傷	第2度：不全断裂を伴う過伸展による中等度ないし重度の伸長	第3度：完全断裂
E(ETIOLOGY) 病因		靭帯に直接的または間接的な軽度の応力	靭帯に対する中等度の応力	1つまたは2つ以上の靭帯に重度の応力
S(SYMPTOMS) 症状		・安静時に若干の痛みを感じる可能性あり ・能動的に動かすと（外傷の方向に）若干の痛みを感じる ・抵抗運動をさせると（外傷の方向に）若干の痛みを感じる ・受動的に動かされると（外傷の方向に）若干の痛みを感じる ・負傷した靭帯の負荷試験で痛みがある ・若干の腫れがある ・若干の変色がある ・不安定感はない ・機能喪失は最小限	・安静時でも局所の痛みやび慢性の痛みがある ・能動的に動かすと（損傷の方向）痛む ・抵抗運動（多方向）で痛む ・（損傷の方向への）受動的伸展で痛む ・損傷部に激しい圧痛がある ・大きな腫れ ・すぐに変色がみられるとは限らない ・靭帯に応力をかけるとひどく痛む ・負荷試験で明らかな弛緩が認められる ・本来の構造が場合により著しく損なわれている ・軽度ないし中等度の動的機能の喪失	・靭帯が断裂しているため、第2度よりも痛みが小さいことが多い ・著明な腫れ ・変色することが多い ・負荷試験で著しく異常な動きをみせる ・本来の構造が大いに損なわれている ・構造の機能が大いに損なわれている
T(TREATMENT) 治療	早期	・負傷後48-72時間はRICES ・テーピングによる固定 ・各種治療法 ・可動域	・負傷後48-72時間はRICES ・腫れる可能性を見越してテーピングにより固定 ・負傷から48時間は体重をかけない ・各種治療法	・負傷から48-72時間後はRICES ・テーピングによる固定 ・手術、ブレーシングまたはグラスファイバーまたは石膏による固定
	晩期	継続する治療 ・テーピングによる固定：痛みがなくなるまでの3-10日間 ・痛みがなければ（テーピングした状態で）活動が可能に ・（等尺性運動から開始して）運動強度を上げていく ・自己受容	継続する治療 ・硬直があれば動かす ・局所的な腫れおよび硬直があればそれを横断的にマッサージする ・等尺性運動の強化 ・2-3週間は活動度を調節し、テーピングでの固定により痛みがなければ、慎重に様子をみながら活動度を戻していく ・テーピングを4-6週間続ける ・再発防止には自己受容感覚再教育がきわめて重要 ・可動域、柔軟性、筋力、平衡協調運動および自己受容性の回復のための総合的なリハビリプログラム	次のような治療法がある ・各種治療法 ・硬直があれば動かす ・ストレッチ ・筋力強化（関節の力を抜き等尺性運動から開始） ・運動プログラムを調整して、治療期間を通じてフィットネスレベルを維持する ・テーピングで支えながら、痛みのない再統合プログラムを少しずつ進める ・少なくとも4カ月間はテーピングを続ける ・靭帯が完全に引張強度を取り戻すには最長1年間を要する ・第2度と同じ総合的なリハビリプログラムで、自己受容に力を入れる（2-3カ月間）
S(SEQUELAE) 後遺症		・損傷部の慢性痛 ・再負傷 ・筋力低下 ・硬直	・関節の慢性的な不安定または"弛緩" ・慢性痛 ・再負傷 ・自己受容性の低下 ・筋力低下 ・関節炎のような異変	・癒着 ・長期にわたる機能不全 ・靭帯が伸びた位置で治癒することによる不安定 ・リハビリが不十分であると、再負傷の可能性が高い ・筋力低下 ・自己受容および反応能力の低下 ・関節炎の合併

RICESは、安静（Rest）、アイシング（Ice）、圧迫（Compression）、挙上（Elevation）、支え（Support）の略。

挫傷（筋肉・腱の負傷）の評価

T (TERMINOLOGY) 専門用語		第1度：伸長がほとんどないしまったくない線維の損傷	第2度：中等度ないし重度の伸長を引き起こす線維の不全断裂	第3度：完全断裂
E (ETIOLOGY) 病因		● 筋収縮に対する軽度ないし中等度の応力 ● 軽度ないし中等度の過伸展 ● 慣れない活動 ● ウォーミングアップをしなかった	● 筋収縮に対する中等度ないし激しい応力 ● 中等度ないし重度の過伸展 ● 慣れない抵抗運動を繰り返す	● 筋収縮に対して重度の応力 ● 激しい運動中に拮抗筋の自発収縮を引き起こす強烈な筋収縮（スプリンターの"ハムストリング"肉離れ、テニスプレーヤーの腓腹筋肉離れ） ● 重度の過伸展 ● 運動前の不適切なウォーミングアップやストレッチング ● コルチゾン注射を繰り返すことによる腱の脆弱化
S (SYMPTOMS) 症状		● 軽度の局所または慢性の痛み ● 若干の腫れがある ● 若干の変色の可能性がある ● 能動的筋収縮時に痛む ● 抵抗運動で痛みが増す ● 受動的な伸展で痛みが増す ● 局所の触診で痛みが出る ● ごく軽微な機能喪失	● 中等度ないし重度の（局所性やび慢性の）痛み ● 中等度の腫れ ● 筋肉内であれば変色はみられない ● 能動的筋収縮時に中等度ないし重度の痛みがある ● 抵抗運動時に中等度ないし重度の痛み ● 中等度ないし重度の筋力低下 ● 受動的な伸展で中等度ないし激しい痛みがある ● 痙攣 ● 触診したところが痛む ● 中等度ないし重度の機能喪失	● 完全断裂のためほとんど痛みを感じないことが多い ● 著明な腫れ ● 損傷部位によって変色の仕方が異なる ● 能動的収縮時に激しい痛みはない ● 患部のみの検査では筋力ゼロ ● 筋肉の"バンチング"が衝突と空洞化による変形を引き起こす可能性がある ● 完全な機能喪失
T (TREATMENT) 治療	早期	● 負傷後48-72時間はRICES ● テーピングによる完全伸展の予防と、筋腱単位の弾性支持（損傷部位が筋肉の広い範囲であれば、筋腹の圧迫テーピング）（腓腹筋の圧迫テーピングは第6章、大腿四頭筋は第7章を参照のこと） ● 痛みがない場合にかぎり体重をかける ● さまざまな治療法	● 負傷後48-72時間はRICES ● 第1度と同じテーピング、損傷部位が筋腹内であれば、筋腹を覆う圧迫テーピング ● 負傷から48時間または痛みがなくなるまで体重をかけない ● 各種治療法 ● 拮抗（反対の）筋の能動的収縮により弛緩、柔軟性および痙攣をなくす	● 負傷後48-72時間はRICES ● テーピングによる固定で構造を短縮させ、3週間は固定 ● 短縮部位の手術またはギプスが推奨されることが多い
	晩期	継続する治療 ● ストレッチ ● 徐々に筋力をつける ● テーピングで活動度をコントロールする ● テーピングは1-3週間続ける ● 癒着があれば、それに対して横断的にマッサージする ● 全く痛みのない活動に速やかに戻る ● 筋力、柔軟性および自己受容のための総合的なリハビリプログラム	継続する治療 ● ストレッチ ● 筋力強化運動 ● 癒着があれば、それに対して横断的にマッサージする ● 運動プログラムを調整して、フィットネスレベルを維持する ● テーピングで支えながら、完全な活動度まで痛みのない再統合を少しずつ進める ● テーピングは3-6週間続ける	治療法 ● 各種治療法 ● 運動プログラムを調整して、フィットネスレベルを維持する ● ストレッチ ● 筋力強化運動を等尺性運動から開始して、偏心性運動および求心性運動へ進む ● テーピングで支えながら、完全な活動度まで痛みのない再統合を少しずつ進め、テーピングは8-12週間続ける ● 柔軟性、筋力および自己受容のための総合的なリハビリプログラム
S (SEQUELAE) 後遺症		● 慢性痛 ● 瘢痕 ● 柔軟性の低下 ● 筋力低下 ● 再負傷	● 慢性痛 ● 瘢痕 ● 柔軟性の低下 ● 筋力低下と筋抑制 ● 腱炎をおこしやすくなる ● 再負傷により完全断裂を来す可能性がある	● 瘢痕 ● 柔軟性の低下 ● 筋力低下 ● 万一、筋肉が伸びた位置で治癒した場合、著明な機能喪失 ● 反応能力の低下

RICESは、安静（Rest）、アイシング（Ice）、圧迫（Compression）、挙上（Elevation）、支え（Support）の略。

4 捻挫・挫傷の評価／TESTS

基礎病理学

打撲の評価

T(TERMINOLOGY) 専門用語		第1度：軽微な軟部組織の圧挫	第2度：中等度の外傷および紫斑を引き起こす中等度の強度の直接的な打撃	第3度：軟部組織の重大な損傷
E(ETIOLOGY) 病因		紫斑を引き起こす直接的または間接的な軽い打撃	中等度の外傷および紫斑を引き起こす中等度の強度の直接的な打撃	通常は筋腹が直接的な激しい打撃を受け、重度の外傷および大量出血を来す
S(SYMPTOMS) 症状		● 局所痛 ● 軽微な腫れ ● 筋肉内であれば若干の変色を来す可能性あり ● 可動域は通常、さほど影響はない ● 能動的な動きにより若干の痛みがある ● 抵抗運動時に若干の痛みがある ● 受動的な伸展時に若干の痛みがある ● 触診時に圧痛がある ● 運動能力が妨げられることは通常ない	● 著明なび慢性および局所性の痛み ● はっきりとわかる腫れ ● 筋肉間であれば変色 ● 痛みおよび腫れのため可動域が制限される ● 能動的な筋収縮時に中等度ないし激しい痛みがある ● 抵抗運動時に激しい痛みがある ● 筋力低下 ● 受動的な伸展時に激しい痛みがある ● 触診時に圧痛がある ● 中等度の機能喪失	● 重度の痛み ● 大きな腫れ ● 筋肉間であれば変色 ● 可動域がごく狭くなる ● 能動的な筋収縮で痛みがある ● 著明な痙攣 ● 損傷部の変形が触知されたり、筋肉内であれば水が溜まっているのが触知されたりすることが多い
T(TREATMENT) 治療	早期	● 負傷後48-72時間はRICES ● 直ちにテーピングで固定する（腓腹筋の圧迫テーピングは第6章、大腿四頭筋は第7章を参照のこと） ● 拮抗筋の能動的な収縮により完全な柔軟性を取り戻す	● 負傷後48-72時間はRICES ● 直ちにテーピングで支える（腓腹筋の圧迫テーピングは第6章、大腿四頭筋は第7章を参照のこと） ● 各種治療法	● 負傷後48-72時間はRICES ● 直ちにテーピングで支える（腓腹筋の圧迫テーピングは第6章、大腿四頭筋は第7章を参照のこと） ● 絶対安静 ● 脚の負傷には松葉杖が必要になる ● 各種治療法 ● 損傷部周囲の拮抗筋の能動的な等尺性運動により、痛みのない範囲でストレッチングをする
	晩期	継続する治療 ● ストレッチ ● 筋力強化 ● 癒着があれば、それに対して横断的にマッサージする ● 圧迫固定により活動度を調整する ● テーピングは痛みがなくなるまで3-10日間続ける	継続する治療 ● 痛みのない範囲で、筋力強化運動を慎重に進める ● 拮抗筋の能動的な収縮運動により、痛みのない範囲で負傷した筋のストレッチングをする	継続する治療 ● ストレッチ ● 負傷から3週間はマッサージしない ● リモデリング期（4週間）の後期にかぎり、癒着があれば、それに対して横断的にマッサージする ● テーピングで支え、痛みのない範囲で、筋力強化運動を慎重に進める ● テーピングで支え、痛みがない範囲で、慎重に調整しながら活動度を大きくしていく ● 少なくとも4-8週間は圧迫を続ける
S(SEQUELAE) 後遺症		● 痙攣 ● 瘢痕 ● 柔軟性の低下 ● 再負傷	● 早期に強いマッサージをしたり、温めたりストレッチさせたりすると、外傷性骨化性筋炎（筋肉内での骨形成）を来すことが多い ● 瘢痕 ● 柔軟性の低下 ● 永続性の筋力低下 ● 変形	● 早期に強いマッサージをしたり、温めたりストレッチさせたりすると、外傷性骨化性筋炎（筋肉内での骨形成）を来すことが多い ● 瘢痕 ● 柔軟性の低下 ● 永続性の筋力低下 ● 変形 ● 自然断裂のリスク

RICESは、安静（Rest）、アイシング（Ice）、圧迫（Compression）、挙上（Elevation）、支え（Support）の略。

参考文献

1. Watson T. Tissue healing. Electrotherapy on the web. Available online at: www.electrotherapy.org.
2. Lederman E. Assisting repair with manual therapy. In: The science and practice of manual therapy. Edinburgh: Elsevier, 2005: 13-30.
3. Hardy MA. The biology of scar tissue formation. Phys Ther 1989; 69: 1014-1024.
4. Rarick GL, Bigley GK, Ralph MR. The measurable support of the ankle joint by conventional methods of taping. J Bone Joint Surg 1962; 44A: 1183-1190.
5. Fumich RM, Ellison AE, Guerin GJ et al. The measured effects of taping on combined foot and ankle motion before and after exercise. Am J Sports Med 1981; 9: 165-170.
6. Bunch RP, Bednarski K, Holland D et al. Ankle joint support: a comparison of reusable lace on brace with tapping and wrapping. Physician Sports Med 1985; 13: 59-62.
7. Leanderson J, Ekstam S, Salomonsson C. Taping of the ankle – the effect on postural sway during perturbation, before and after a training session. Knee Surg Sports Traumatol Arthrosc 1996; 4: 53-56.
8. Taimela S, Kankaanpaa M, Luoto S. The effect of lumbar fatigue on the ability to sense a change in lumbar position. A controlled study. Spine 1999; 13: 1322-1327.
9. Ivins D. Acute ankle sprain: an update. Am Fam Physician 2006; 10: 1714-1720.
10. Popovic N, Gillet P. Ankle sprain. Management of recent lesions and prevention of secondary instability. Rev Med Liege 2005; 60: 783-788.
11. Carter AF, Muller R. A survey of injury knowledge and technical needs of junior Rugby Union coaches in Townsville (North Queensland). J Sci Med Sport 2008; 11: 167-173.
12. Palmer T, Toombs JD. Managing joint pain in primary care. J Am Board Fam Pract 2004; 17(suppl): S32-42.
13. Perryman JR, Hershman EB. The acute management of soft tissue injuries of the knee. Orthop Clin North Am 2002; 33: 575-585.
14. Bleakley CM, McDonough SM, MacAuley DC et al. Cryotherapy for acute ankle sprains: a randomized controlled study of two different icing protocols. Br J Sports Med 2006; 40: 700-705.
15. MacAuley D, Best T. Reducing risk of injury due to exercise. BMJ 2002; 31: 451-452.
16. Worell TW. Factors associated with hamstring injuries. An approach to treatment and preventative measures. Sports Med 1994; 17: 338-345.
17. Hubbard TJ, Denegar CR. Does cryotherapy improve outcomes with soft tissue injuries? J Athl Train 2004; 39: 278-279.
18. Petersen J, Holmich P. Evidence based prevention of hamstring injuries in sport. Br J Sports Med 2005; 39: 319-323.
19. MacAuley D. Do textbooks agree on their advice on ice? Clin J Sports Med 2001; 11: 67-72.
20. Bleakley C, McDonough S, Macauley D. The use of ice in the treatment of acute soft tissue injury: a systematic review of randomized controlled trials. Am J Sports Med 2004; 32: 251-261.
21. MacAuley DC. Ice therapy: how good is the evidence? Int J Sports Med 2001; 22: 379-384.
22. Watts BL, Armstrong B. A randomised controlled trial to determine the effectiveness of double tubigrip in grade 1 and 2 (mild to moderate) ankle sprains. Emerg Med J 2001; 18: 46-50.
23. Kerkhoffs GM, Struijs PA, Marti RK et al. Different functional treatment strategies for acute lateral ankle ligament injuries in adults. Cochrane Database Syst Rev 2002; 3:CD002938.
24. Bullock-Saxton JE, Janda V, Bullock MI. The influence of ankle sprain injury on muscle activation during hip extension. Int J Sports Med 1994; 15: 330-334.

第5章　テーピング技術のキーポイント

Section 1

　テーピング法のほとんどは、基本的かつ重要なテーピング戦略をさまざまな形に応用したものである。テーピング法の違いは、それぞれのテープの扱い方や貼り付け方、使用するテーピング材の種類にある。テーピング戦略はどのひとつをとっても、患者の要件およびニーズを満たし、競技規則を守り、重要とあれば、テーピングしようとする関節の種類とその関連構造のほか、損傷の種類と重症度を考慮したものでなければならない。

　四肢に巻きつける形でのテーピングでは通常、血流に悪影響を及ぼさないよう、遠位（下の方）から近位（上の方）へと貼る。静脈には静脈弁があって血液の逆流を防いでいる。血液がテーピングによって近位から遠位へ強制的に逆流させられると、その弁が損なわれるおそれがある。テーピングを（仕上げ時などに）近位から遠位へと巻き付けていく場合には、軽く貼りつけるようにしなければならない。

　本章をお読みいただければ、基本テクニックと機能、その目的および貼り方など、テーピング戦略の要素として最も一般的なものに馴染めるようになっている。

写真で示す基本テクニック
- アンカー
- スターアップ（鐙帯）
- バーティカルテープ（垂直片）
- "バタフライ"（止め手綱）
- ロック
- 8の字テーピング
- 圧迫テープ
- 仕上げ（クロージング）

テープを切る／裂く

　テーピングの前に、効率的にテープを切る方法を学んでおくのがよい。テープの切り方は習得するものであり、テーピング熟練者のようには簡単にできるものではない。手で裂けるテープは、非伸縮性（酸化亜鉛）のものと粘着包帯である。写真の1, 2の手順で進めるのがよい。

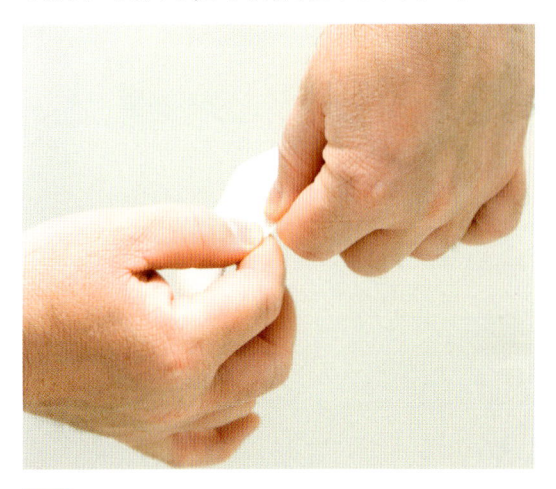

1 テープの縁を親指の爪でしっかりとつまむ（テープに対して垂直に爪同士を合わせるように）。

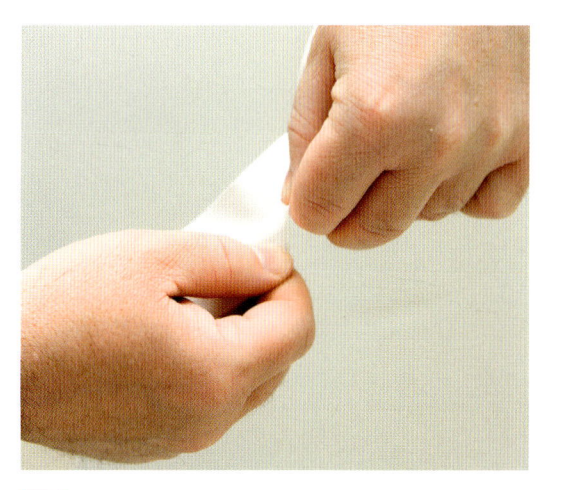

2 テープの縁をピンと貼った状態のまま、両手をそれぞれ反対の方向へ一気に引いて裂く。

41

Section 1：基礎

練習用テープの準備

　テーピング技術を習得するには、練習用のテープを用意するとよい。正確に8の字にテーピングしてテープを固定する技術はそう簡単には習得できるものではない。完璧に習得しようと思うなら、数えきれないくらい練習を重ねること。練習用テープは、実践用テープと同様、四肢等に使用する。そうすれば、テープを無駄にせずにさまざまな複雑な方法の練習を積むことができる。"出発"角度と側方剪断度で実験することによって、さまざまな足関節の形状および厚みに慣れることができる。テープの方向をコントロールし、それによって最終的にテーピングに求められる結果が得られるよう調節できるようにすることは重要である。

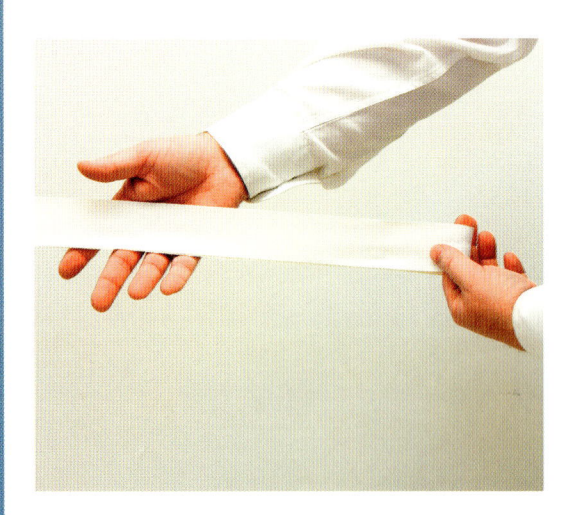

1 ロール状のテープを1m（3フィート）伸ばし取り、一端をもう一人の人に持っておいてもらう。

2 テープは左手の指2本（少し離して）で持ち、もう一人がもう1m伸ばし取る。

3 このテープ2本を（粘着部を内側にして）折り重ならないよう、平行にしてもつ。

4 テープはピンと張った状態で、テープがシワになったり折り重なったりしないように張り具合をコントロールしながら、テープを端からやさしく貼り合わせていく。

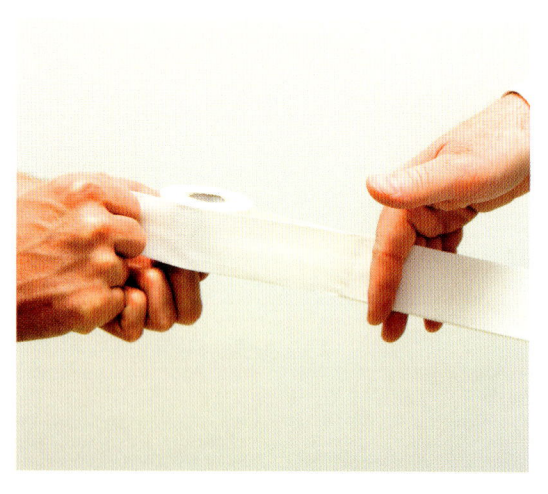

5 テープがループ状になった部分の指を抜き、その部分も貼り合わせる。

6 テープの端を貼り合わせ終えたら、貼り合わせていない部分を15cm余らせて、ロールからちぎり取る。

基本テクニック

アンカー

- **説明**：テーピングの最初に貼るテープ。テーピング部位の身体構造が伸縮する必要があるかどうかに応じて、非伸縮性のものでも伸縮性のものでもよい。
- **目的**：固定用のテープを貼る前のベースとする。
- **方法**：損傷部の上下に、固定しようとする当該肢の周囲を取り巻くように貼る。（きちんと前処置したうえで）皮膚に直接当たるようにして、身体本来の形状に沿うようにしつつ、しっかりと貼りつける。

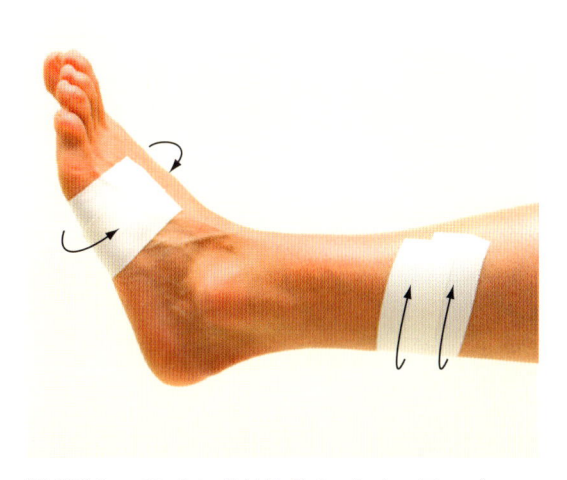

端が重なっていない非伸縮性のアンカーテープ　　　伸縮性のアンカーテープ

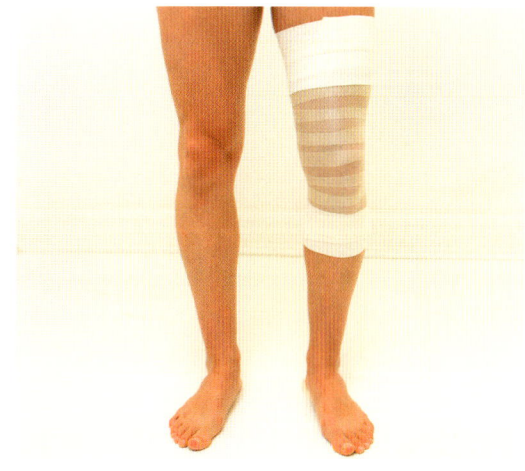

Section 1：基礎

テーピング技術のキーポイント

スターアップ（鐙帯）

説明：U字形のループになった非伸縮性のテープ。

目的：靭帯の損傷部を直接固定し、(写真の場合には) 距骨下関節を固定する。

方法：一端をアンカーに貼り、外側と内側の両方が安定するようにテープの位置を決める。負傷側のテープを強めに引っ張って、アンカーにしっかり貼る。

> **注意**
> テープがしっかり貼りつけるまで、引っ張った状態を維持しなければならない。

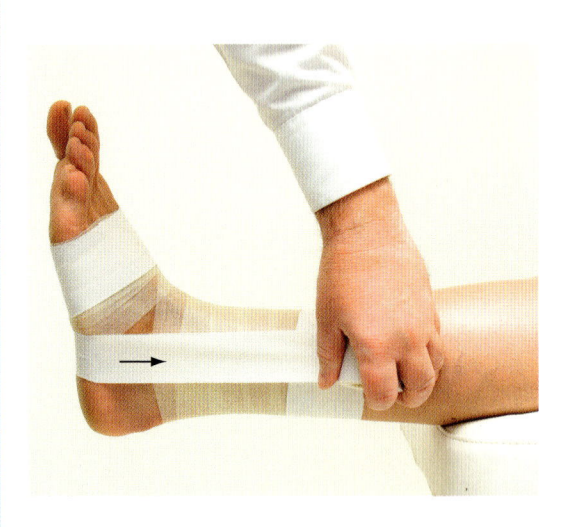

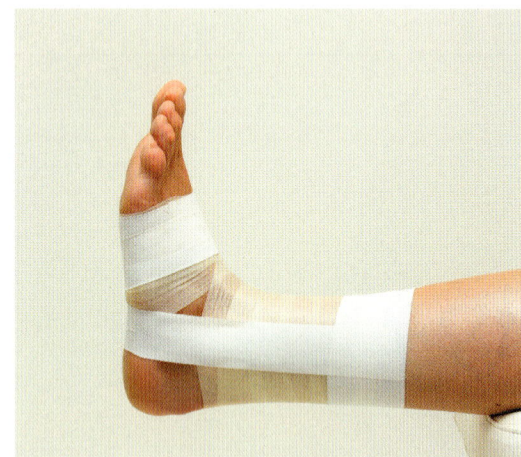

バーティカルテープ（垂直片）

説明：非伸縮性テープをアンカー部分からもう一方のアンカー部分へ引っ張りながら貼りつける。
目的：損傷した部位の遠位部を近位方向へ引き上げることによって可動性を抑える。
方法：バーティカルテープの一端を遠位のアンカーに貼りつける。テープを引っ張りながら損傷した部位をまたいで近位のアンカーに貼りつける。これで、この部位は幅が狭められる形で固定されているはずである。

注意
テーピングが効果を発揮するには、損傷位置を正確に知ることがきわめて重要である。

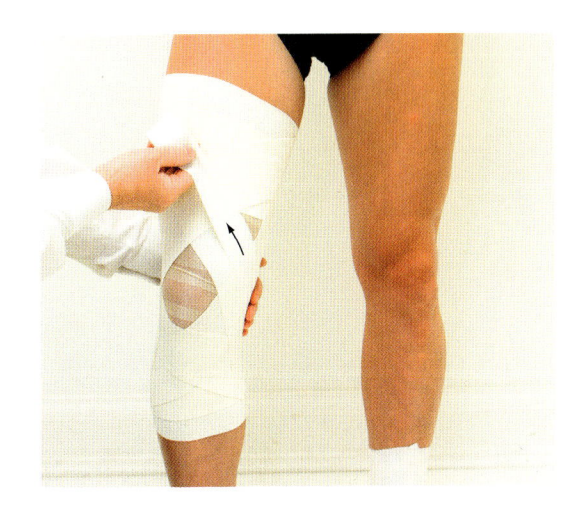

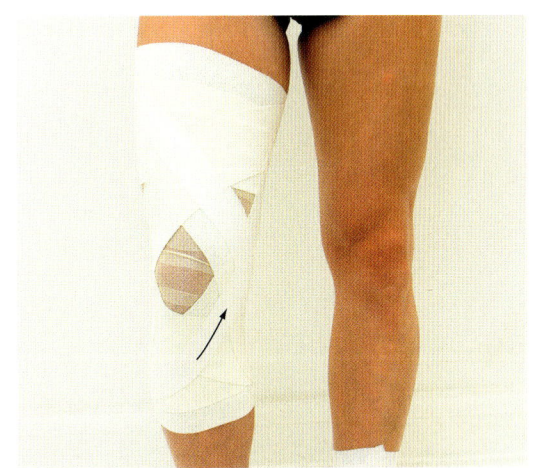

注意
テープがはがれてしまわないよう、損傷部位をまたいでテープを引っ張りつつ、アンカー部の先端を上から直接貼り付け、そのままにする。

Section 1：基礎

"バタフライ"（止め手綱）

- **説明**：バーティカルテープ（垂直片）を3本以上組み合わせ、テーピングしようとする関節の回転軸に対して10°から45°の間で角度を調節して貼りつける。テープは伸縮性でも非伸縮性でも構わない。
- **目的**：正常な動きでよく見られるような単純な平面方向を超える動きを抑える。この"バタフライ"（止め手綱）は、本来あるねじり成分の応力にも、純粋に単一方向の応力にも耐えられる。
- **方法**："バタフライ"は次の手順で貼る。

> **注意**
> 3本の軸は直接、関節線上にある。

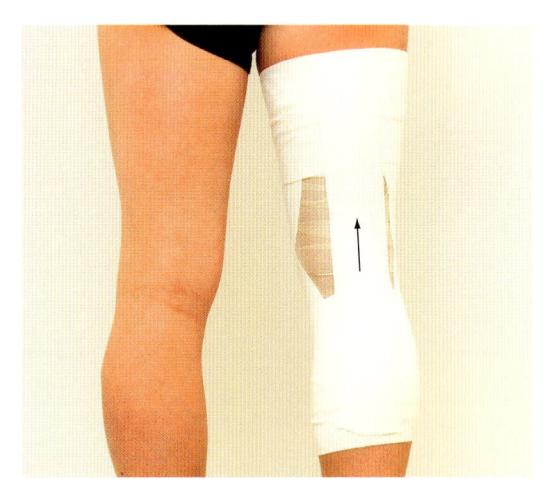

1本目：遠位部のアンカーから近位部に向かって完全に垂直にする。

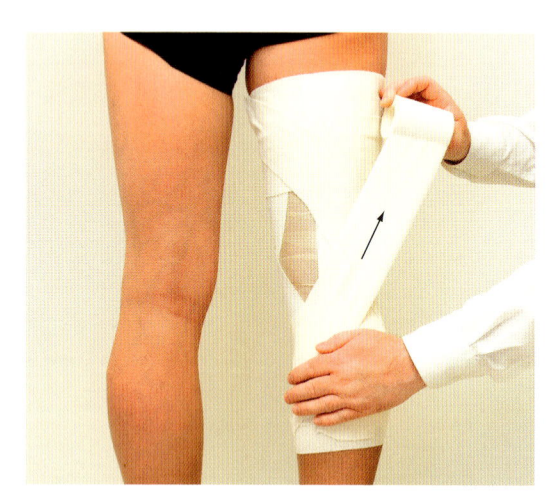

2本目：1方向にわずかにねじる。
3本目：同じ要領で反対方向にねじる。

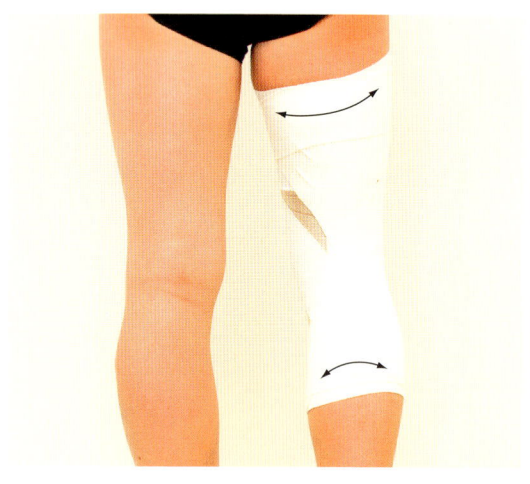

仕上げ：アンカーを再度貼ってバタフライを固定する。

ロック

- **説明**：非伸縮性のテープを先に貼ったテープに貼りつけて損傷部の安定性を強化する。
- **目的**：機能としての動きができるようにしつつ、距骨下関節および距腿関節の内側および外側の安定性を強化する。
- **方法**：特定の数カ所で強く引っ張ってテーピングを強化し、可動域が確実に特定の範囲に収まり、損傷した部位が伸びすぎないようにする。

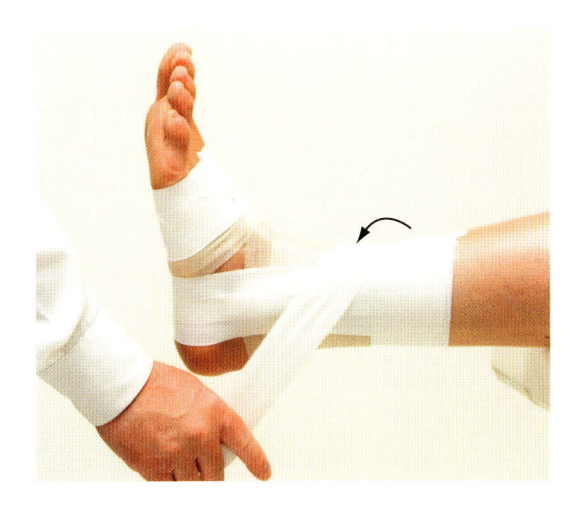

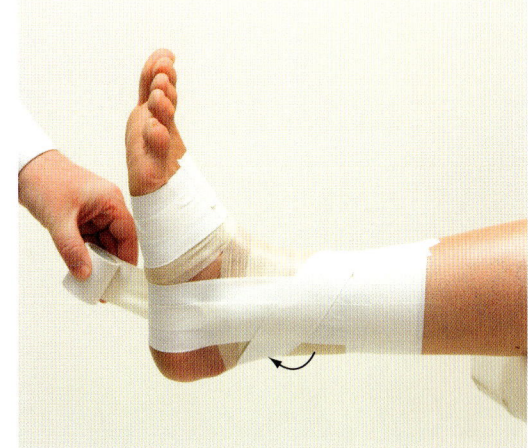

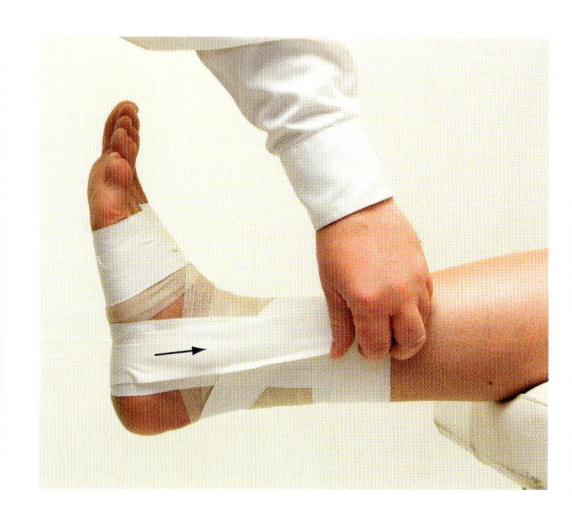

Section 1：基礎

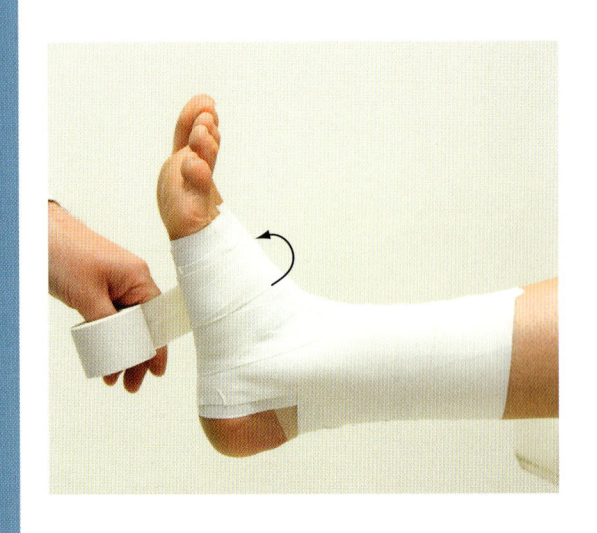

8の字テーピング

説明：非伸縮性のテープを8の字を描くように貼る方法であり、通常は足関節や母指のテーピングの最後に何回か行う。

目的：テーピング部位を安定させる。テーピングの隙間や端は、テープできっちり覆う。

方法：下肢の特定の部分を一方向に数回巻いてから、対側へ移り、そこで反対方向に周回させるという形で8の字を描くように貼る。

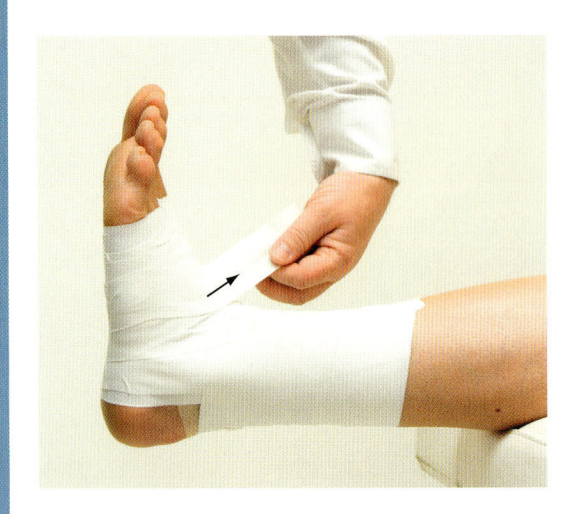

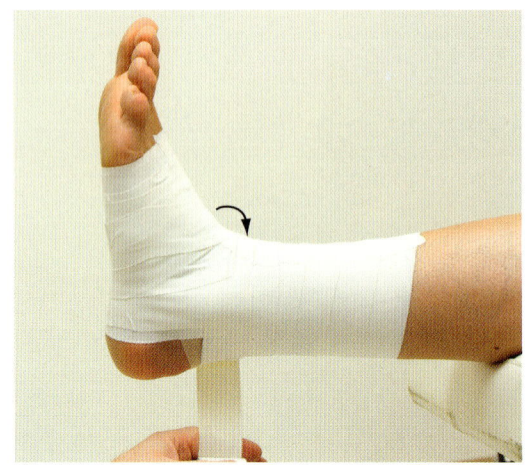

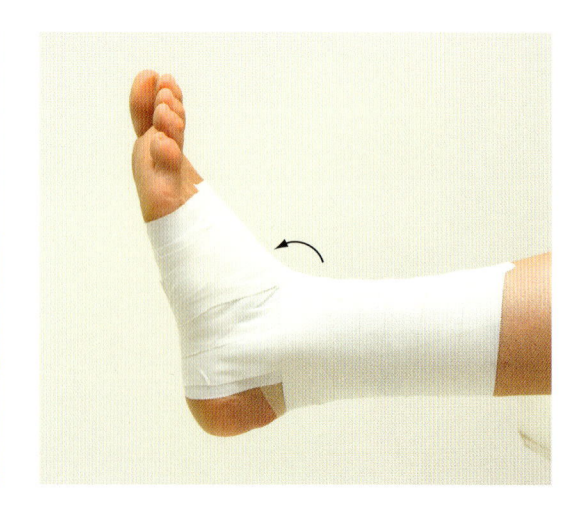

圧迫テープ

説明：伸縮性の粘着テープを用い、筋肉が損傷した部分を覆うように圧迫する。

目的：血行を妨げることなく損傷部位のみを十分に圧迫し、腫れを抑え、同じ部位がさらにダメージを受ける可能性を減らしながらも、活動は続けられるようにする。

方法：

1. 伸縮性粘着テープ（保護剤としてComfeel™を塗布してもよい）を損傷部位の皮膚に直接貼って一周巻く。このとき、極力引っ張らずに遠位から近位に向かって貼る。
2. 圧迫用のテープを完全に伸びきるまで引っ張り、半周分ぐらいの長さのものを損傷部に直接貼りつける。当該肢にかかる圧迫を維持し、損傷部位にまたがる張力が保たれるよう**徐々に**テープを緩めていく。そのまま（止血が起こらないよう）**引っ張らずに**テープを一周巻きつける。
3. この圧迫法を繰り返し、テープは半分重なるように順次貼っていき、（遠位から近位に向かって）損傷部位全体を覆う。

注意

テープは、貼り終わる頃には完全に緩んでいることが重要である。

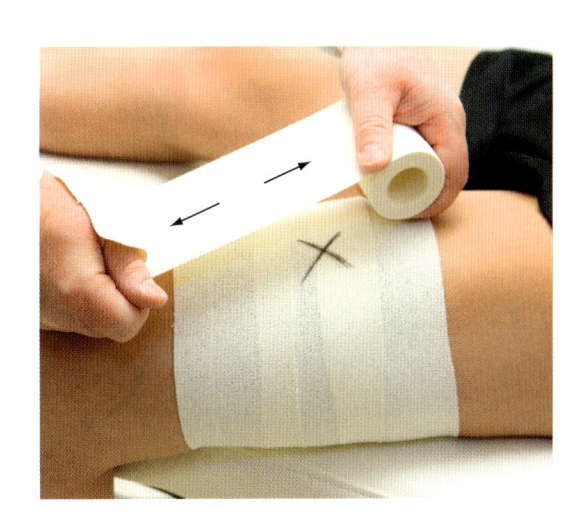

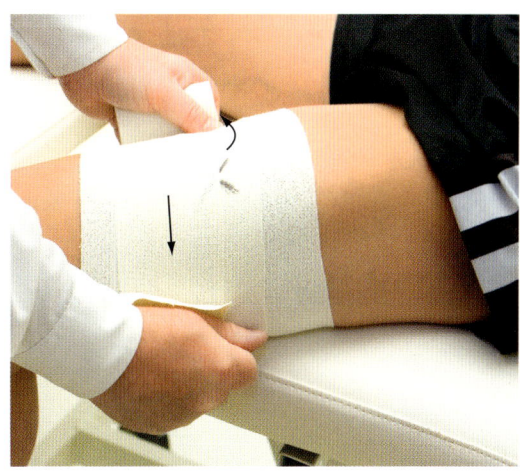

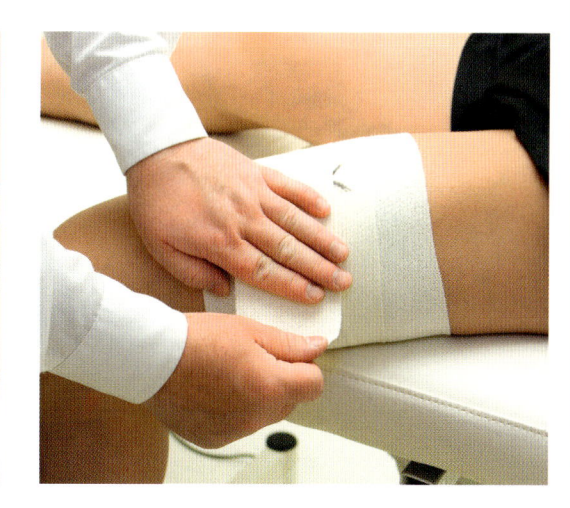

Section 1：基礎

仕上げ（クロージング）

説明： テープ（伸縮性の有無は問わない）を軽く貼りつけ、隙間や端を覆い、テーピングをきちんと仕上げる。

目的： 空いているところを覆うことによって、皮膚に水ぶくれが生じるリスクを抑える。このほか、スポーツ中にはがれにくくもする。

方法： 当該肢にテープを1/3から半分重なるように軽く巻き付けていく。

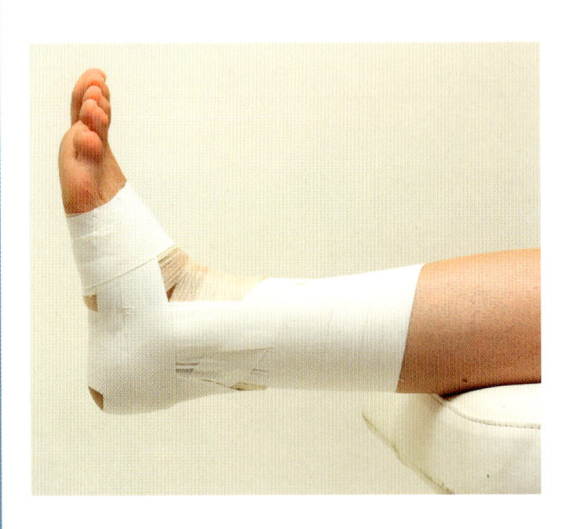

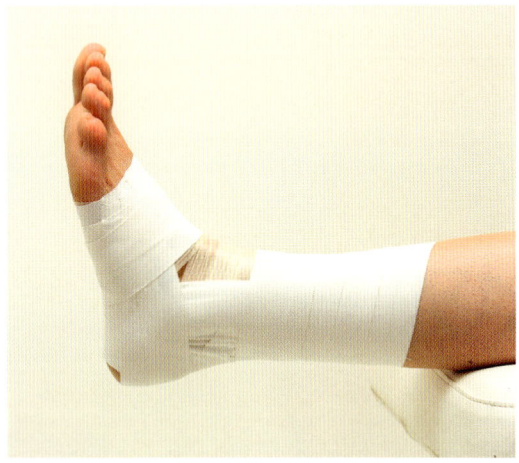

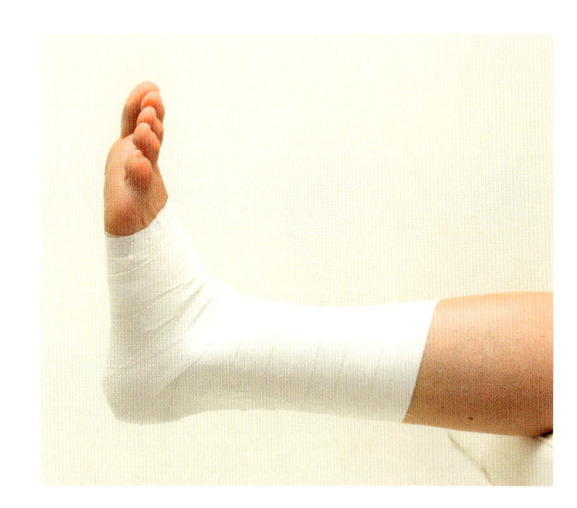

Section 2

実践

6	足と足関節	53
7	膝関節と大腿部	133
8	肩関節と肘関節	167
9	手関節と手	187
10	おわりに	211

第6章　足と足関節

Section 2

　本章以降では、スポーツ傷害の大半に対応するテーピングの手順を写真付きで解説する。この手順の目的は、本来の機能通りの動きをさせつつ保護することにより、損傷部の構造と隣接部位にそれ以上の傷害を与えないようにすることにある。どの方法を用いるにせよ各損傷を正確に評価するのに不可欠なのが、医学的診断、治療および適切なフォローアップである。

　本セクションのTESTSの一覧では、各テーピング技術を総合的な創傷管理の観点から捉えられるようにしてある。T（TERMINOLOGY）専門用語、E（ETIOLOGY）病因、S（SYMPTOMS）症状、T（TREATMENT）治療、S（SEQUELAE）後遺症の見出しでそれぞれ重要事項をまとめた。この図表はあくまでも役に立つ手引きであり、あらゆる複雑な問題を想定して深く分析したものではない。

　本章以降で写真付きで解説する技術を徹底して理解し、さまざまな損傷に対処する経験と結びつけることができれば、今後待ち受けるまれな状況や困難な状況の多くにも、効果的なテーピング技術を適用ないし応用できるであろう。

本章以降では、下記の項目を役立ててほしい。
- 各テーピング技術の目的
- 特別な処置を施した方がよい状態
- 材料のリスト
- 特に注意するべき点
- テーピングをする際の姿勢
- 写真付きの説明
- きわめて有益なヒント
- TESTSに記載した状態（損傷）の一例

解剖学的領域：足と足関節

足と足関節のテーピング技術

　足と足関節の関節は数が多く複雑である。足の関節および土踏まずの湾曲の存在のおかげで、でこぼこの地面にも対応することができる。足の関節には弾性があるため、柔軟で衝撃を吸収する。このように骨の構造と動きが多様な様相を呈することが、さまざまな損傷を来す下地となっている。テーピングにより支えることによって、このような状態に由来するさまざまなストレスを和らげることができる。

　距腿関節が主に背屈と底屈の動きを担い、**距骨下関節**が側方の動き（内反と外反という横方向の動き）を担っているため、いかなる角度の傾斜にも対応できるようになっている。この比較的可動性の高い**足関節複合体**は、多くの靭帯のおかげで安定性を獲得し、腱によって動きを支えられている。ここは比較的脆弱な関節であるため、ここに力がかかるとストレスにより負傷しやすくなる。足関節は、素早い方向転換を必要とする荷重運動ではきわめて負傷しやすい部位である。

　足関節周りの靭帯、筋肉および腱の異常部位を支えるには、さまざまなテーピング技術がきわめて効果的である。しかるべきテーピング技術を用いることによって、アスリートがいつもの競技や激しいトレーニングを再開できるようになる。

Section 2：実践

体表解剖

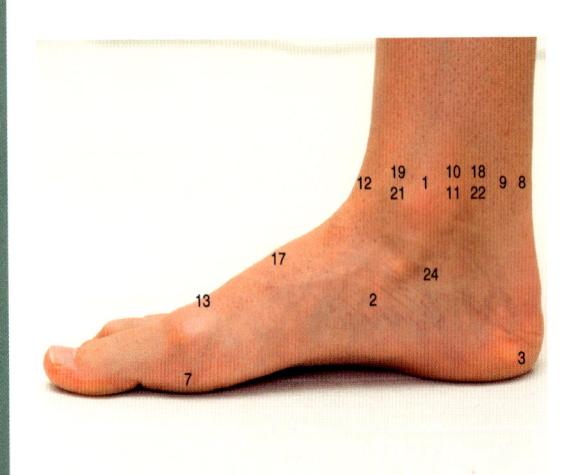

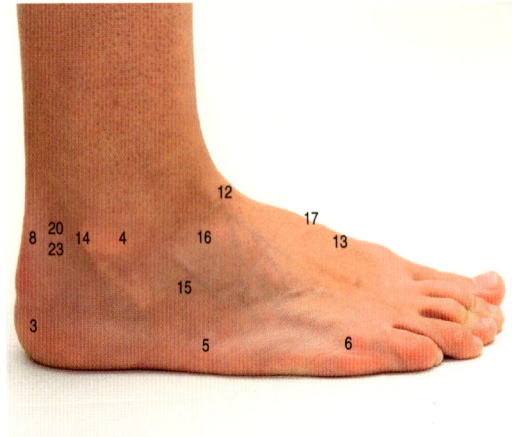

側方から見た右足関節と右足
体表の最も重要な特徴は、外果、後部のアキレス腱および前部の前脛骨筋である。

内側から見た右足関節と右足
体表の最も重要な特徴は、内果、後部のアキレス腱、前部の前脛骨筋と長母指伸筋である。

骨
1. 内果
2. 舟状骨粗面
3. 踵骨隆起
4. 外果
5. 第5中足骨粗面
6. 第5中足骨頭
7. 種子骨

腱
8. 踵骨腱（アキレス腱）
9. 長母指屈筋
10. 長指屈筋
11. 後脛骨筋
12. 前脛骨筋
13. 長母指伸筋
14. 長腓骨筋と短腓骨筋
15. 短指伸筋
16. 長指伸筋

動脈
17. 足背動脈
18. 後脛骨動脈

静脈
19. 大伏在静脈
20. 小伏在静脈

神経
21. 大伏在神経
22. 後脛骨神経
23. 腓腹神経

靱帯
24. 載距突起

足と足関節 6

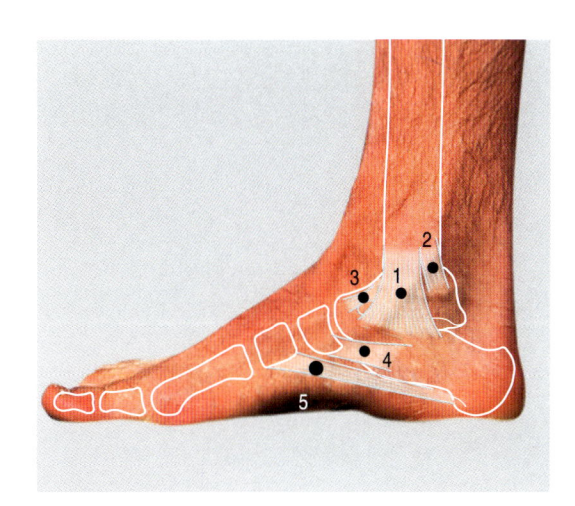

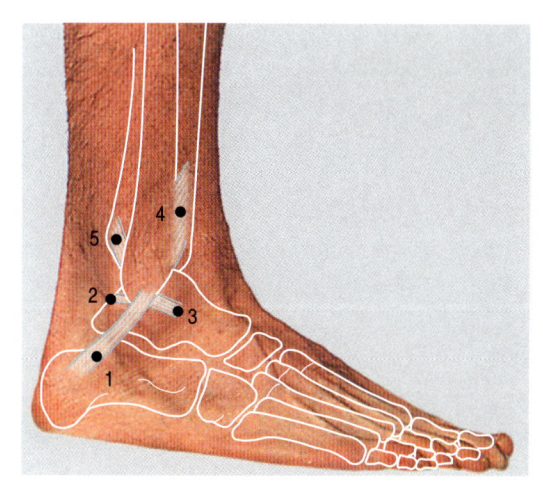

解剖学的領域／足と足関節

側方から見た足関節
1. 踵腓靭帯
2. 後距腓靭帯
3. 前距腓靭帯
4. 前脛腓靭帯
5. 後脛腓靭帯

内側から見た足関節
1. 内側側副靭帯
2. 後脛距靭帯
3. 前靭帯
4. 底側踵舟靭帯
5. 長足底靭帯

55

6 Section 2：実践

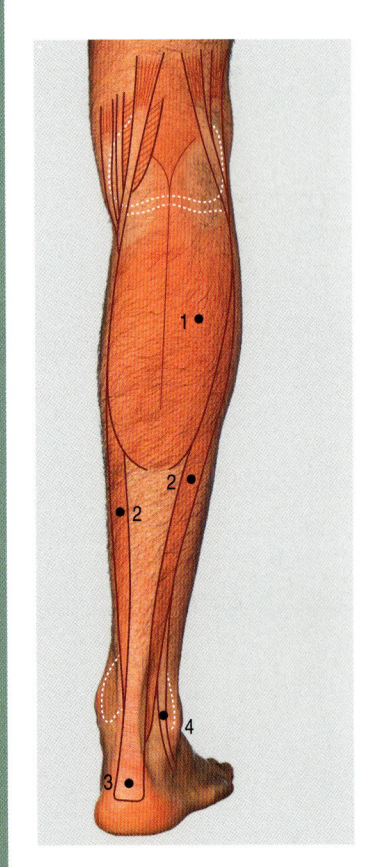

足と足関節

後方から見た下腿と踵（浅層筋）
1. 腓腹筋
2. ヒラメ筋
3. アキレス腱
4. 長腓骨筋

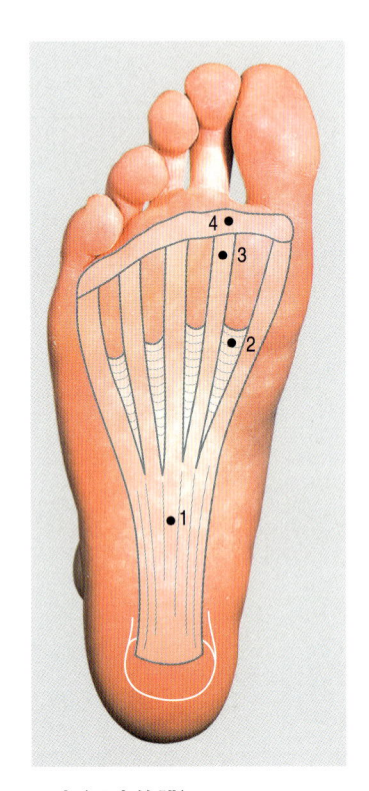

足底（足底筋膜）
1. 足底腱膜
2. 横繊維束
3. 縦走繊維束
4. 浅横中足靭帯

つま先の捻挫に用いるテーピング

目的
- 第1中足趾節（MTP）関節を支える
- ある程度の屈曲と伸展を可能にする
- 屈曲、伸展および内転の角度を制限する

適応
- 第1中足趾節（MTP）関節の捻挫
- 内側側副靱帯の捻挫。この場合にはつま先を外転させて、内側の動きを制限するテープを強めに貼る
- 底側靱帯の捻挫（過伸展損傷）。この場合には足底のXを強めにして、伸展を制限する
- 外側側副靱帯の捻挫。この場合には母趾とのバディテーピングで補強する（手指のバディテーピングについては209ページ参照）
- 足背の関節包の捻挫（過屈曲）。この場合には足背面のXを強めにして、屈曲を制限する
- 第1MTP関節の過屈曲（"ターフトゥ"）
- 第1MTP関節の打撲（"突き指"）
- 腱膜瘤の痛み
- 強剛母趾

材料
剃刀
タフナースプレー／粘着スプレー
2cm（3/4インチ）幅の非伸縮性テープ

注意
- 第5中足骨底の茎状突起は、テープの締め付けがきつすぎると圧迫感、痛みを感じやすくなり、水ぶくれができやすくなる。
- 狭窄を防ぐために、アンカーを1周巻く際にできるだけ引っ張らないようにする。
- 隣の指や靴の先芯に潤滑剤を塗布しておけば、擦りむくこともなくなる。
- 爪を整えておけば、炎症を起こすリスクが低くなる。
- きつめの靴を履く必要のあるスポーツでは、テープの使用量をできるだけ少なくして慎重に貼ることが特に重要である。

損傷に関する詳細は、61ページのTESTSを参照。

Section 2：実践

姿勢

治療台に座って、負傷した方の足を台からわずかに出す。

手順

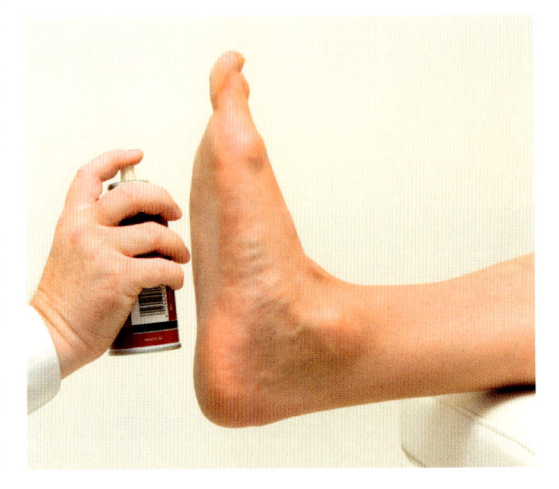

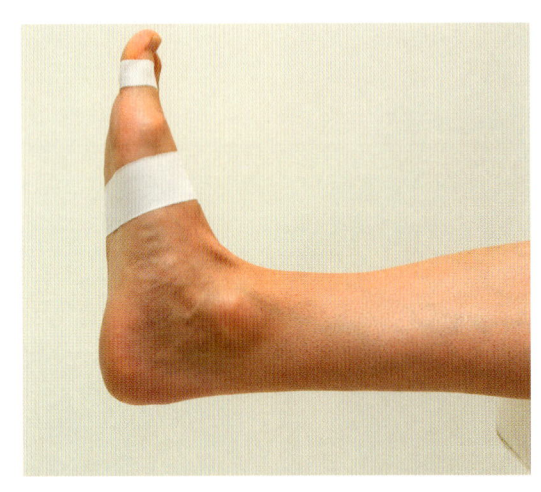

1	テープを貼る場所が清潔で、体毛が少ないことを確かめる（必要であれば剃毛する）。
2	タフナーまたは粘着スプレーを使う前に、皮膚に切り傷、水ぶくれや炎症部位がないかどうか確認する。
3	爪の付け根の下に2cm幅の非伸縮性テープでアンカーを1周巻く。
4	足の甲と土踏まずを1周するように、3.8cm（1.5インチ）幅の非伸縮性テープでアンカーを2枚巻く。

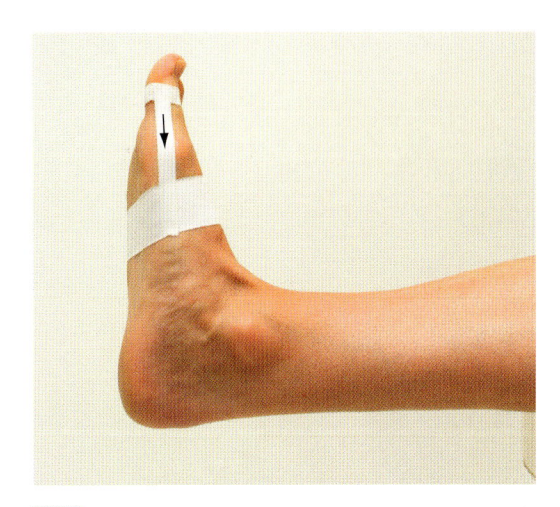

足と足関節 6

つま先の捻挫

5 遠位のアンカーから近位のアンカーの方向に2cm幅の非伸縮性テープで縦サポートを貼る。

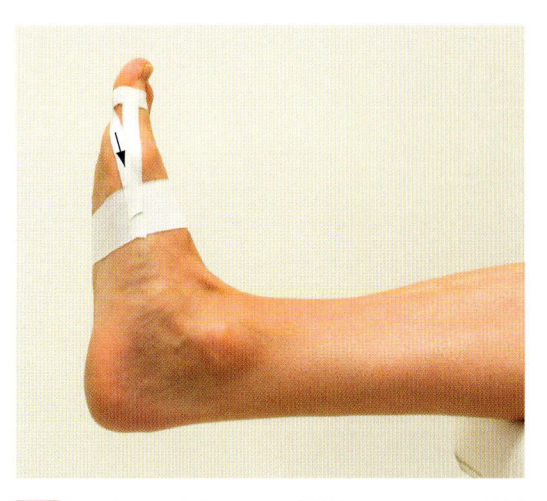

注意
内側側副靱帯の捻挫または腱膜瘤の場合には、つま先をわずかに外転させ、テープを2枚引っ張るように貼る。

6 足底にXを作る。まず遠位のアンカーの**外**側から近位のアンカーの内側の方向に縦サポートを斜めに貼る。

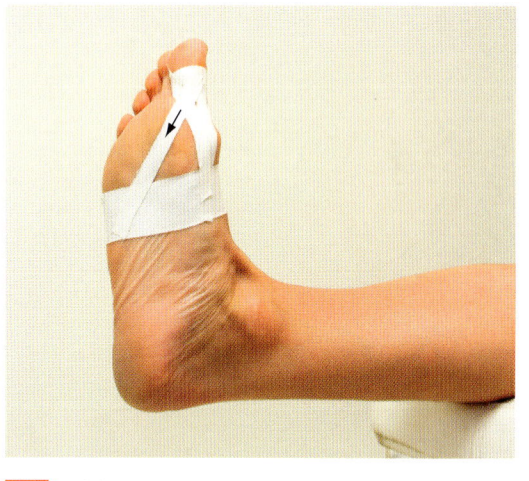

7 遠位のアンカーの内側から縦サポートをもう1枚、交差させるように貼り、足底面でMTP関節の中点を通るようにする。

注意
過伸展損傷の場合には、このXサポートによって伸展を十分に制限する必要がある。

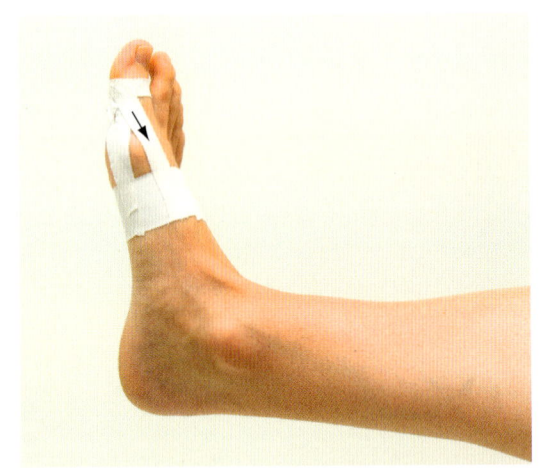

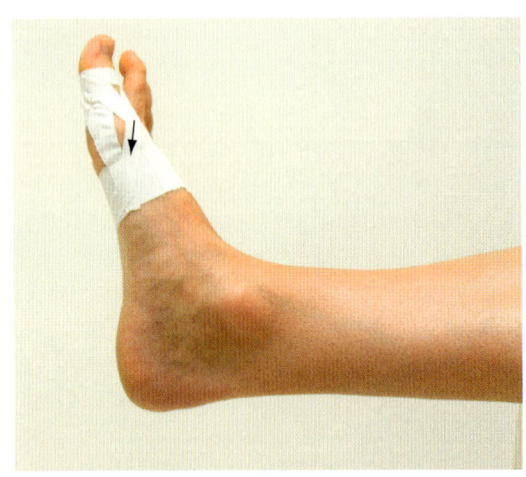

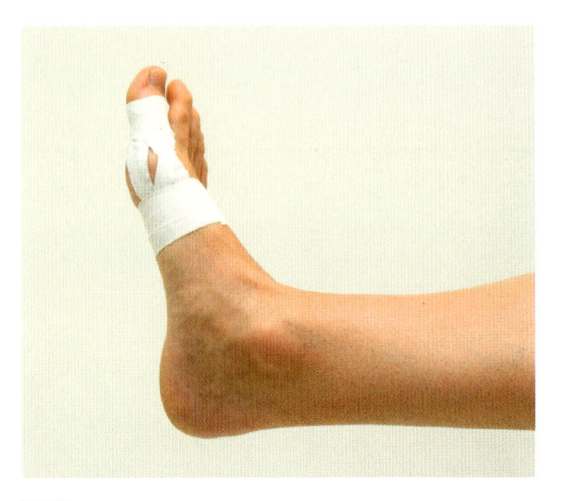

Section 2：実践

8　足背にXを作る。まず遠位のアンカーの内側から近位のアンカーの足背側の方向に2cm幅のテープを貼る。

9　遠位のアンカーの外側から近位のアンカーの内側の方向にテープを貼ってXを作り、交点がMTP関節の足背側にくるようにする。

注意
過屈曲損傷の場合には、このXサポートによって屈曲を十分に制限する必要がある。

10　最後に、最初に巻いたアンカーを覆うように2cm幅のテープを軽めに巻く。まず近位部に巻き、遠位方向に1/2ずつずらしていく。

11　痛みを感じることなく確実に機能を補助できるよう、テープにより動きが十分制限されているかどうか確かめる。

注意
血液循環を損なうことがないように、皮膚の色、温度および感覚を必ず確認する。

つま先の捻挫の評価

T (TERMINOLOGY) 専門用語
- 内側側副靱帯または外側側副靱帯の捻挫
- 関節包の損傷を伴う過屈曲
- 関節包の損傷を伴う過伸展
- 底側靱帯の捻挫
- "突き指"、"ターフトゥ"

E (ETIOLOGY) 病因
- 突然の無理な屈曲、伸展または外転
- 固い面に対して垂直方向への突然の接触
- (ボールを蹴ったり全速力で走ったりして) 母趾が繰り返し背屈すると、滑膜炎の原因となる
- 慢性捻挫
- 靴が人工芝に十分適したものでない場合

S (SYMPTOMS) 症状
- 第1中足趾節関節の圧痛
- 腫れることが多い
- 自動運動検査
  a. 過屈曲損傷による最大屈曲時の痛み
  b. 過伸展損傷による最大伸展時の痛み
  c. 内側側副靱帯の捻挫による最大外転時の痛み
- 他動運動検査
  a. 過屈曲損傷による最大屈曲時の痛み
  b. 過伸展損傷による最大伸展時の痛み
  c. 内側側副靱帯の捻挫による最大外転時の痛み
- 負荷検査(中間位):中等度の負荷では激しい痛みはない
- ストレス検査
  a. 内側(または外側)の側副靱帯の第1度ないし第2度の捻挫では、内側(または外側)にストレスをかけた場合に痛みを感じ、弛緩性がみられることもあればみられないこともある
  b. 第3度の捻挫では痛みは減り、不安定性が認められる

T (TREATMENT) 治療

初期
- RICES
- テーピング(57ページ参照)
- 各種治療法

それ以降
- 以下の治療の継続
  a. 各種治療法
  b. 痛みがあったり動かせない場合には他動運動
  c. ストレッチ
  d. 強化運動
  e. テーピングを用いて、痛みのない範囲で徐々にスポーツを再開する
  f. 補強のために底の固い靴が必要になろう
  g. 45°背屈して痛みを感じなくなるまでは動的な荷重運動を開始するべきではない

S (SEQUELAE) 後遺症
- 痛み
- 慢性的な腫れ
- 可動性の低下
- 脆弱性
- 慢性滑膜炎
- 長母指屈筋腱炎
- 強剛母趾に至る異常

RICES:安静(Rest)、アイシング(Ice)、圧迫(Compress)、挙上(Elevate)、支え(Support)

Section 2：実践

縦アーチの捻挫・足底筋膜炎に用いるテーピング

目的
- 足裏を支える（足裏を丸めるようにして、補強する〈外側より内側を大きく動かす〉）
- 足底屈を可能にする
- 横足根関節の伸展（背屈）を制限する

適応
- 足底筋膜炎
- 急性または慢性の中足部捻挫
- 扁平足またはアーチの低下
- 扁平足による膝内側の疼痛
- 骨棘
- シンスプリント

> **材料**
> 剃刀
> タフナースプレー／粘着スプレー
> 2.5 cm（1インチ）幅の非伸縮性テープ
> 3.8 cm（1.5インチ）幅の非伸縮性テープ

注意
- 足は荷重がかかると広がるため、テープをきつめにする。
- 第5中足骨底を圧迫すると痛みの原因になる。
- 隣接する血管を圧迫すると痛みが生じ、血液循環を損なう原因になる。
- きつめの靴を履く必要のあるスポーツでは、テープの厚みをできるだけ小さくする。
- 足関節が内反捻挫を起こしやすい状態にある場合には特に、内側が過度に緊張しないようにする必要がある。

損傷に関する詳細は、67ページTESTSを参照。

足と足関節

縦アーチの捻挫・足底筋膜炎

姿勢

(写真のように) うつ伏せになって膝をわずかに曲げるか、または施術者と向かい合うように座る。

手順

1 テープを貼る場所が清潔で、ほぼ体毛がないことを確かめる(必要であれば剃毛する)。

2 タフナーまたは粘着スプレーを使う前に、皮膚に切り傷、水ぶくれや炎症部位がないかどうか確認する。

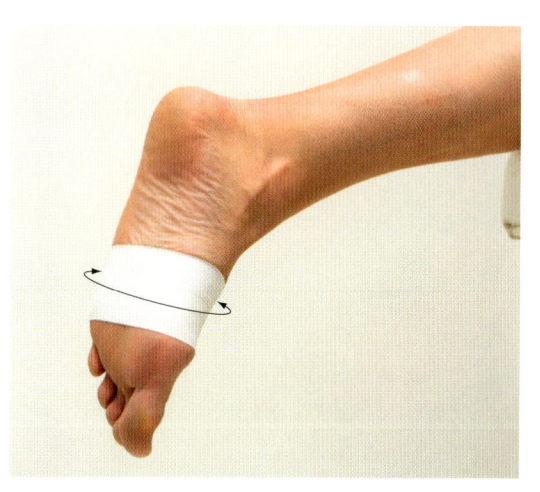

3 中足骨頭を1周するように3.8cm幅の非伸縮性テープでアンカーをきわめて軽く巻き、荷重時に中足骨が広がるようにする。

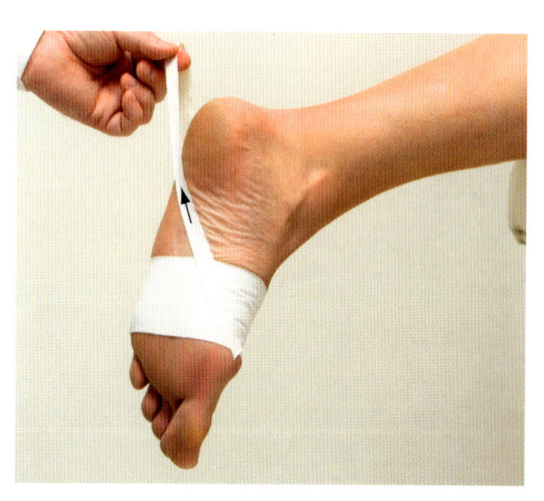

4a 第1中足骨頭から始めて足のアーチ、踵の周りを通るように、2.5cm幅の非伸縮性テープをピンと張った状態で貼っていく。

63

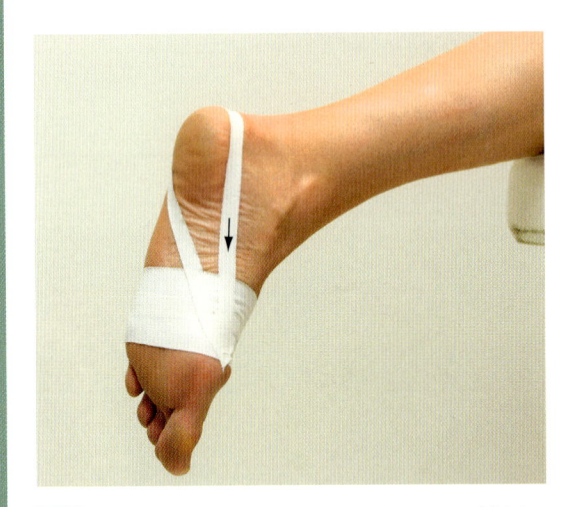

Section 2：実践

4b 内側アーチを持ち上げるためにテープをピンと張って巻き、第1中足骨の内側で終わるようにする。

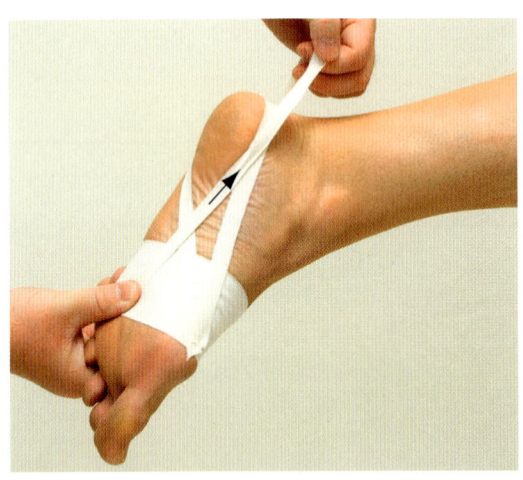

5a 足底外側のアンカーを起点に、横アーチを斜めに横切って踵の周りを通るように、もう1本ピンと張った状態で貼っていく。

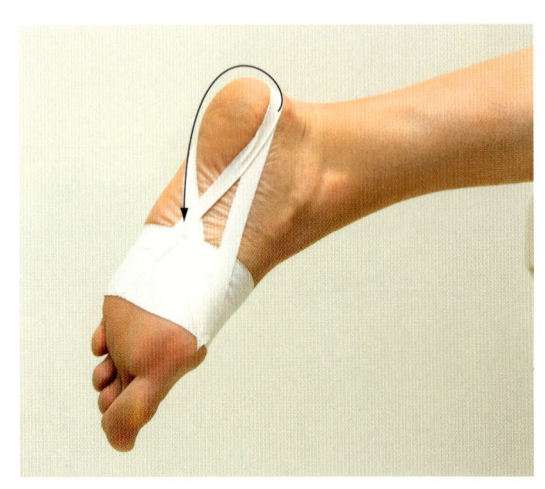

5b 引っ張らないように踵の後ろを通し、第5中足骨頭の外側で終わるようにする。

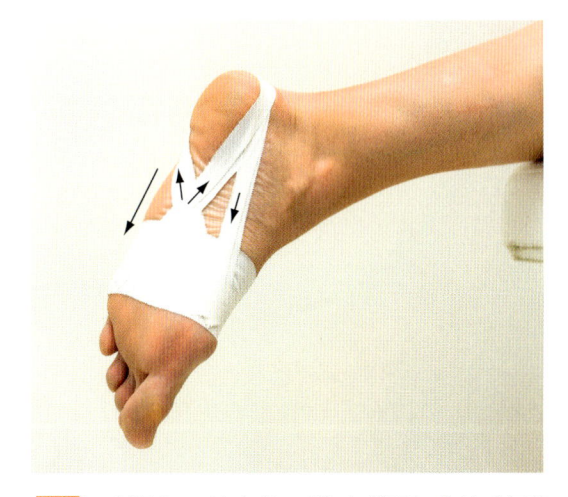

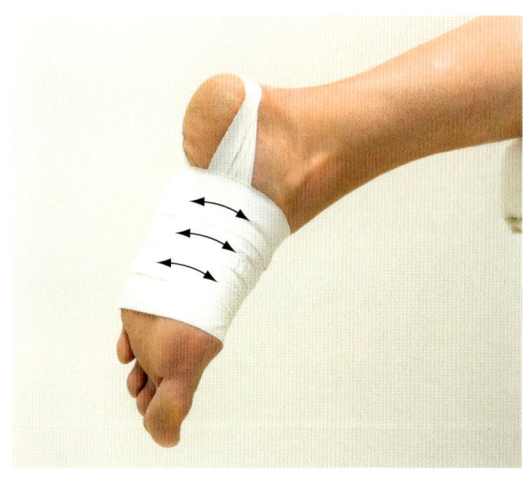

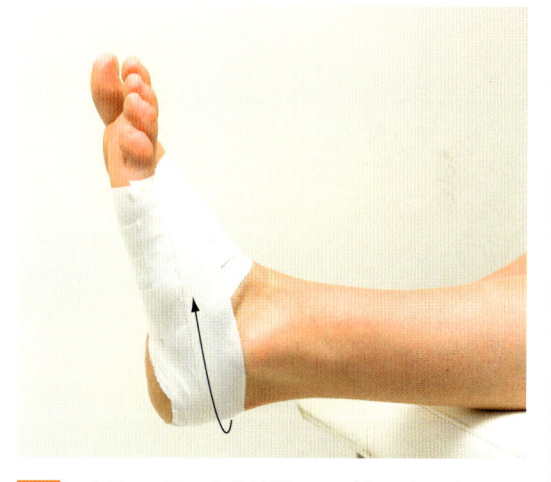

足と足関節

縦アーチの捻挫・足底筋膜炎

6 手順4a、4bと5a、5bを必要に応じて何度か繰り返す。

7 最後に、3.8cm幅の非伸縮性テープを巻く。荷重時に足が自然に広がるように軽めに巻く。中足骨頭の周りから巻き始め、少なくとも1/2ずつ重なるように踵の方向にずらしていく。

8 強度を試してみる。荷重時の痛みが大幅に減っているはずである。

注意
足関節の安定性に懸念が残るのであれば、さらに8の字テーピングを用いることもできる。手順9と10を参照。

9 3.8cm幅の非伸縮性テープを2本、重なるように水平に貼る。

注意
摩擦が起こりそうであれば、足関節前部と踵後部に潤滑剤を塗布して、ヒールアンドレースパッドを当てる。

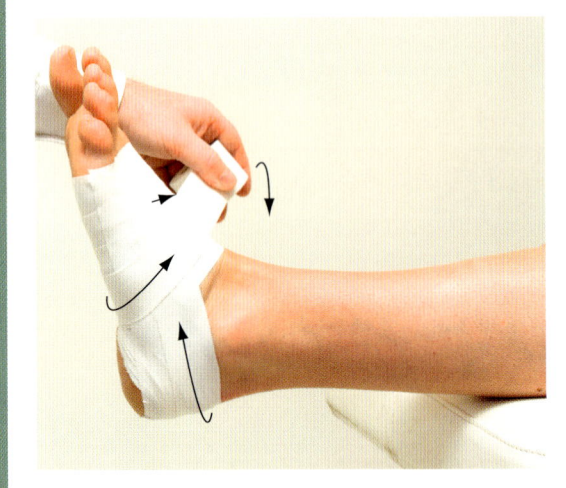

10a 足背の内側から外側に向かって、8の字を描くように貼っていく。アーチの下を通して足の外側から引っ張り上げることにより、内反を抑えるようにする。

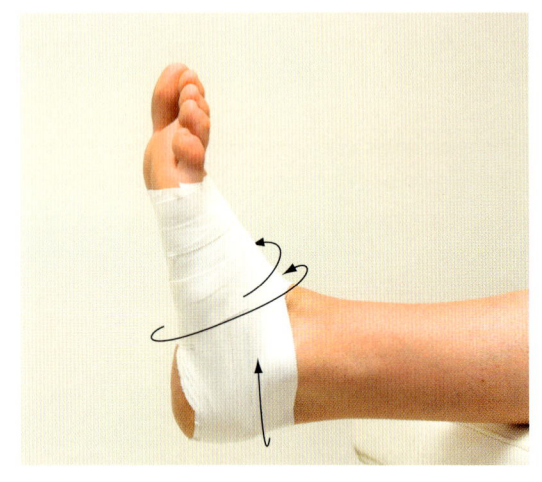

10b そのまま巻き続けて踵の後ろを通し、8の字テーピングを終える。

足底筋膜炎の評価

T（TERMINOLOGY）専門用語
- 足底筋膜の慢性または急性の炎症
- 踵骨棘

E（ETIOLOGY）病因
- 生まれつき足底筋膜が硬い
- 足の生体力学的機能が損なわれている
- 距離、頻度、スピードなど日々のトレーニング内容の急な変化や地面の変化
- サポート性に劣る靴や新しい靴を履く
- 中足部捻挫または足根骨の可動性の低下に続発する

S（SYMPTOMS）症状
- 足底面の疼痛ないし圧痛と、それを上回る踵骨付着部の疼痛ないし圧痛
- 自動運動検査：荷重時に激しい痛みはない
- 他動運動検査：筋膜の最大伸展時に痛みを感じる
- 負荷検査（中間位）：激しい痛みはない
- 静止後の1歩目に痛みを感じる
- 荷重時、特に蹴り出す際に痛みを感じる

T（TREATMENT）治療
- RICES
- 各種治療法
- 支え（Support）：縦アーチのテーピング（62ページ参照）
- 安静（Rest）：荷重運動を控える
- アキレス腱と足底筋膜を選択的にストレッチする
- 足底の筋肉を鍛える
- 急性期には踵を挙上するのが有用である（ドーナツ状のくぼみに踵が位置するように挙上すれば圧痛を和らげることができる）

S（SEQUELAE）後遺症
- しかるべく治療しなければ損傷が慢性的になることが多い
- 踵骨棘の発生
- アキレス腱複合体の拘縮
- シンスプリントを発症しやすくなる
- 装具の適応となることがある

RICES：安静（Rest）、アイシング（Ice）、圧迫（Compress）、挙上（Elevate）、支え（Support）

Section 2：実践

足関節の捻挫の予防に用いるテーピング

目的
- 特に外側靭帯を補強することによって両側足関節の安定性を得る
- 内反を制限するほか、外反をある程度制限する
- 背屈および底屈についてはほぼ最大限の可動域が得られるようにする

適応
- 弛緩した靭帯と"弱くなった"足関節を保護するため、予防目的のテーピングをする
- 足関節捻挫のリハビリの最終段階で、特定の靭帯を補強する必要性が薄れた場合
- 慢性の内反捻挫
- 慢性の内側捻挫（三角靭帯）：外側よりも内側の支えを強めるために、写真とは反対側にテープを貼る（手順6-8、10-12、14、16）

材料

剃刀
タフナースプレー／粘着スプレー
潤滑剤
ヒールアンドレースパッド
アンダーラップ／ Comfeel™
3.8cm（1.5インチ）幅または5cm（2インチ）幅の非伸縮性テープのほかに、仕上げ用に5cm幅の伸縮性テープがあるとよい

注意
- しかるべく補強するには、テーピング前に損傷や弛緩のある部位を確認することが不可欠である。
- アスリートにはテープを軽めにするのがよいか強めにするのがよいかなど、テーピングの好みを聞くこと。処置をする際、それに合わせて張り具合を調整できる。
- 第5中足骨底を圧迫すると痛みの原因になる。また、隣接する血管を圧迫すると痛みが生じ、血液循環を損なう原因になる。
- 回復プログラムを完全にこなすには、固有受容性感覚を取り戻すよう訓練することがきわめて重要である。

足と足関節　6

足関節の捻挫の予防

姿勢
　仰向けか長座位になり、足関節を台から出して90°に曲げ、ふくらはぎ中央で支えるようにする（90°が"通常の立位姿勢"をとる場合の角度である）。

手順

ヒント
テーピング施術者が背中を痛めることなく快適に作業ができるように、テーピング部位を高く上げておくのがよい。

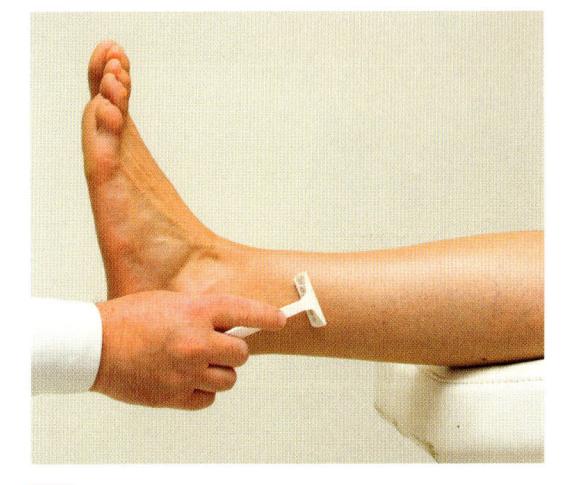

1 テープを貼る場所が清潔で、体毛が少ないことを確かめる（必要であれば剃毛する）。

2 タフナーまたは粘着スプレーを使う前に、皮膚に切り傷、水ぶくれや炎症部位がないかどうか確認する。

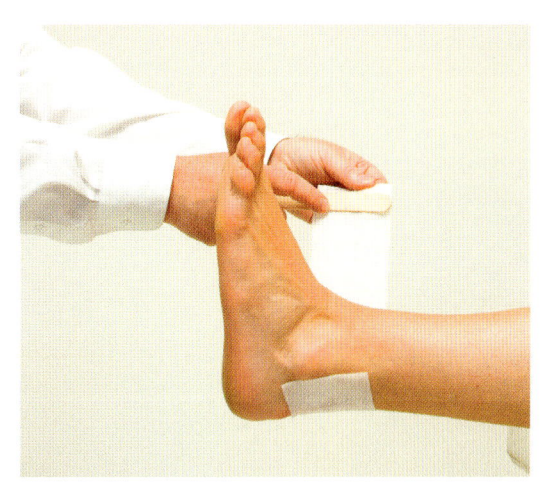

3 水ぶくれのできやすい2カ所の「危険」領域に潤滑剤を塗布したヒールアンドレースパッドを貼る。

ヒント
踵付着部から伸筋群まで含めてアキレス腱を覆うようにする。

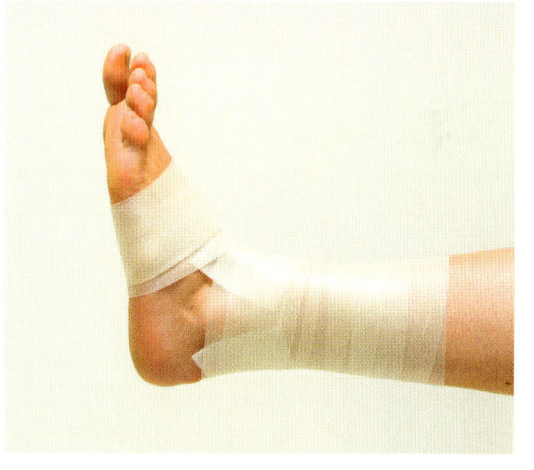

4 テーピングをする部位にアンダーラップを巻く。

注意
ヒールアンドレースパッドを貼る前にComfeel™を塗布してもよく、その場合にはアンダーラップは必要ない。テープと皮膚との接触面積が大きくなるほどテーピングの強度が増す。

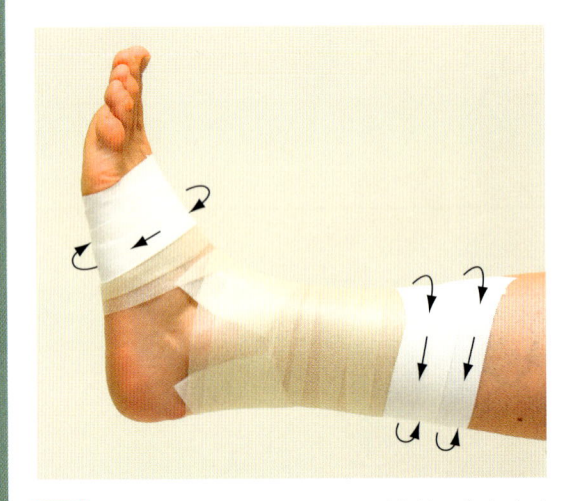

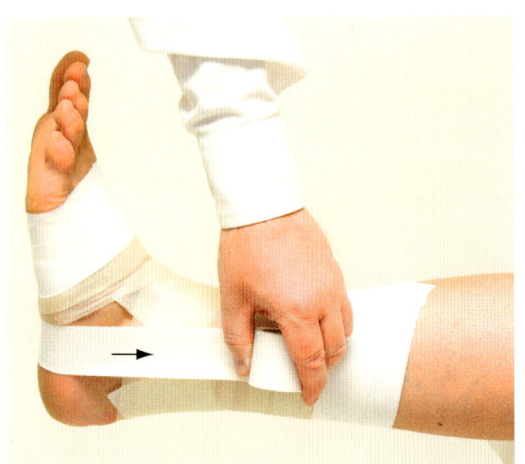

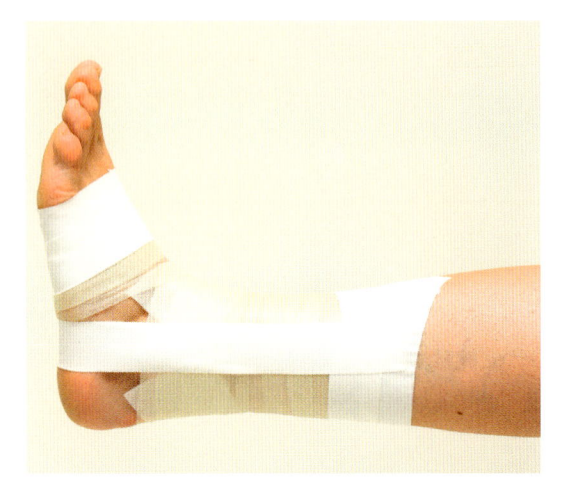

Section 2：実践

5　3.8cm幅の非伸縮性テープを前足部とふくらはぎ（の筋腱接合部）にそれぞれ2枚ずつ、アンダーラップの上からアンカーをあまり引っ張らずに巻く。

6　3.8cm幅の非伸縮性テープでスターアップを貼る。内側上部のアンカーから始めて踵骨の下を通し、少し引き上げるようにして外側上部のアンカーで貼り終える。

ヒント
ふくらはぎ中央にアンカーを貼る際は地面と直角をなすように貼り、輪郭に沿うように自然に巻いて前面では後面よりも高い位置で交差するようにする。

注意
ここでのアンカーは必ず皮膚に直接貼り、確実に支える。

ヒント
この処置の間は常に足関節を90°に固定しておくほか、スターアップをアンカーにしっかり固定してからテープを切るようにする。

足と足関節　6

足関節の捻挫の予防

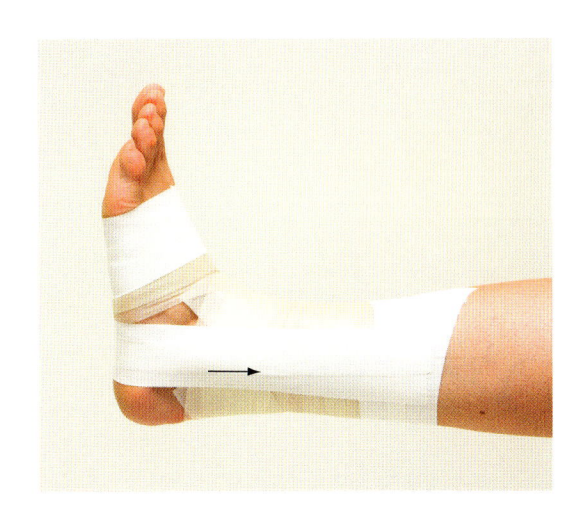

7 スターアップを（必要であれば）もう1枚わずかにつま先側にずらして貼る。

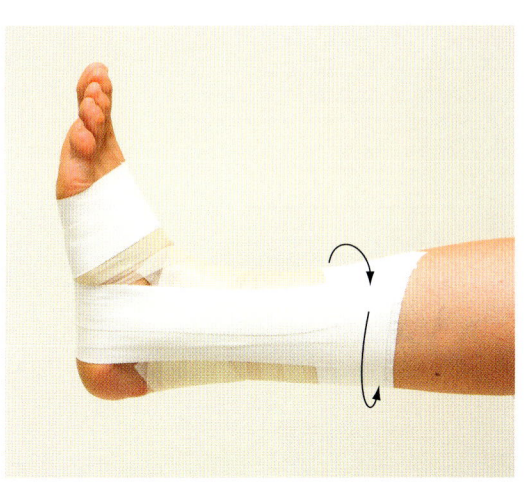

8 再び近位部にアンカーを巻いて（5）、スターアップの端を固定する。

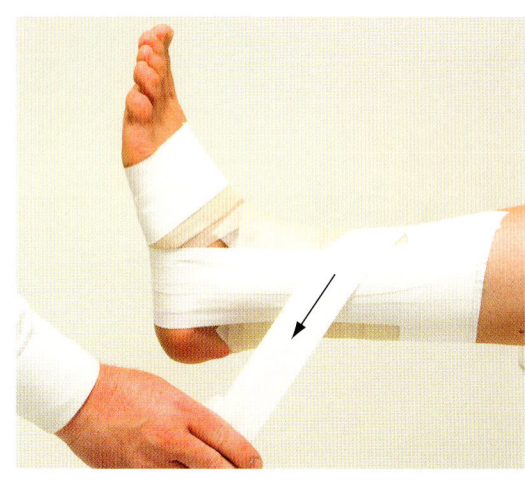

9a ヒールロックの1本目を巻く。前下腿部から始め、足関節の外側、くるぶしよりの上方を通るようにする。

Section 2：実践

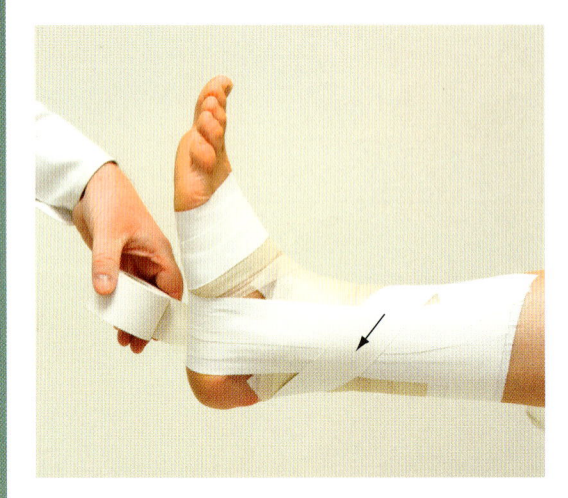

9b　そのまま慎重にアキレス腱の後ろ、踵の下を通す。

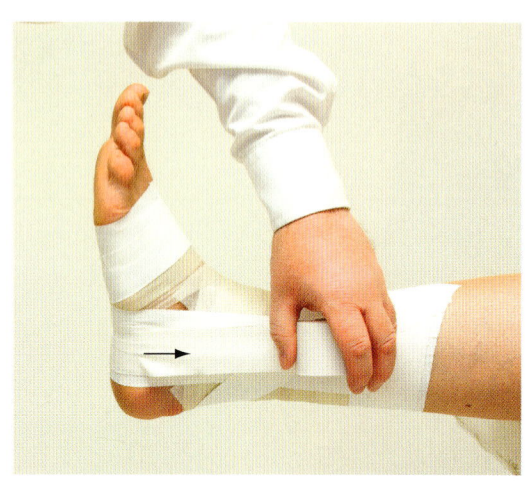

9c　外側まで来たら、引き上げるようにしてピンと張った状態で貼り、外側上部のアンカーにしっかり固定する。あるいは、前距腓靱帯部を通るように引っ張って開始位置に戻ることもできる。

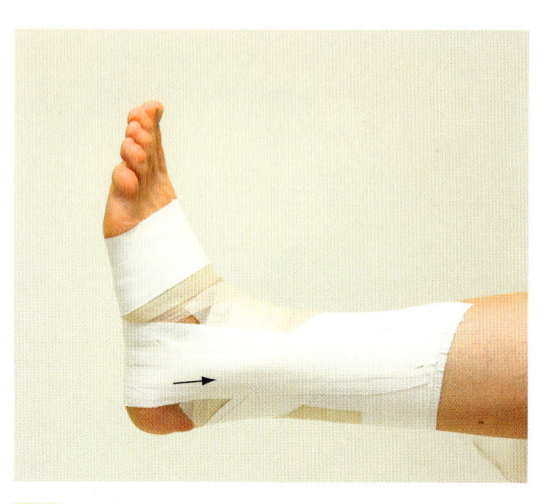

10　再度ヒールロックを巻く。

足と足関節　6

足関節の捻挫の予防

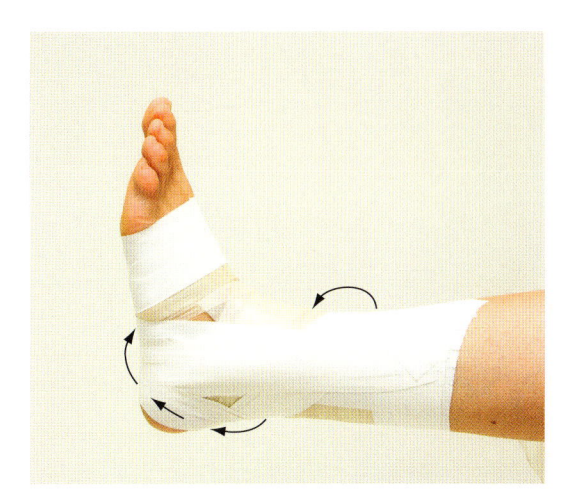

11 これと左右対称になるように内ヒールロックを巻く。安定性を高めるには内側で終わるようにする。

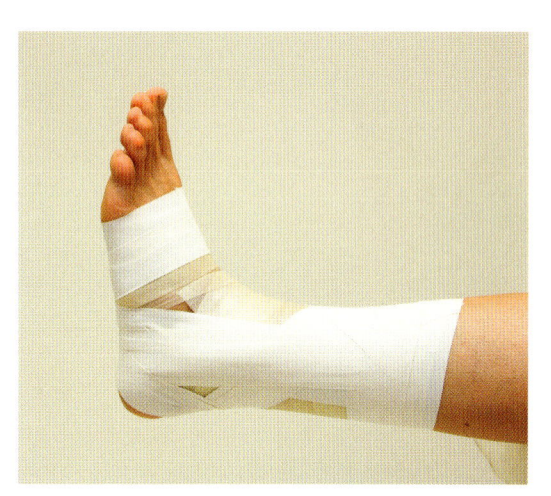

12 仕上げに入る。つま先側から始め（軽めに）、水ぶくれを避けるためにいかなる隙間もできないように覆う。

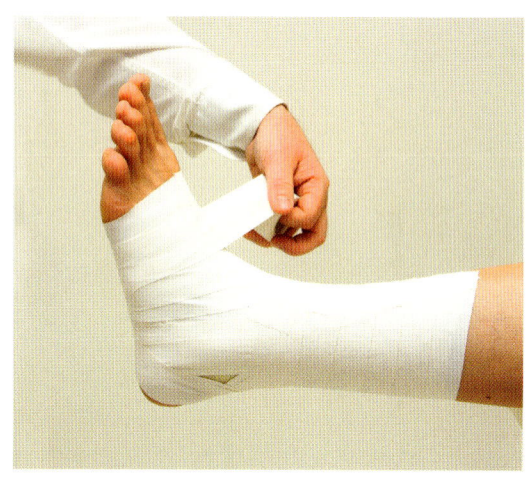

13a テーピングを補強するために、仕上げとして8の字を巻く。前面から巻き始め、引っ張らないようにして内側を通す。

ヒント
内側に引き上げる際にかぎり、引っ張るようにする。

73

Section 2：実践

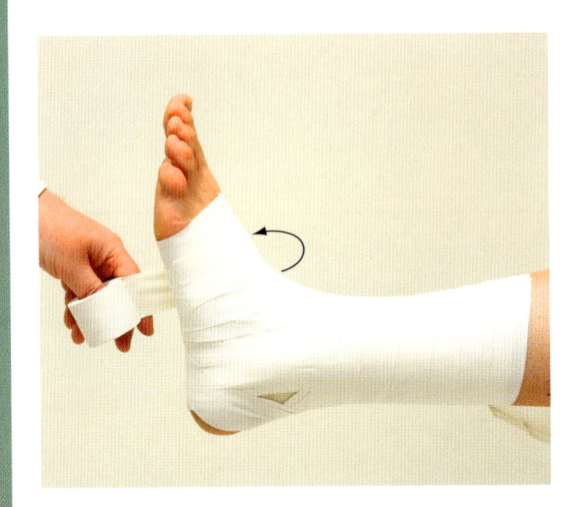

13b 内側のアーチを通る。

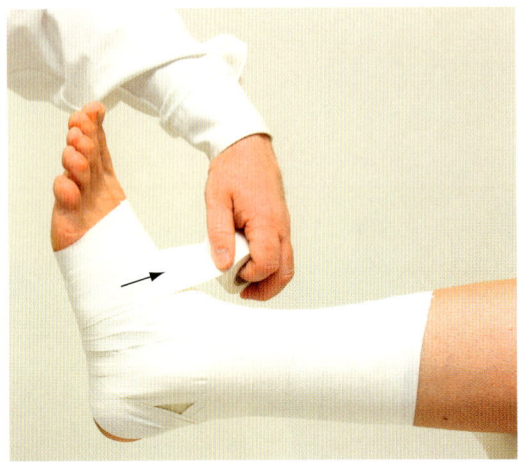

13c 足の裏から外側に出たら、足関節を通るまでピンと張った状態で貼る。

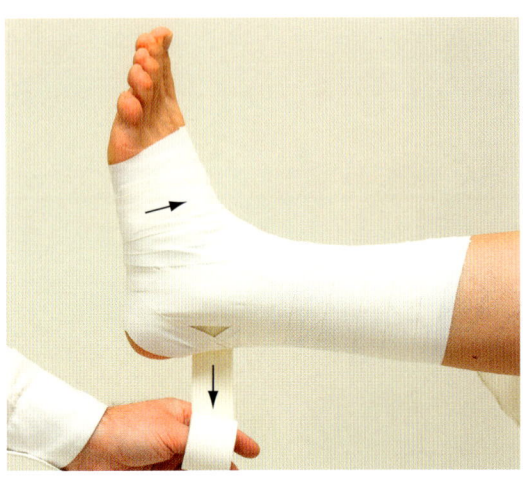

13b 水平になるようにアキレス腱の後ろに回して、前面の開始位置を通ったところで終わる。

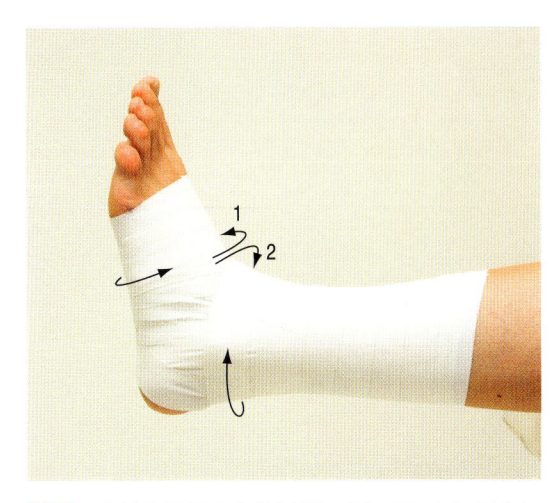

足と足関節

足関節の捻挫の予防

14 まだ前足部を十分に覆いきれていない場合には、最後の仕上げテープを巻く。

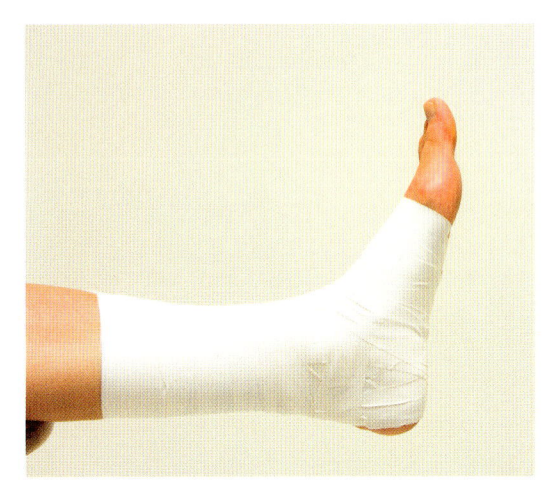

注意
支えを強めたり、隙間を覆うためにもう一度8の字テーピングを貼ることもできる。

15
a. 動きがどの程度制限されているかを確かめる。
b. 内反は大幅に制限されている必要がある。
c. 底屈は少なくとも30°に制限されている必要がある。

注意
この写真は、内側から見た完成形を示したものである。

Section 2：実践

足関節の捻挫・打撲に用いるテーピング／急性期

目的
- 副子固定および圧迫によって外側を安定させる
- ある程度の底屈と背屈を可能にする
- 動脈と神経の供給を損なうことなく腫れを抑える（腫れが進行している場合には、念のために最後に巻くテープが剥がれて容易に張力が弱まってしまう）

適応
- 急性外側足関節（内反）捻挫
- 急性内側足関節（外反）捻挫：内側の損傷した構造を支えるには作業を左右逆に行う
- ギプス包帯除去後の急性の捻挫
- 足関節骨折が疑われる場合の副子固定：引っ張らないように両側に貼る
- 急性足関節打撲：負傷した側を引っ張るようにする

材料

剃刀
3.8cm（1.5インチ）幅の非伸縮性テープ
U字形またはJ字形に切ったフォームパッド／フェルトパッド／ゲルパッド
5cm（2インチ）幅または7.5cm（3インチ）幅の伸縮性粘着包帯

注意
- 診断に間違いのないことを確認する。**疑わしきは確認**。
- 土台となるテーピングの上から、血液循環を損なうことのない程度に十分かつ局所的な圧迫を行うようにする（止血が起こらないように注意する）。
- アスリートには、負傷から72時間以内に行う応急ケアの方法を徹底して教え（て理解させ）ておく：RICES
- つま先に麻痺、腫れやチアノーゼ（青みがかった状態）がないか定期的に確認する。
- （RICESを実施しても）腫れが続いてテープが過度にきつくなった場合には、テープを緩めるか、もう一度貼り直す。

損傷に関する詳細は、36-38ページのTESTSを参照。

足と足関節

足関節の捻挫・打撲／急性期

姿勢
仰向きになってクッション性の支えの上にふくらはぎ中央を乗せ、処置の間は常に負傷した足関節を90°に曲げておく（これが"通常の立位姿勢"での角度になる）。

手順

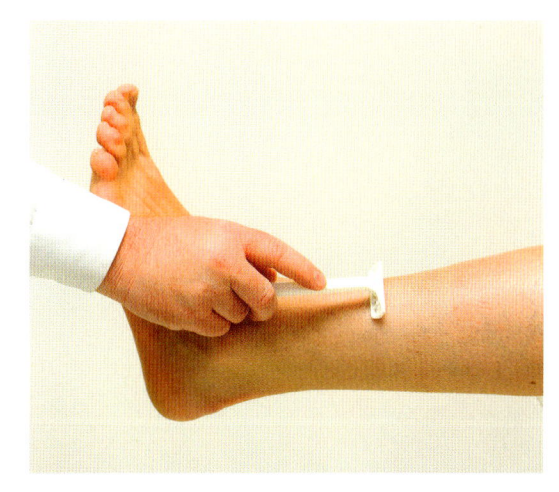

1 テープを貼る場所が清潔で、ほとんど体毛がないことを確かめる（必要であれば剃毛する）。

2 タフナーまたは粘着スプレーを使う前に、皮膚に切り傷、水ぶくれや炎症部位がないか確認する。

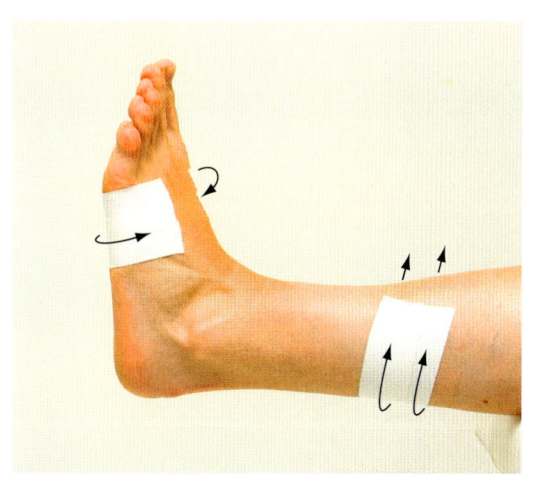

3 ふくらはぎ下3分の1のところに3.8cm幅の伸縮性テープでアンカーを2枚貼る。この時に前面を開けておくようにする。

ヒント
アンカーはふくらはぎの後ろ側では地面と直角をなすように貼り、それ以降は皮膚の輪郭に沿うように貼る。

4 中足部にアンカーを2枚貼る。同じく足背を開けておくようにする。

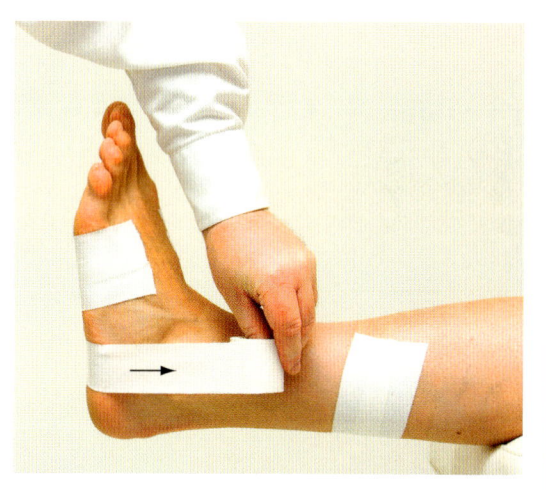

5 3.8cm幅の非伸縮性テープでスターアップを貼る。内側上部のアンカーから始めて内果の後ろにかかるようにし、踵の下、外果のやや後ろ側を通るようにする。特に外側に張力をかけるために強く引っ張り、外側上部のアンカーにテープを固定する。

注意
内側の損傷した構造を支えるためにテーピングをする場合には、このスターアップは左右を逆にする。外側から始め、内側に強く引っ張るように貼る。

Section 2：実践

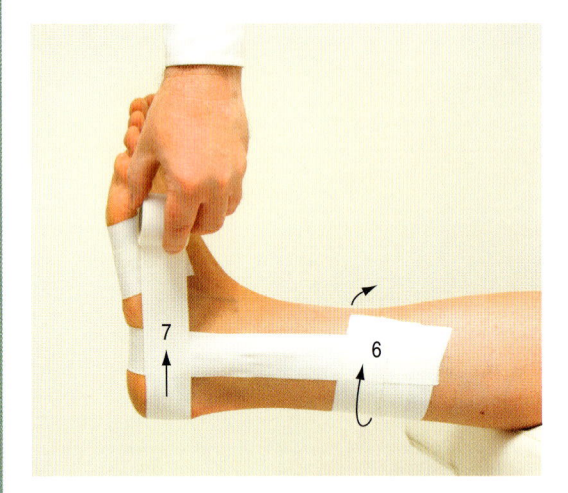

6 このスターアップの上端に、最初のアンカーから半分足側にずらしてアンカーを巻く。同じく前面を開けておくようにする。

7 足内側のアンカーを起点に、内果と外果の下を通るように踵骨の後ろを回し、引っ張りながらアンカーの外側まで貼る。この際、地面に対して直角になるようにする。

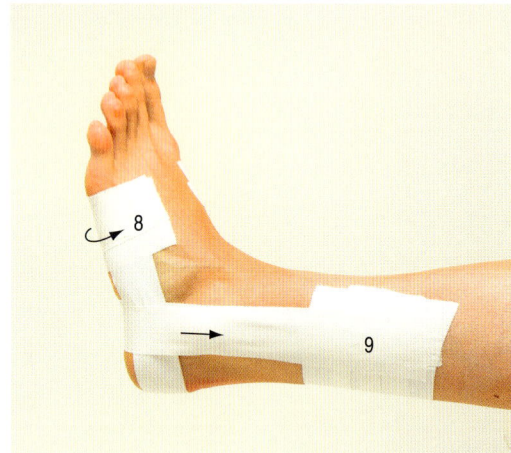

8 最初に前足部に貼ったアンカーと半分重なるようにして、このテープに対して直角にアンカーを貼り、安定させる。

9 手順5と同じようにしてもう1本、1本目から半分つま先側にずらしてスターアップを貼る。

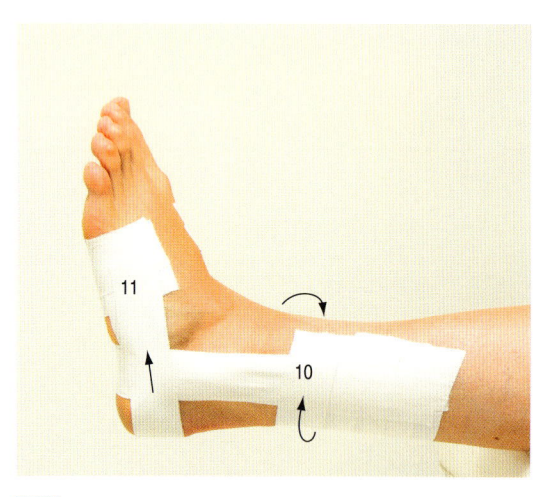

10 手順6と同じようにして、先に貼ったアンカーから半分足側にずらしてアンカーを巻く。

11 地面に対して直角に、手順7で貼ったテープから半分近位にずらしてテープを貼る。外側では強く引っ張るようにする。

足と足関節 6

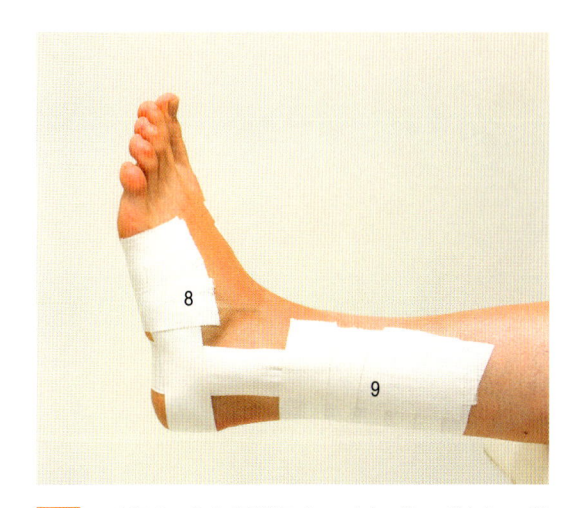

足関節の捻挫・打撲／急性期

12 手順8、9を繰り返す。少しずつずらして巻き、外側では強く引っ張るようにする。

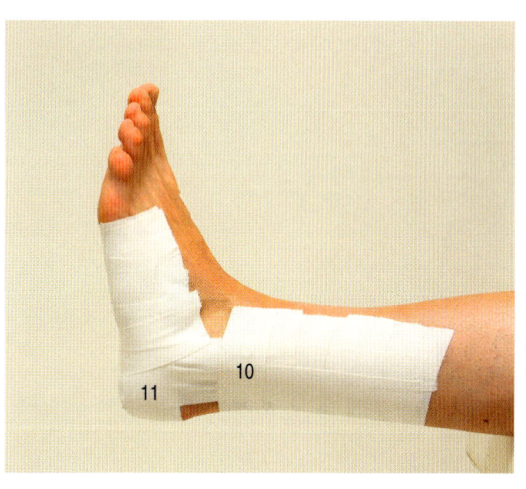

13 手順10、11を繰り返す。同じく少しずつずらして巻く。

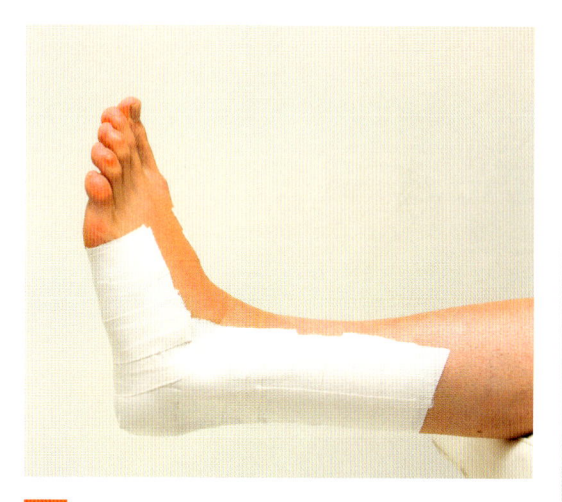

14 隙間がなくなるまで手順8-11を繰り返す。

👍 **ヒント**
処置の間は常に足関節を90°に曲げておく。

79

Section 2：実践

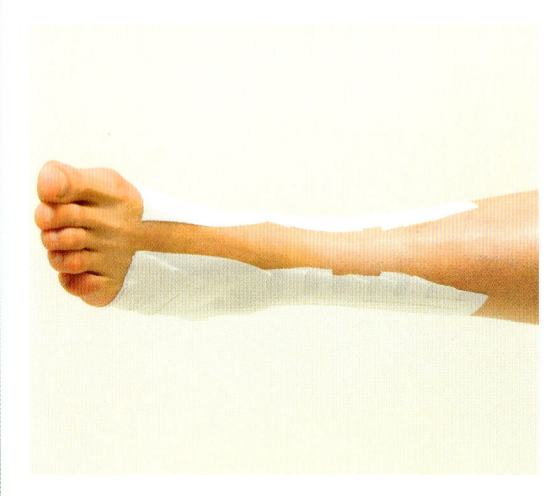

注意
どのテープも前面を覆うことがないようにする。

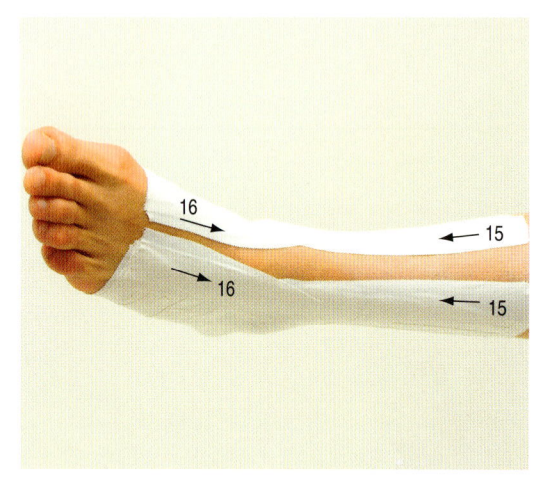

15 下腿から足関節まで前面を埋めるように、両側のテープに対して直角に、これにわずかに重なるようにテープを1対貼る。

16 前足部を起点に平行なテープをもう1対、足関節に貼ったテープを覆うように引っ張りながら貼る。

17 動きがどの程度制限されているかをやさしく確かめる。この際外側が確実に圧迫されていることを確認する。痛みも大幅に和らいでいるはずである。

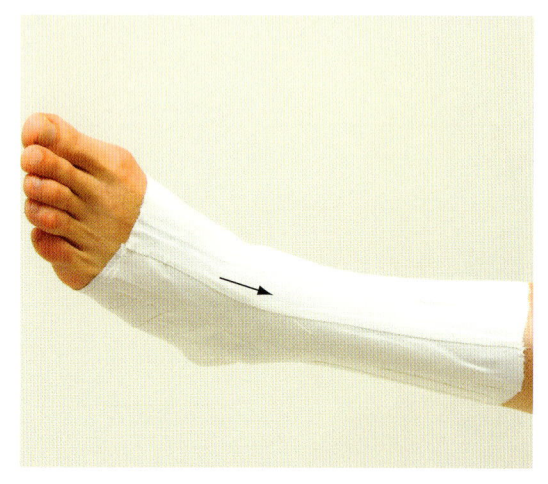

18 残った隙間を埋めて安全を期するために最後の**1本**を貼る。

ヒント
足関節の前面からテープが剥がれないように、このテープを貼る際にはわずかに底屈ができるようにしておく。

注意
このテープは、腫れが進行している場合には容易に緩くなってしまう。

足と足関節

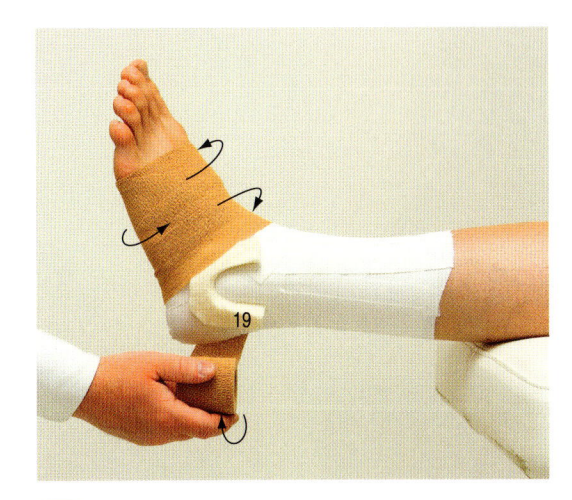

足関節の捻挫・打撲／急性期

19 さらに腫れを抑える必要があれば、フェルトパッド、フォームパッドまたはゲルパッドをU字形またはJ字形に切って、外果の周りのくぼみに嵌めこむ。

20a 伸縮性包帯を使用し、パッドを固定しながら8の字に巻いていく。

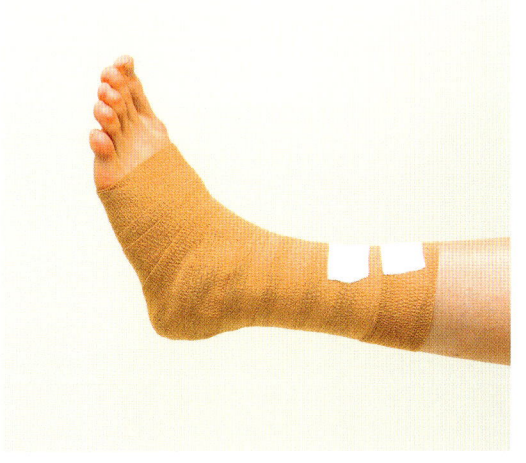

20b 伸縮性包帯は外側は引っ張りぎみに、内側は弱めに巻く。張力は徐々に弱めながら、テープ全体を覆われるまで包帯を巻いていく。

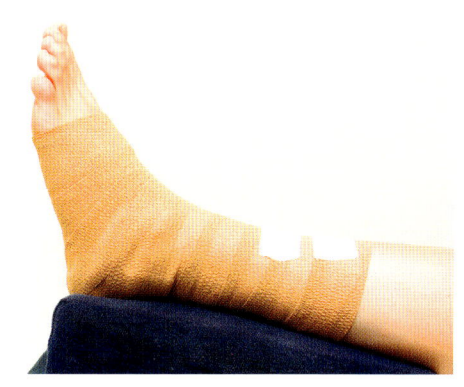

21 最初の48-72時間はできるだけ足を高く上げておく。

ヒント
適切なボルスターがなければ、マットレスの下にクッションや枕、丸めたタオルを置いてもよい。

注意：このテーピング法は荷重運動をするためのものではない。

Section 2：実践

外側足関節捻挫に用いるテーピング／リハビリ期

目的
- 部位特有の補強によって外側を安定させる
- 内反を防ぐ
- 高度底屈を制限するほか、外反をある程度制限する
- 背屈はほとんど制限せず、底屈についても本来の機能通りの動きはできるようにする

適応
- 外側足関節捻挫（内反捻挫）
- 踵腓靭帯と前距腓靭帯の損傷：足関節捻挫ではこの組み合わせが最も多い
- 内側足関節捻挫（三角靭帯）：手順6の内側に貼るJ字形のパッドをホースシューに代え、手順9-11、15-16の作業を左右逆にして外側ではなく内側を補強する

注意
- しかるべきスポーツ医学専門医に損傷を正確に評価してもらい、特に剥離骨折の疑いがある場合にはX線写真を撮っておく。
- この方法は急性の足関節損傷に用いてはならない。腫れが引いた場合はその限りではない（急性の足関節損傷に用いるテーピングについては、しかるべき手引きを参照のこと）。
- フェルトのホースシューパッドを当てると踝周囲に残った腫れを抑えることができる。局所的な腫れが慢性的になる亜急性期には特に有用である。
- 荷重をかけはじめる際には松葉杖を用いて部分的に荷重をかけるのがよい。
- 痛みがなくなるまでは全荷重をかけてはならない。
- 踵を挙上しておけば"蹴り出す"動きをしやすくなり、背屈域が低下するため、荷重をかけるのに労力とストレスが少なくてすむ。
- 運動**中**または運動**後**に痛みがない場合に限り、荷重運動を継続して強度を高めていってもよい。

材料

剃刀
タフナースプレー／粘着スプレー
アンダーラップ／Comfeel™
ヒールアンドレースパッド
3.8cm（1.5インチ）幅の非伸縮性テープ
厚さ2cm（3/4インチ）のフェルトパッド、フォームパッドまたはゲルパッドをU字形またはJ字形に切ったもの
厚さ2cm（3/4インチ）のヒールリフト
7.5cm（3インチ）幅の伸縮性包帯

リハビリによる3段階の治癒過程を通じてテーピングを使用する
1. **亜急性期**：（負傷後48-72時間）：J字形のフェルトパッドとヒールリフトにより支えながら荷重をかけはじめる
2. **機能回復**：適度な運動から動的運動までできるように、特に靭帯の安定性を高めるように支える
3. **スポーツへの復帰**：トレーニングから試合に至るまで、各スポーツに特化した方法で支えて復帰させる

損傷に関する詳細は、92ページのTESTSを参照。

足と足関節　**6**

外側足関節捻挫／リハビリ期

姿勢

　仰向けまたは長座位（膝を伸ばす）になって、ふくらはぎから先を台から出す。テーピング処置をする間は常に足関節を90°に曲げておく（これが"通常の立位姿勢"での角度になる）。

手順

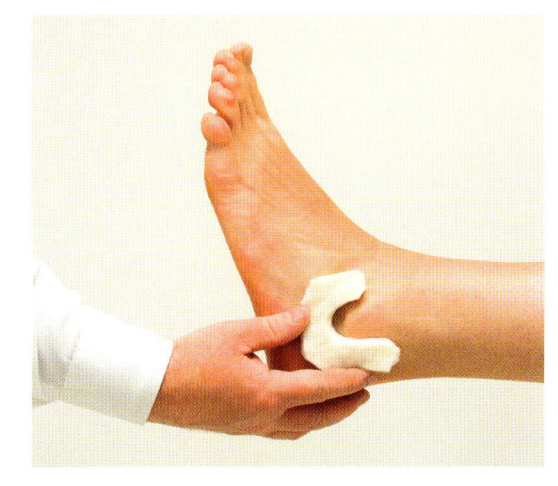

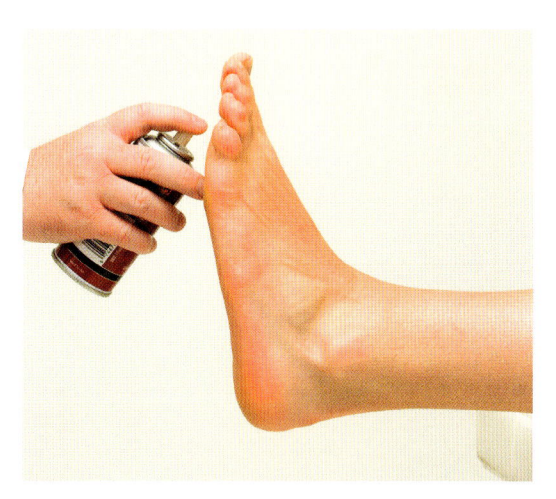

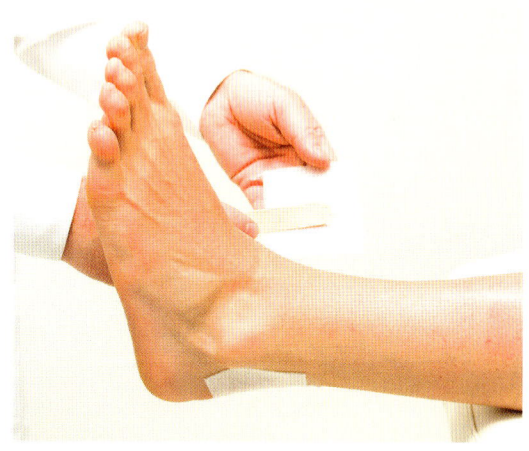

1 テープを貼る場所が清潔で、ほとんど体毛がないことを確かめる（必要であれば剃毛する）。

2 腫れを抑えるため、踝の周りのくぼみに嵌るようにパッドをU字形またはJ字形に切る。どんなかたちにも対応できるようにパッドの断面を斜めにする。

3 タフナーまたは粘着スプレーを使う前に、皮膚に切り傷、水ぶくれや炎症部位がないかどうか確認する。

4 運動を再開する場合には、水ぶくれやテープ傷のできやすい2カ所の"危険"領域に潤滑剤を塗布したヒールアンドレースパッドを貼る。

ヒント
切ったフェルトパッドはすぐに貼れるように手元に置いておく。

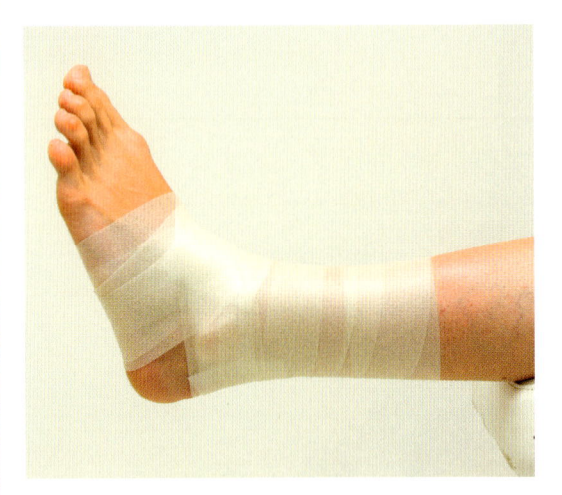

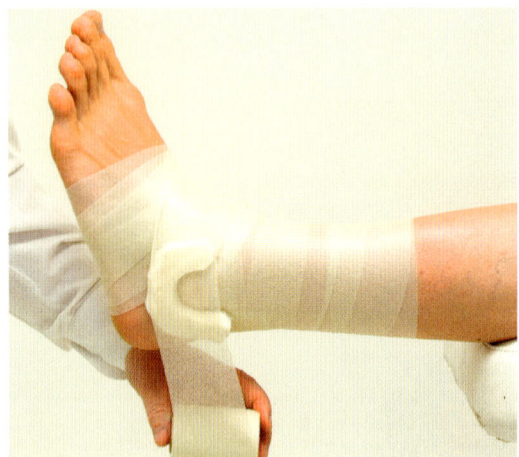

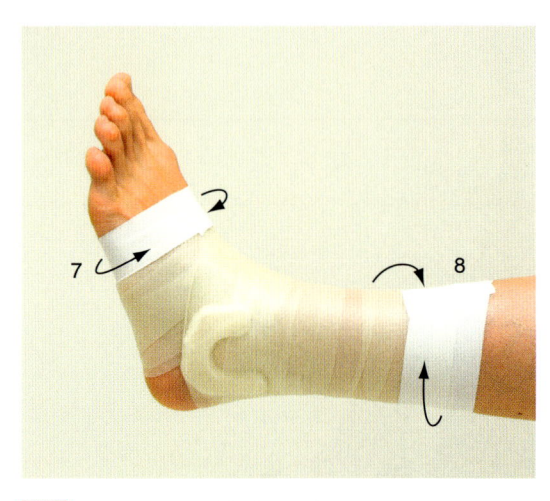

Section 2：実践

5 テーピングをする部位にアンダーラップを巻く。

> **ヒント**
> 荷重がかかった際の不快感を避けるため、中足部にスプレーを塗布することも考える。

> **注意**
> 確実に支えられるように、アンカーは皮膚と直接接触するように巻く必要がある。

6 フェルトパッドを当て、さらにアンダーラップを8の字に巻く。

7 ふくらはぎの筋腱結合部に3.8 cm幅の非伸縮性テープを用いて、軽く引っ張りながらアンカーを2枚重なるように巻く。

8 前足部にアンカーを2枚重なるように巻く。

> **ヒント**
> アンカーはふくらはぎの後ろ側では地面と直角をなすように貼り、それ以降は皮膚の輪郭に沿うように貼る。

足と足関節

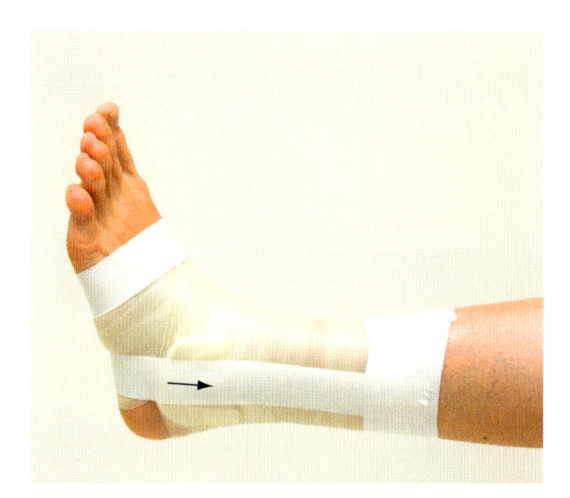

外側足関節捻挫／リハビリ期

9 3.8cm幅の非伸縮性テープでスターアップを貼る。内側上部のアンカーから始めて内果の後ろにかかるようにし、踵の下、外果のやや後ろ側を通るようにする。特に外側に張力をかけるために強く引っ張り、外側上部のアンカーにテープを固定する。

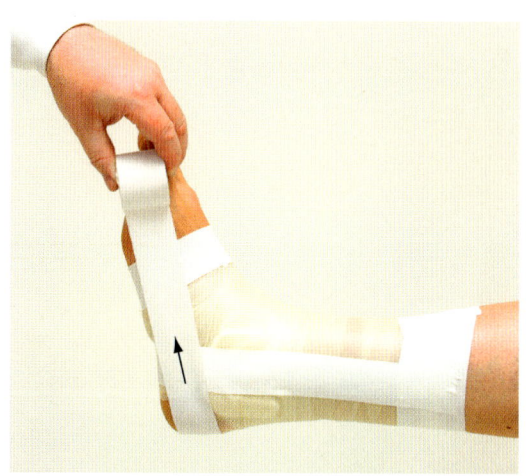

10 遠位のアンカーの内側から始めて、地面と直角をなすように踵の後ろを通し、外果の先端を覆うようにする。外側遠位のアンカーにテープを留める前には特に強く引っ張る。

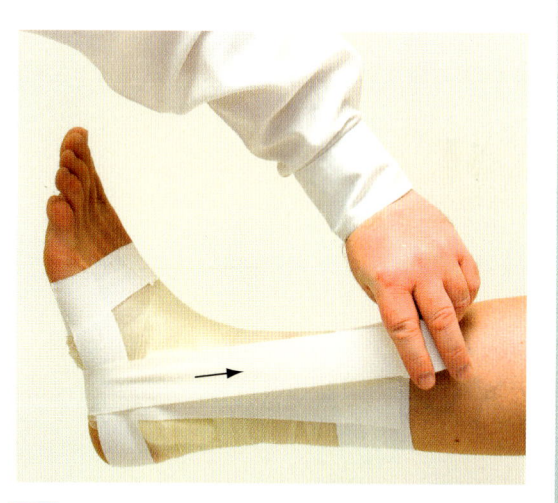

11 手順9と同じようにしてもう1本、1本目から半分つま先側にずらしてスターアップを貼る。

ヒント
テープの終端を確実にアンカーに固定する。外側では強く引っ張るようにして貼る。

6 足と足関節

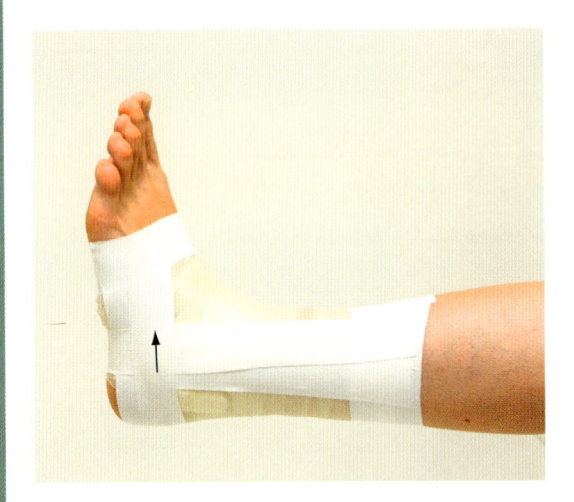

Section 2：実践

12 手順10と同じようにしてもう1本テープを貼る。1本目から半分ずらして外果を覆うようにする。

> 👍 **ヒント**
> 損傷のある側では特にピンと張った状態で貼ることを忘れないようにする。

> ✋ **注意**
> 足が大きい場合や安定性を高める必要がある場合には、さらにもう1本貼る必要がある。

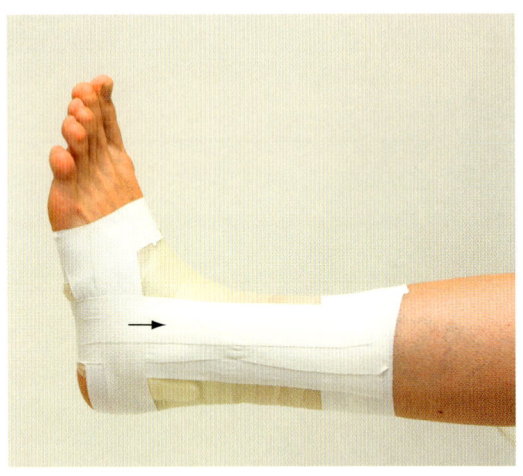

13 手順9と同じようにしてさらにもう1本、2本目から半分つま先側にずらしてスターアップを貼る。

> ✋ **注意**
> アスリートがスポーツに復帰する段階にあれば、この3本のスターアップは"扇状"に巻く（扇状スターアップについては94ページ参照）。

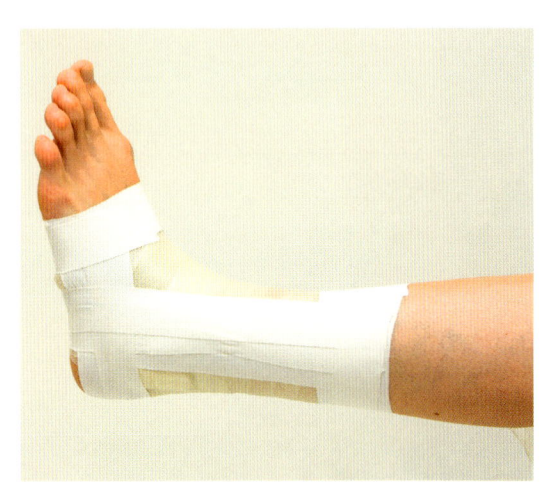

14 近位部および遠位部に再度アンカーを巻く。

足と足関節 **6**

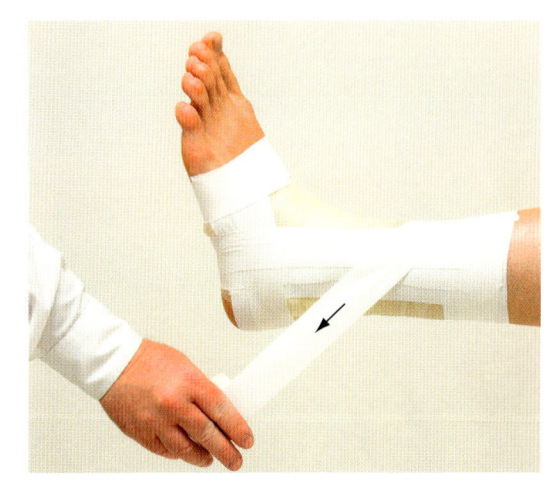

外側足関節捻挫／リハビリ期

15a 1本目のロックを巻く。前下腿部から始めて足関節の外側を通るようにする。

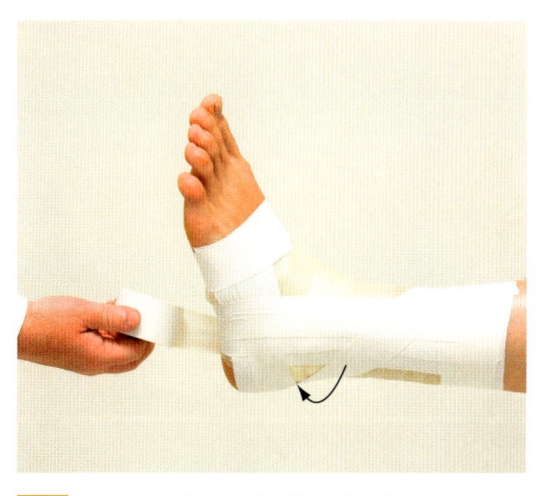

15b 続けてアキレス腱の後ろ側、踵の下を通す。

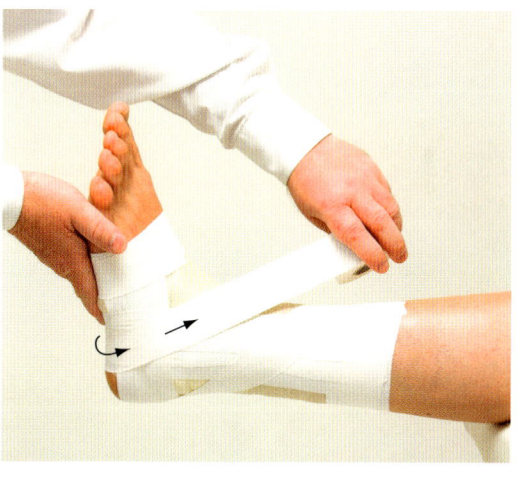

15c 外側では上部アンカーまで強く引っ張り上げながら貼る。

注意
テープを輪郭に沿って巻き、しかるべき場所で巻き終えられるように、適切な角度で巻き始めるよう注意する。

ヒント
この重要なサポートテープを貼る間は、靭帯を伸ばさないようにするために足を外反（外側に回転）するかたちで支えておく。

87

Section 2：実践

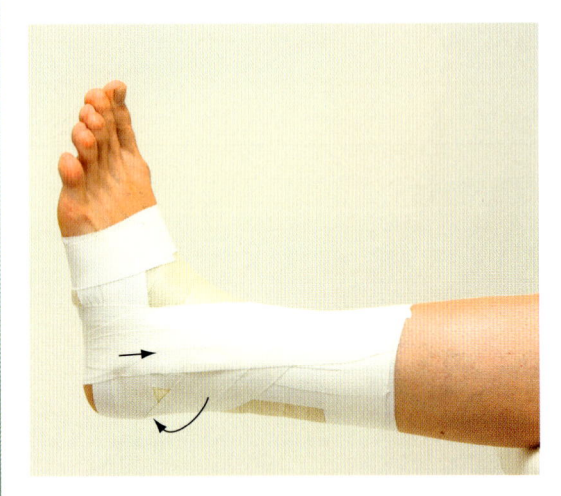

足と足関節

16 手順15を繰り返す。1本目と4分の3重なるように巻く。

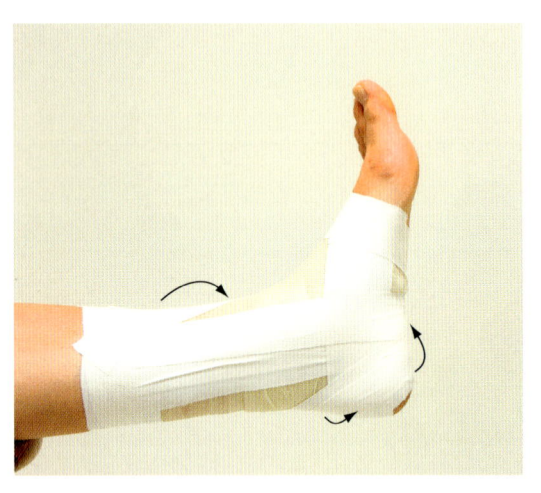

17 内側から見た写真。

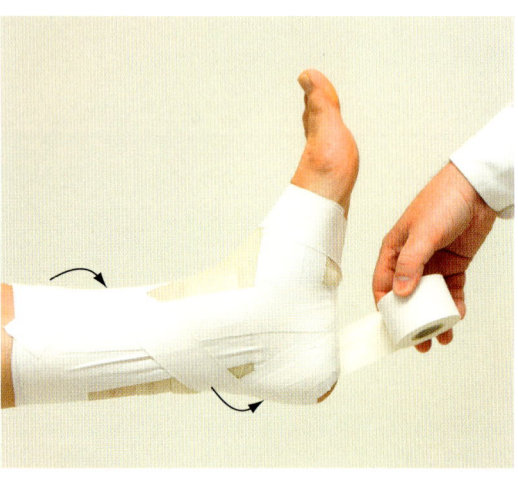

17a 安定性のバランスをとるため、内側にもロックを巻く。

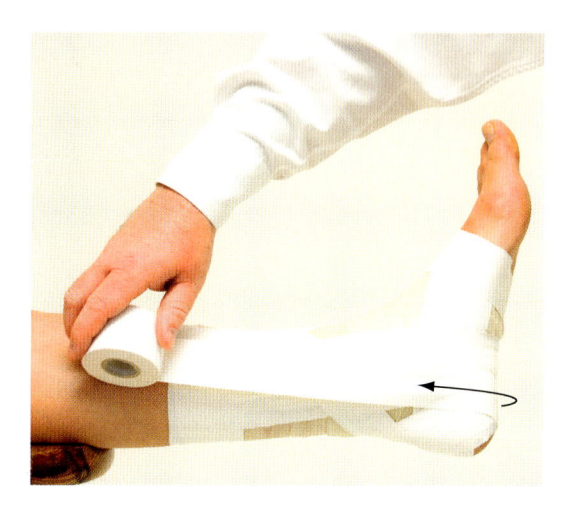

17b 内側に引き上げる際にはあまり引っ張らないようにする。

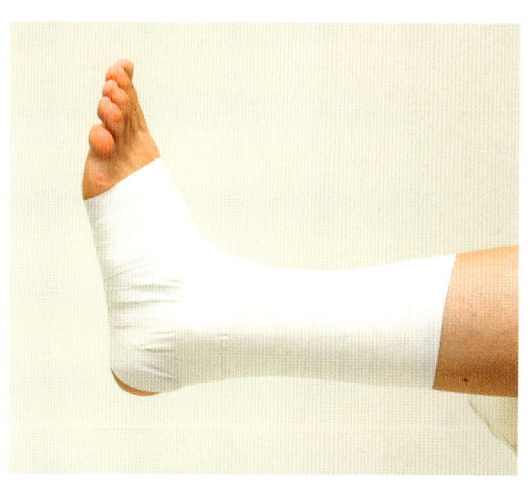

18 近位に再度アンカーを巻く。

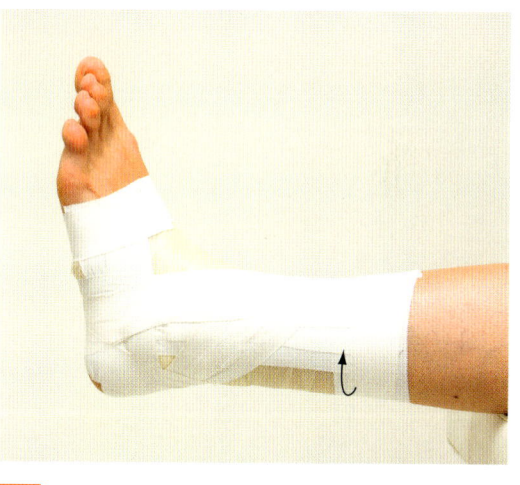

19 仕上げの作業に入る。近位から遠位の方向に半分ずつずらしながら軽く巻いていき、水ぶくれを防止するために隙間がないようにする。

外側足関節捻挫／リハビリ期

Section 2：実践

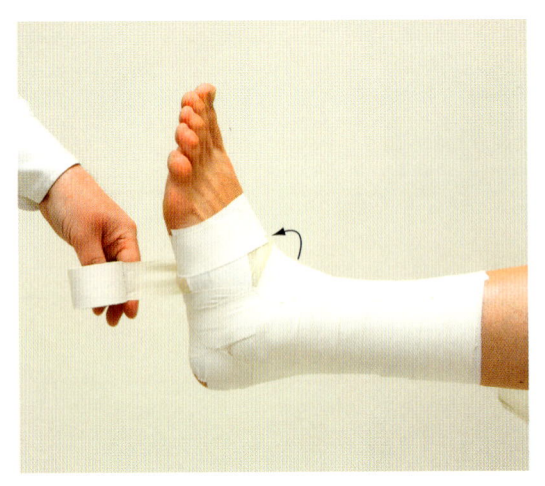

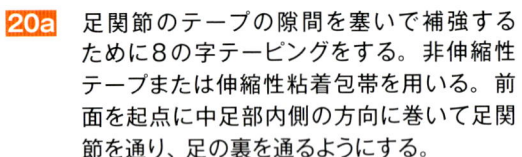

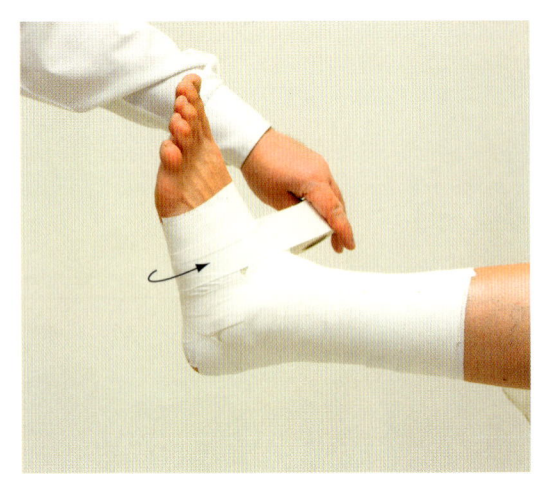

20a 足関節のテープの隙間を塞いで補強するために8の字テーピングをする。非伸縮性テープまたは伸縮性粘着包帯を用いる。前面を起点に中足部内側の方向に巻いて足関節を通り、足の裏を通るようにする。

20b 外側では足関節前面に至るまで強く引っ張り上げ、それ以降は軽く巻く。

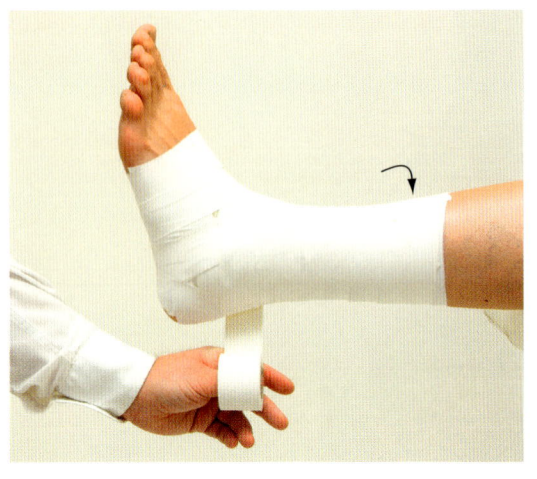

20c アキレス腱の後ろ側を地面と直角をなすように回す。

注意
伸縮性粘着包帯（EAB）を用いる場合、ピンと張る必要のないときにはテープを反跳させてから貼る。

ヒント
EABを引っ張り上げる際には、張力をかけようとする部位の手前でいったんテープを固定する。それからテープをピンと張って押し上げるように貼っていく。張力を緩める位置まで来たらテープを固定する。この方法を実践する前にはEABを反跳させておく。

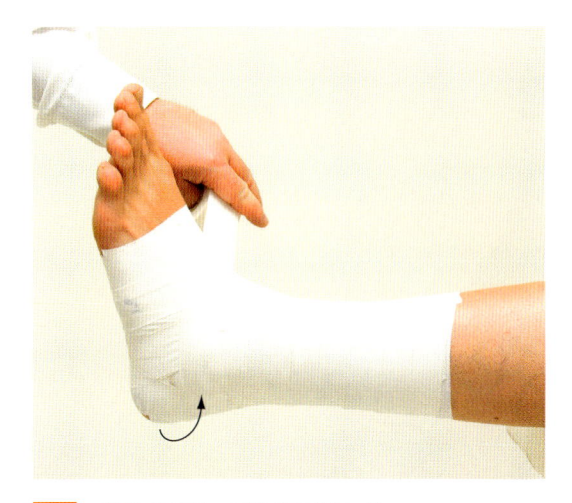

足と足関節 6

外側足関節捻挫／リハビリ期

21 開始点を通って前面で終わる。

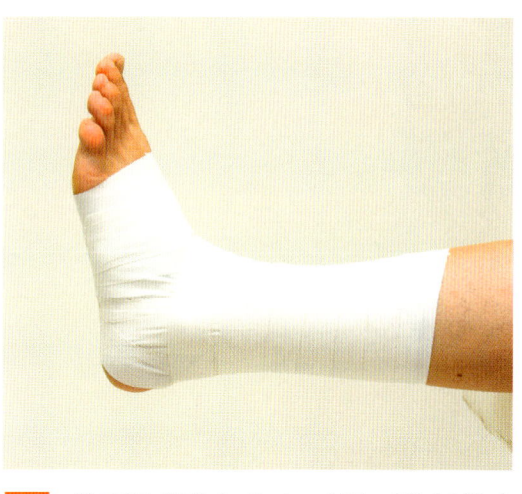

22 前足部と遠位のアンカーを覆って仕上げとする。

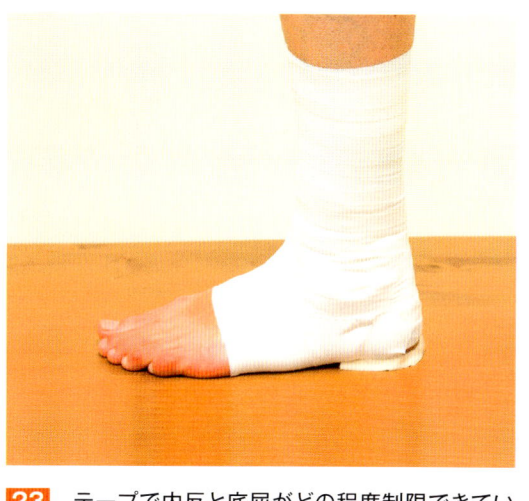

23 テープで内反と底屈がどの程度制限できているかを慎重に確認する。このふたつが十分に制限できていなかったり、痛みを感じたりするようであればテープを補強する。

ヒント
必要であればもう1本8の字テーピングを巻いて隙間がないようにする（1本目とは半分ずらして巻く）。

注意
動的運動に復帰するのであれば、通常の8の字テーピングの代わりにヒールロックまたは逆8の字テーピングを用いてもよい。

ヒント
厚さ1cm（1/2インチ）のヒールリフト（前端を斜めに切ったもの）を用いれば、踵を上げて、損傷した靭帯にかかる圧力を低下させることができる。荷重をかけ始める亜急性期には特に有用である。

注意
運動中、運動後ともに痛みがない場合に限り、荷重をかけ、徐々に運動の機会を増やしてもよい。

外側足関節捻挫の評価

(通常は踵腓靭帯および前距腓靭帯もろとも損傷する)

T (TERMINOLOGY) 専門用語
- 捻挫の表を参照(36ページ)
- 内反捻挫
- 足関節の"ねじれ"

E (ETIOLOGY) 病因
- 底屈に伴う無理な内反
- 足関節の"捻転"
- 以前の足関節捻挫のリハビリが不十分であった場合(固有受容性感覚の低下)に生じることが多い
- 足関節の靭帯の損傷では最も多い組み合わせである。

S (SYMPTOMS) 症状
- 局所痛、腫れ、変色および外果の前方下側の圧痛
- 自動運動検査:内反を伴う底屈時の痛み
- 他動運動検査:内反を伴う底屈時の痛み
- 負荷検査(中間位):中等度の負荷では激しい痛みはない
- ストレス検査
    a. 前方引き出し検査(脛腓関節窩の真下にある踵の部分を前方に動かす)で、弛緩性の有無に関係なく痛みがあれば、前距腓靭帯の第1度ないし第2度の捻挫である。
    b. 踵を外果から遠ざけるようにずらした際に不安定性があれば、同靭帯の第3度の捻挫である。
    c. 距骨傾斜検査で弛緩性の有無に関係なく痛みがあれば、踵腓靭帯の第1度ないし第2度の捻挫である。
    d. 距骨傾斜検査で不安定性または"離開"があれば、同靭帯の第3度の捻挫である。

T (TREATMENT) 治療

初期
- RICES
- テーピング:最初の48時間:**急性足関節損傷(オープンバスケットウィーブ)**
- 各種治療法

それ以降
- 以下の治療の継続
    a. 各種治療法
    b. 横断摩擦マッサージ
    c. フィットネス運動を加減して行う
- 以下に挙げるリハビリを痛みのない範囲で進める
    a. 可動域
    b. 柔軟性
    c. 体力:免荷運動から荷重運動へ(持久力、筋力の順で)
    d. 固有受容性感覚
- 特異的なテーピングを用いて、痛みのない範囲で徐々にスポーツへの復帰を試みる
- 捻挫の再発の予防

S (SEQUELAE) 後遺症
- 治癒の段階で靭帯を短くするかたちで支えることができていないと、前距腿関節および距骨下関節に不安定性が残る
- 腓骨筋の脆弱性や腱炎
- 同時に長趾伸筋に損傷を来たすことが多く、脆弱性が長期にわたって残りやすくなる
- 固有受容性感覚の低下
- 固有受容性感覚の低下および関節の不安定性により再び損傷を来たす
- 足根洞および外果の先端周囲の慢性的な腫れ

RICES:安静(Rest)、アイシング(Ice)、圧迫(Compress)、挙上(Elevate)、支え(Support)

応用例：スポーツ特有の足関節に用いる巻き方

　足関節捻挫の亜急性期およびリハビリ期には、損傷のさまざまな性質に合わせてテーピングのやり方を決める。どのやり方をするにせよ、特定の靭帯の解剖、損傷の程度および治癒の段階を踏まえて調整する必要がある。ほかにも、アスリートが徐々にスポーツに復帰していくにつれて、そのスポーツ特異的な要件を考慮していかなければならない。

> **注意**
> 足関節のリハビリを目的に初めてテーピングを施す前に、損傷した構造を特定して合併症がないことを確認するため、医師などしかるべき資格を備えた人に足関節を十分に評価してもらう必要がある。

　以下の特殊な方法は、熟練のテーピング施術者が実にさまざまな状況に適応するため、これまでに記載した方法と組み合わせて用いるべきものである。

　スポーツ特異的な方法で用いられる特殊な巻き方には以下のものがある。

- **扇状スターアップ**：底屈が自由にできるようになる（特殊なスポーツできつい靴を履く必要のあるときに有用である）
- **Ｖロック**：踵の安定性を高める場合に用いる（アスリートがきつい靴を履く必要のあるときなど、できるだけテープを少なくする場合に有用である）
- **ヒールロック８の字テーピング**：回復の程度からスポーツへの復帰を判断した場合に安定性を高めるのに用いる
- **逆８の字テーピング**：底屈を制限せずに安定性を高めることができる（底屈が必要なスポーツをする場合に有用である）

Section 2：実践

特殊な巻き方：扇状スターアップ

目的
- 3つの角度から外側を支える

長所
- まっすぐ織り重ねるようにスターアップを貼るよりも底屈がしやすくなる
- 靭帯のように多方向から支えることができる
- 骨の突き出たところに貼るテープの厚みをできるだけ小さくすることができる
- フィギュアスケート、アイスホッケー、スピードスケート、ダウンヒルスキーなどきつめの靴を履く必要があり、踝に貼るテープの厚みをできるだけ小さくしなければならない場合に有用である

短所
- 底屈の制限が緩くなる
- 踵の下にテープの厚みが集中する

手順

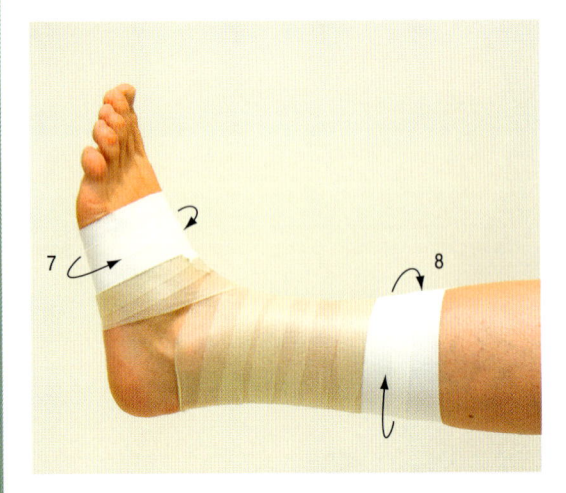

1 **足関節のリハビリに用いるテーピング**の手順1-8から始める（手順6は任意）。

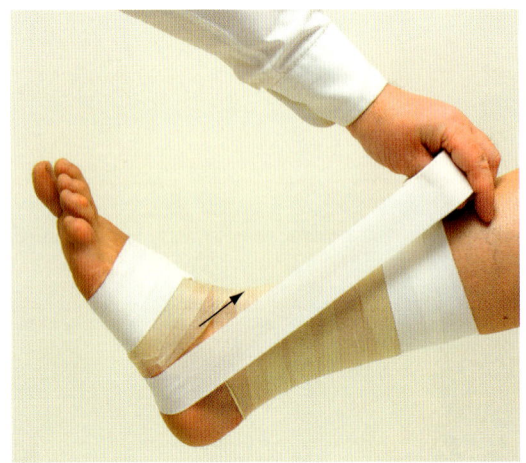

2 1本目のスターアップを巻く。内側上部のアンカーの背側部から始めて踵の下を通し、強く引っ張り上げて外側のアンカーの腹側部で終わる。

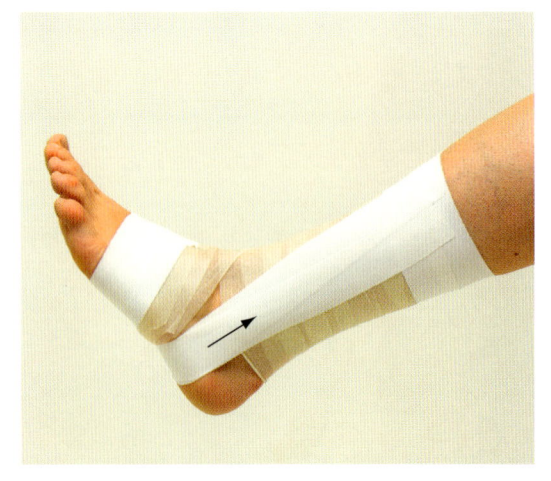

3 2本目を貼る。ちょうど内果の部分を経由して踵の下を通し、外果の上からアンカーまで強く引っ張り上げるように貼る。1本目よりもわずかに背側で終わる。

足と足関節

扇状スターアップ

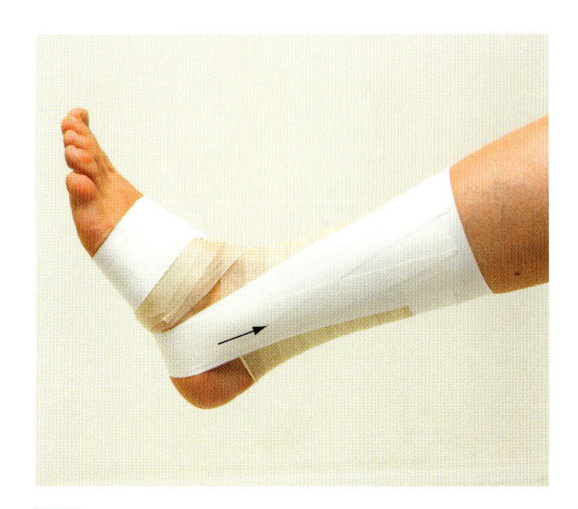

4 3本目を貼る。2本目よりも腹側から始めて外果よりも背側で終わる。

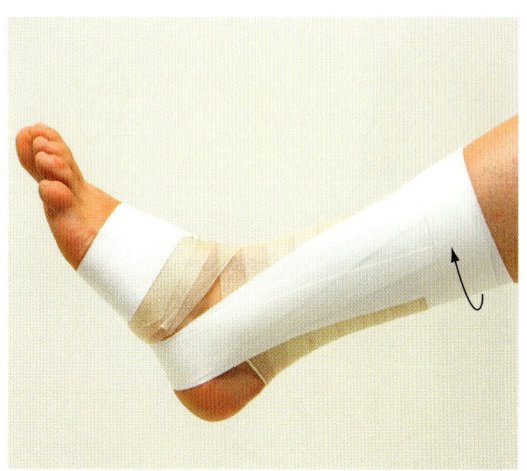

5 近位部に3本のスターアップの上から（上端に）再びアンカーを巻き、**足関節のリハビリに用いるテーピング**の手順15-22と同じやり方で作業を終える。

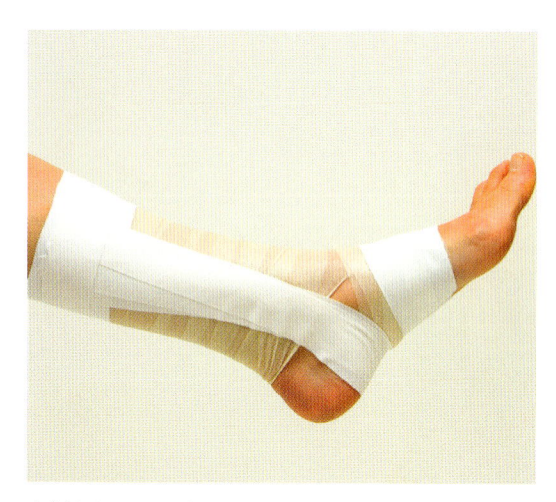

内側から見た写真

👍 ヒント
最後のアンカーが1周して前面に来たときに同じ高さになるように、背側でも高い位置を通るように巻く。

✋ 注意
このスターアップと併せて、これと直角をなすようにテープを貼って織り重ね方を変えると、前面および後面の靱帯（前距腓靱帯、後距腓靱帯や三角靱帯）の捻挫では特に支えの安定性を高めることができる。

Section 2：実践

特殊な巻き方：Ｖロック

目的
- 外側の安定性を高める
- 踵をしっかり固定する

長所
- テープ1本で外側の安定性を高めるとともに踵をしっかり固定することができる
- フィギュアスケート、アイスホッケー、スピードスケート、ダウンヒルスキーなどきつめの靴を履く必要があり、踝（距骨）に貼るテープの厚みをできるだけ小さくしなければならない場合に有用である

短所
- アンクルロックほどには効果的に距骨傾斜を制限することができない

手順

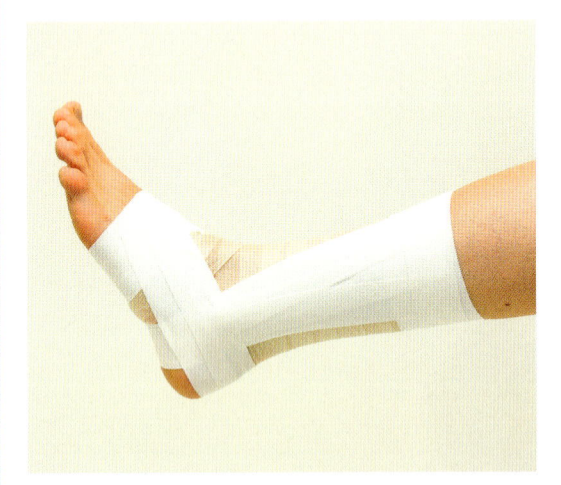

1 **足関節のリハビリに用いるテーピング**の手順1-8から始める（手順6は任意）。扇状スターアップを用いてもよい。

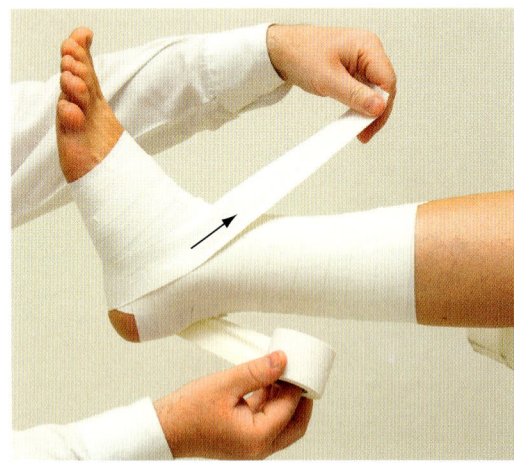

2 まずテープを踵の下に貼ってから前側に引っ張り上げ、前内側の上部のアンカーに貼る。

> **ヒント**
> このように引っ張り上げることによって、足を外反させるようにする。

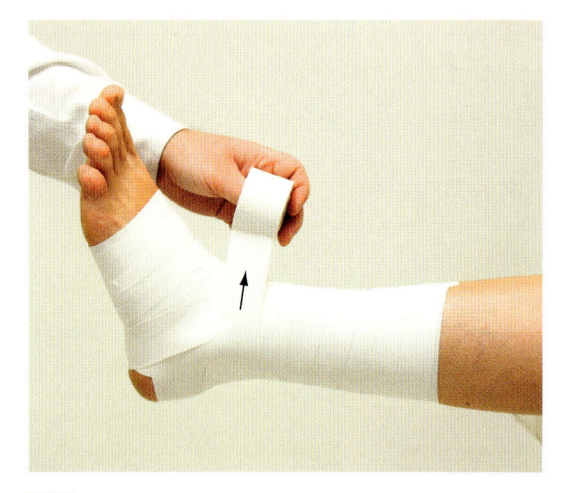

3 力を入れずにテープのロール部分を持って踵の後ろから巻きつける。外果を覆えるように、位置が上になりすぎないようにする。

4 外果から足背部まで、テープが浮かないように引っ張る。

> **ヒント**
> 外側でテープの方向を変えて"離陸"方向に注意することが、テープをしわにすることなく最善の"軌道"を描くのに有用である。

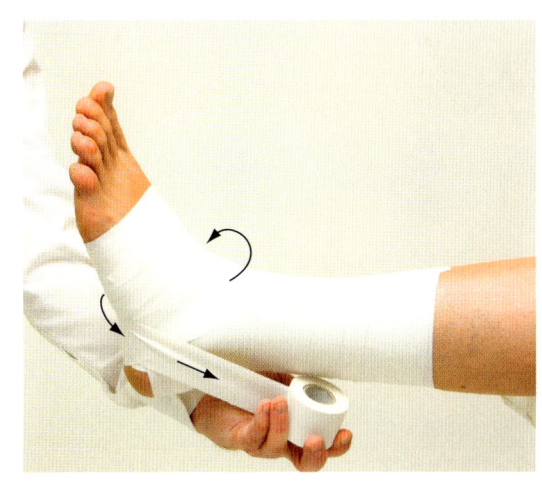

足と足関節　6

Vロック

| 5 | テープを引っ張らずに前側に巻き付ける。
| 6 | 内側を経由して足底のアーチの下を通り、後側に向かって巻いていく。
| 7 | 後側に強く引っ張り上げるようにして外果を通る。
| 8 | テープを後内側のアンカーに貼る。

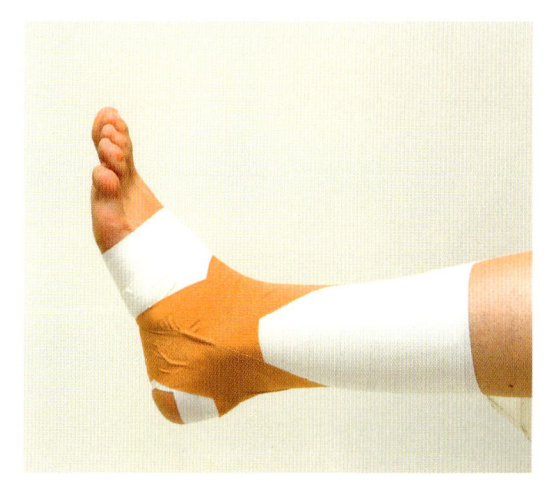

外側から見た写真

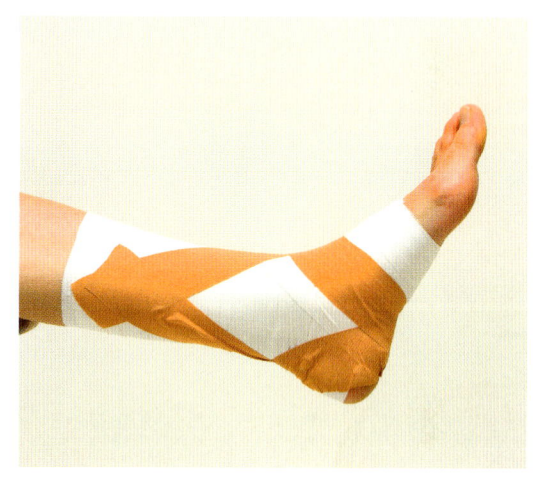

内側から見た写真

ヒント
練習用のテープを用いて繰り返し巻くようにすれば、技術が向上する。

注意
この巻き方は、内側に用いることによって安定性を高め、踵を固定する効果を得ることもできる。外側足関節捻挫のテーピングに用いる場合には、内反させないようにするほか、引っ張り具合を調整するようにする必要がある。

97

Section 2：実践

特殊な巻き方：
ヒールロック8の字テーピング

目的
- 特に踵を安定させて補強する
- 最大底屈を制限する
- 外側の可動性を制限する
- 背屈はほとんど制限しない

長所
- 他のスポーツに比べて極度の底屈は必要としないかわりに、背屈の必要が大きいスポーツでは有用である

短所
- 底屈が制限される

手順

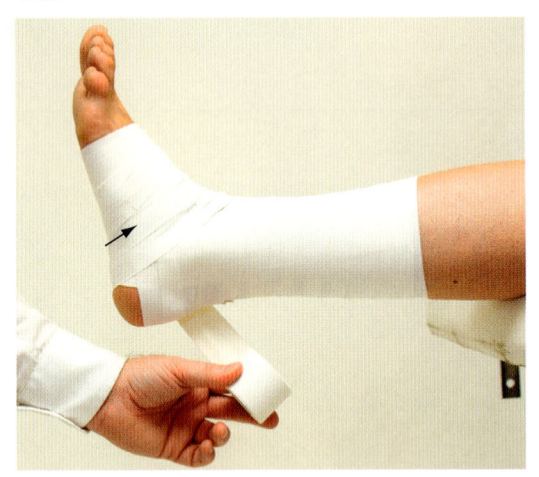

1 **足関節のリハビリに用いるテーピング**の手順1-5、7-14から始める。扇状スターアップを用いてもよい。

2 まずは足背部に外側から内側へとテープを貼っていき、そのまま真下に進む。

3 外側では**強く**引っ張るようにする。

4 慎重に（しわにならないように）伸筋腱を通り、内側を地面と直角をなすように進んで、アキレス腱に巻きつける。

ヒント
外側を通る際は3回とも強く引っ張るようにする。

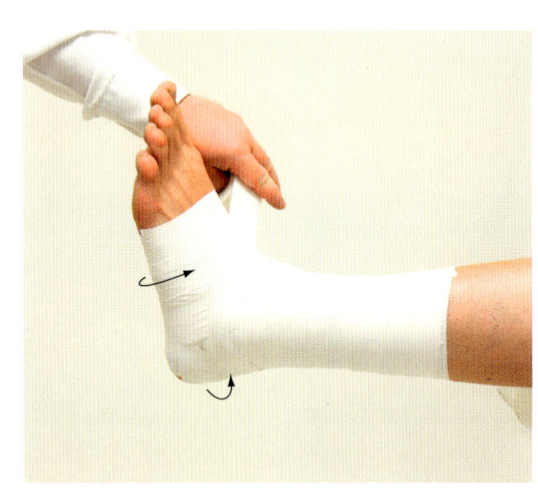

5 足関節の前側を通って、内側から足の裏へと進み、起点よりやや後側に向かって貼っていく。足底面でテープの方向を変えるようにする。

ヒント
テープが後側を通る際にたわんだり、しわになったり、縒れたりすることのないように、足関節を適度に背屈させておく必要がある。

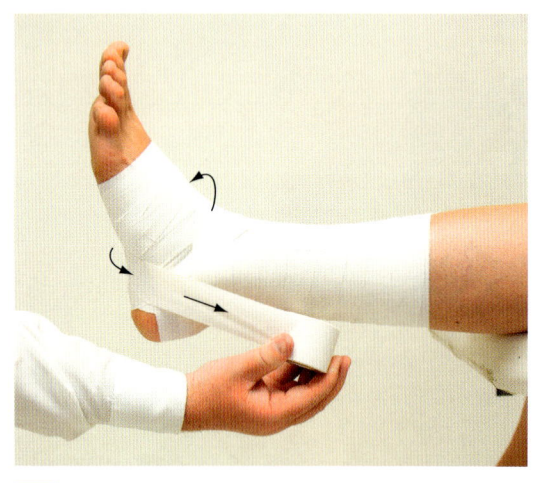

6 外果の後側の方向にテープを強く引っ張り、アキレス腱を通る。

足と足関節

ヒールロック8の字テーピング

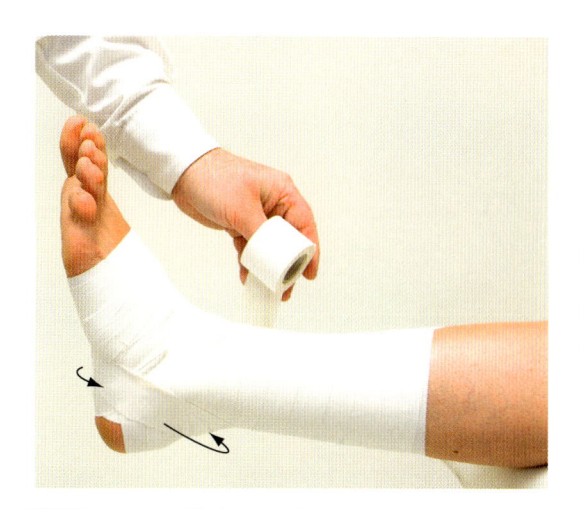

7 そのまま慎重に足関節の前面を通る。

> 💡 **ヒント**
> 練習用のテープを用いて繰り返し巻くようにすれば、しかるべき角度を判断できるようになり、熟練度が格段に上がる。

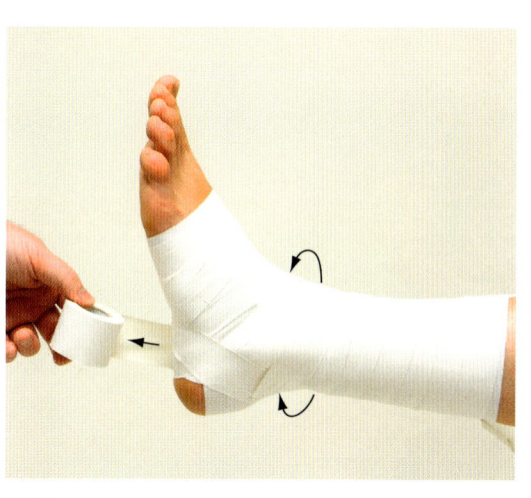

8 再びアキレス腱を通ったら、今回はあまり引っ張らずに踵の内側から足の裏へと進む。

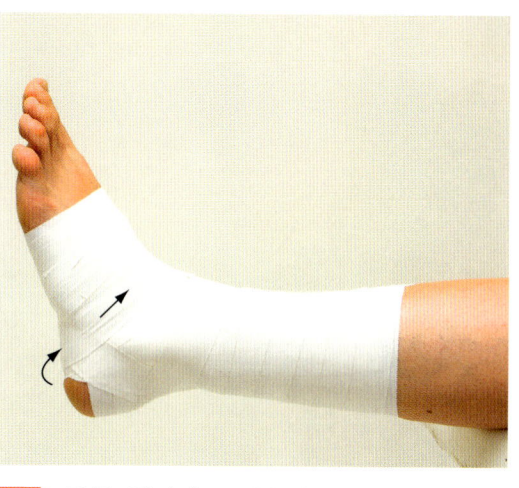

9 外側で強く引っ張り上げて、前側で巻き終える。

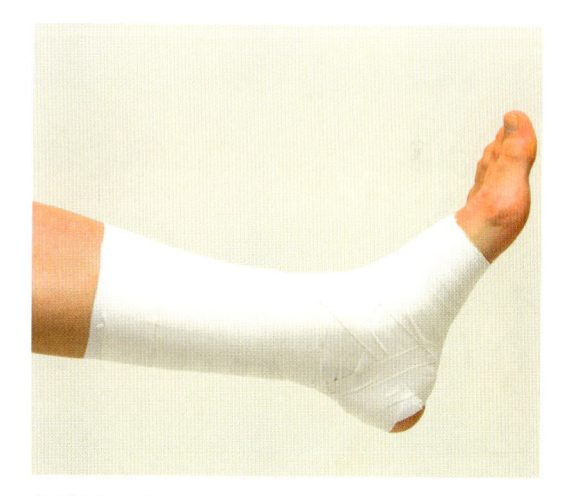

内側から見た写真

99

Section 2：実践

特殊な巻き方：逆8の字テーピング

目的
- 特に踵を安定させてテーピングをした足関節の支えを強める
- 背屈を制限する
- 足関節の外側の動きを制限し、踵をコントロールする
- 底屈はほとんど制限しない

長所
- この巻き方では底屈が可能になるため、特に底屈の機能的可動域が大きくなるスポーツ（バスケットボール、バレーボール、体操、陸上競技の各種目）では有用である
- 踵を両側からコントロールできる

短所
- 他の8の字テーピングの巻き方よりも底屈時の安定性が低くなる

手順

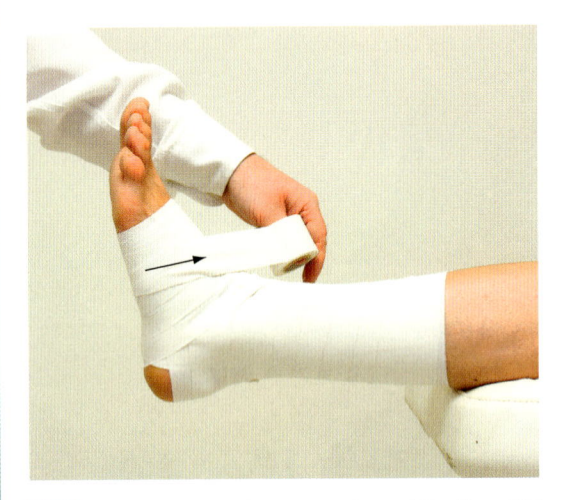

1 **足関節のリハビリに用いるテーピング**の手順1-5、7-14から始める。扇状スターアップを用いてもよい。

2 まず足背の外側から内側に巻いていく。

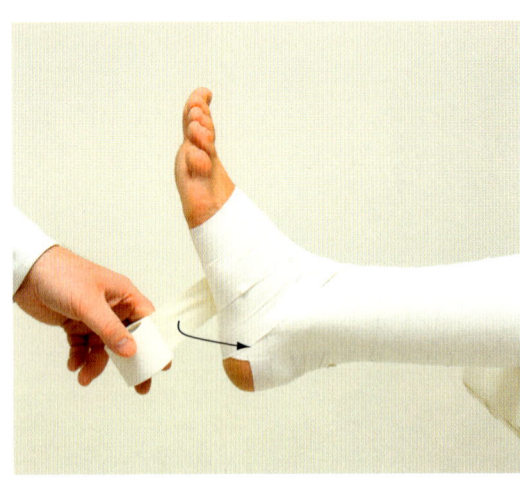

3 足の裏を後ろ側に向かって進む。

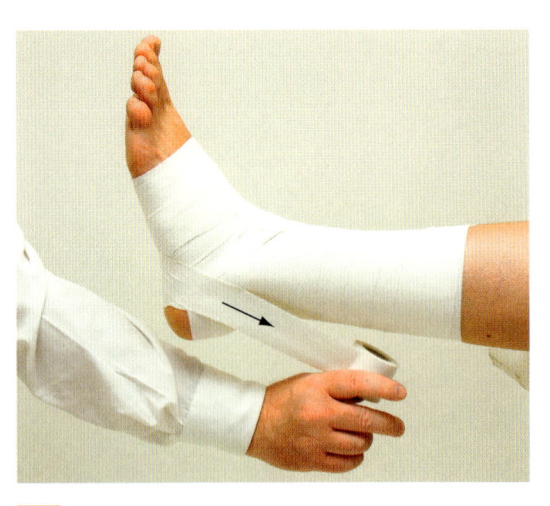

4 テープを後ろ側に強く引っ張り上げて外果を通り（踵の外側を固定できる）、アキレス腱に慎重に巻きつける。

足と足関節　6

逆8の字テーピング

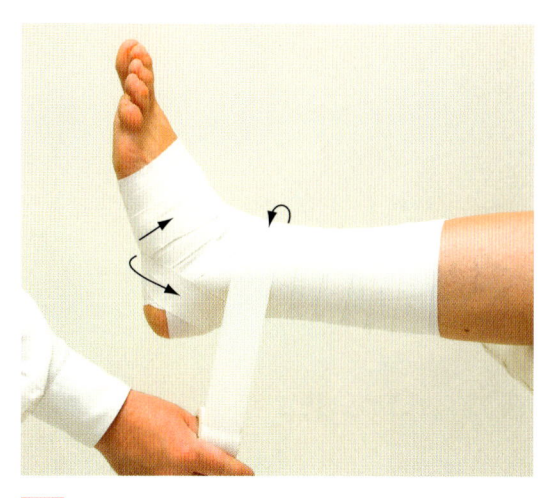

5　内側まで来たらテープを前側に持っていく。慎重に前側の伸筋腱を通って、後側に戻る。

注意
この腱の部分を通る際には、テープがしわになったり、角度をつけすぎたりしないようにする。

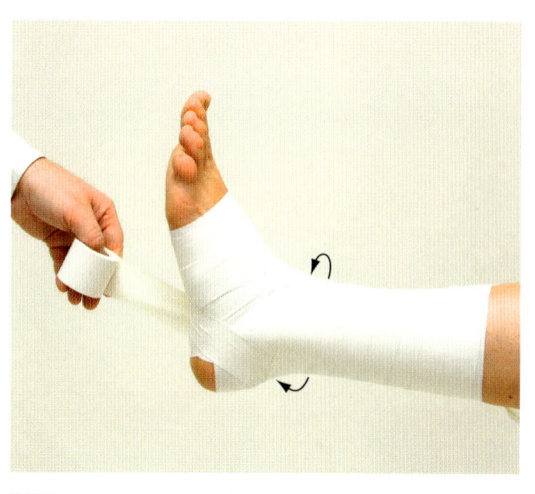

6　再びアキレス腱を通ったら踵の内側に持っていって（この部分を固定し）、足の裏を前側に向かって進む。

注意
背屈を強く制限するには、足関節をもう少し底屈させ、各側面から踵を固定する際にきつめに引っ張るようにする。

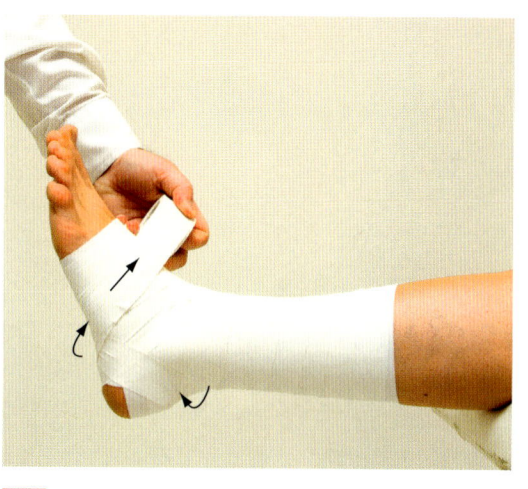

7　外側で強く引っ張り上げ、足背の起点部を通って巻き終える。

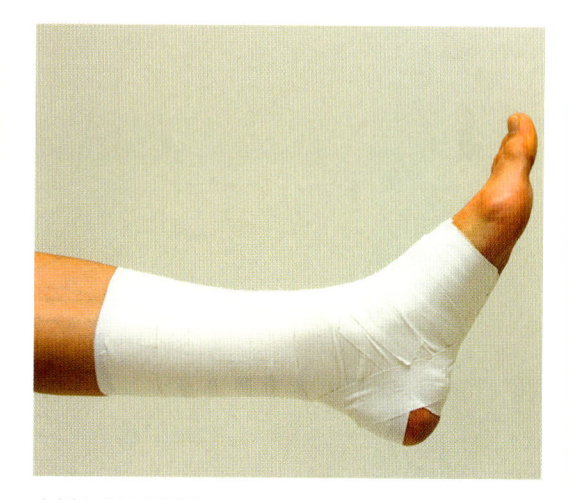

内側から見た写真

Section 2：実践

個々の靱帯の捻挫に用いる高度なテーピング

　以下は足関節捻挫に関して詳細に説明する節であり、必ずしも全読者の関心の対象となるところではない。アスリートに特化して治療する医療専門家に、特定の靱帯単独の捻挫に対する特殊なテーピング法を伝えるためのものである。

　このセクションのTESTSの一覧では、T（TERMINOLOGY）専門用語の項に個々の靱帯の場所と構造を記載している。経過および頻度はE（ETIOLOGY）病因、S（SYMPTOMS）症状、T（TREATMENT）治療およびS（SEQUELAE）後遺症の項で触れている。このセクションでは、いかにしてリハビリ期のテーピングの諸要素を調整し、治癒の段階、個々の靱帯の解剖およびスポーツによってさまざまに異なる必要に合わせたものにするかを説明する。

　このセクションの目的は、特定の靱帯を支えるためにどのようにテーピングのやり方を考えればよいか、そのやり方を常に発展させ、治癒過程にある構造が常に変化し、スポーツによっても必要とするものが異なるという現実に対処するべく応用するにはどうすればよいのかを示すことにある。

　何らかの技術を用いて、痛みを感じることなく必要な支えを得ることができなければ、以下のことを考慮する。
- 最初の診断を疑って、再度損傷を評価する
- 治癒段階を検討する：足関節に新たな損傷があるか、元の損傷が悪化しているために亜急性期が長引いているということはないか。
- そのテーピング法がその損傷構造およびその治癒段階に適したものであるかどうかを検討する
- 自分のテーピング技術を疑ってみる：自分の技術は向上しているか（専用のテープを用いて練習する）。
- アスリートのそもそもの要求が、支えを十分にして可動性まで十分に得られるようにするというようなものではないか。

注意
このような処置はあくまで指針および提案にすぎず、"絶対にこうでなければならない"というものでは決してない。これは知識と経験を理論化し、応用する過程で有用であることを確認した実践的な方法である。

ヒント
技量を磨き、技術を向上させるには、解剖学および生理学の原理をテーピングに適用するにあたって、常に問題意識を持って柔軟に考えなければならない。

前距腓靱帯単独の捻挫に対するリハビリ期の特殊なテーピング

姿勢：座位になってふくらはぎを支え、足が90°になるようにする。基本の巻き方	段階に応じた巻き方		
	亜急性期：（荷重をかけ始める） ・運動できるかどうかは治癒段階によって決まる ・腫れはどのくらいか ・荷重は痛みのない場合に限る	機能回復：（適度ないし活発な運動） ・個々の靱帯を十分に支える ・適度の運動ができるくらいの可動性を得られるようにする	スポーツへの復帰（トレーニング、試合） ・支えの補強 ・各スポーツに特異的な必要を満たす巻き方
基本的な準備（清潔にして剃毛し、スプレーを塗布する）アンダーラップ アンカー	・腫れそうであれば外側に"J"字形のフェルトパッドを用いる（断面を斜めに切る）	・腫れが続くようであれば、引き続き"J"字形のフェルトパッドを用いる ・運動量が増えたらヒールアンドレースパッドを用いる	・ヒールアンドレースパッドを用いる
外側の支え スターアップ	通常のバスケットウィーブとは若干異なる貼り方を用いる ・スターアップ3本（直角）（内側から始めて外側で強く引っ張り上げる） ・これと直角をなすテープを2枚（外側で強く引っ張るように）貼って組み合わせる	・引き続き通常のバスケットウィーブとは若干異なる貼り方を用いる（縦に貼る際も横に貼る際も、外側で特に強く引っ張る）	・引き続き通常のバスケットウィーブとは若干異なる貼り方を用いる（縦に貼る際も横に貼る際も、外側で特に強く引っ張る） ・可動性を高めるために扇形スターアップを用いることもできる
補強 足関節のロック	・外側のロック 主に最後に引っ張り上げて張力をかける（後側の垂直片） ・内側のVロック 主に踵の後ろから内果を通るまで足の裏と平行に引っ張って張力をかける	・引き続き次のふたつを用いる 外側のVロック 内側のVロック	・引き続き次のふたつを用いる 外側のVロック 内側のVロック
安定性 8の字テーピングとそのバリエーション	・普通の8の字テーピング（内側から始めて外側で強く引っ張り上げる）（底屈が制限されるようにする）	・安定性を高めるためにヒールロック8の字テーピングをする（外側では常に強く引っ張り上げるようにする）	・引き続きヒールロック8の字テーピングをする ・スポーツによってさらに底屈が求められる場合には、逆8の字テーピングを用いる（ひとつ前のロックの段階で最大底屈が制限されるようにしておくこと） ・きつい靴を履く必要があるのであれば、この手順はとばす
仕上げ：	・荷重をかける場合はフェルトのヒールリフトを加える	・ヒールリフト（任意）	目的 ・前距腓靱帯を支える ・内反を防ぐ ・足の内旋、最大外反および最大底屈を制限する ・本来の機能の範囲内での底屈はできるようにする

ヒント

テーピングを巻く際には、支えようとする靱帯の位置と方向を思い浮かべるようにする。

Section 2：実践

前距腓靱帯捻挫の評価

T（TERMINOLOGY）専門用語
- 前方靱帯複合体
- 表面近くにある短い繊維の束
- 外果の前方から距骨頸に架かる
- 55ページの解剖図を参照

E（ETIOLOGY）病因
- 底屈に伴う無理な内反
- 足関節の"捻転"
- 以前の足関節捻挫のリハビリが不十分であった場合（固有受容性感覚の低下）に生じることが多い
- 踵腓靱帯と併せて損傷することが多い

S（SYMPTOMS）症状
- 局所痛、腫れおよび変色
- 外果の前方の圧痛
- 自動運動検査：内反を伴う底屈時の痛み
- 他動運動検査：内反を伴う底屈時の痛み
- 負荷検査（中間位）：中等度の負荷では激しい痛みはない
- ストレス検査
    a. "前方引き出し"検査（脛腓関節窩の真下にある踵の部分を前方に動かす）で、弛緩性の有無に関係なく痛みがあれば、第1度ないし第2度の捻挫である。
    b. 踵を外果から遠ざけるようにずらした際に痛みの有無に関係なく不安定性があれば、第3度の捻挫の可能性がある。"クリック音"が聞こえることもある

T（TREATMENT）治療

初期
- RICES
- テーピング：最初の48時間：**急性足関節損傷（オープンバスケットウィーブ）**
- 各種治療法

それ以降
- 以下の治療の継続
    a. 各種治療法
    b. 横断摩擦マッサージ
- フィットネス運動を加減して行う
- 以下に挙げるリハビリを痛みのない範囲で進める
    a. 可動域
    b. 柔軟性
    c. 体力：免荷運動から荷重運動へ（持久力、筋力の順で）
    d. 固有受容性感覚
- 特異的なテーピングを用いて、痛みのない範囲で徐々にスポーツへの復帰を試みる。**距腓靱帯単独の捻挫に対するリハビリ期のテーピングについては103ページを参照（踵腓靱帯も併せて損傷している場合には、82ページの外側足関節捻挫の項を参照）**
- 捻挫の再発の予防

S（SEQUELAE）後遺症
- 治癒の段階で靱帯を短くするかたちで支えることができていないと、前距腿関節に不安定性が残る
- 腓骨筋の脆弱性や腱炎
- 長趾伸筋の脆弱性が長期にわたって残る（同時に損傷を来たすことが多い）
- 固有受容性感覚の低下
- 固有受容性感覚の低下および関節の不安定性により再び損傷を来たす
- 足根洞の慢性的な腫れ

RICES：安静（Rest）、アイシング（Ice）、圧迫（Compress）、挙上（Elevate）、支え（Support）

足と足関節

踵腓靱帯捻挫

踵腓靱帯単独の捻挫に対するリハビリ期の特殊なテーピング

姿勢： 座位になって ふくらはぎを支え、 足が90°になるようにする。 基本の巻き方	段階に応じた巻き方		
	亜急性期：（荷重をかけ始める） ・運動できるかどうかは治癒段階によって決まる ・腫れはどのくらいか ・荷重は痛みのない場合に限る	機能回復：（適度ないし活発な運動） ・個々の靱帯を十分に支える ・適度の運動ができるくらいの可動性を得られるようにする	スポーツへの復帰（トレーニング、試合） ・支えの補強 ・各スポーツに特異的な必要を満たす巻き方
基本的な準備 （清潔にして剃毛し、スプレーを塗布する） アンダーラップ アンカー	・腫れそうであれば外側に "**J**"字形のフェルトパッドを用いる （断面を斜めに切る）	・腫れが続くようであれば、引き続き"**J**"字形の**フェルトパッドを用いる** ・運動量が増えたら**ヒールアンドレースパッド**を用いる	・**ヒールアンドレースパッドを用いる**
外側の支え スターアップ	**通常のバスケットウィーブとは若干異なる貼り方を用いる** ・**スターアップ3本（直角）** （内側から始めて外側で強く引っ張り上げる） ・**ホースシューを2本**（外側で強く引っ張るように）貼って組み合わせる	・引き続き**通常のバスケットウィーブとは若干異なる貼り方を用いる** （スターアップを巻く際には特に、外側で強く引っ張る）	・可動性を高めるために**扇形スターアップ**を用いることもできる ・捻挫を起こしたのがこの靱帯だけであれば、ホースシューは巻かなくてもよい
補強 足関節のロック	・**外側のロックを2本** （外側で強く引っ張り上げる）	・**外側のロックを2本** （外側で強く引っ張り上げる） ・**内側のロックを1本** （あまり引っ張らないようにする）	・引き続き**外側のロック2本**と**内側のロック1本**を用いる ・きつい靴を履く必要があるのであれば、外側の2本目のロックの代わりに**Vロック**を用いる（Vロックを巻くにあたっては、地面に対して直角に貼るところと、最後の外側の部分では特に引っ張るようにする）
安定性 8の字テーピングとそのバリエーション	・**普通の8の字テーピング** （内側から始めて外側で強く引っ張り上げる）	・安定性を高めるために**ヒールロック8の字テーピング**をする （外側では常に強く引っ張り上げるようにする）	・引き続き**ヒールロック8の字テーピング**をする ・スポーツによってさらに底屈が求められる場合には、逆8の字テーピングを用いる（ひとつ前のロックの段階または8の字テーピングを巻き終えた段階で最大底屈が制限されるようにしておくこと） ・きつい靴を履く必要があるのであれば、この手順はとばす
仕上げ：	・荷重をかける場合 **フェルトのヒールリフト**を加える	・**ヒールリフト**（任意）	**目的** ・踵腓靱帯を支える ・内反を防ぐ ・最大外反および極度の底屈を制限する ・本来の機能の範囲内での底屈はできるようにする

👍 **ヒント**
テーピングを巻く際には、支えようとする靱帯の位置と方向を思い浮かべるようにする。

Section 2：実践

踵腓靱帯捻挫の評価

T（TERMINOLOGY）専門用語
- 外側足関節靱帯複合体の中央3分の1の部分
- 長く、強度がある紐状のもの
- 腓骨頭の下方後側から踵骨の外側隆起に架かる
- 55ページの**解剖図**を参照

E（ETIOLOGY）病因
- 足を背屈させた場合に、ある程度内反位に固定されてしまったり、無理な内反があったりして、下腿の内側に力がかかる
- 以下の理由で内側よりも捻挫を起こしやすい
  a. 靱帯複合体が内側よりも細長く、脆弱で繋がりが弱い
  b. 内果の方が外果よりも高い位置にあるために安定性が低く、圧力がかかる際に踵が内側にずれやすくなる
- 前距腓靱帯と併せて損傷を来たすことがきわめて多い

S（SYMPTOMS）症状
- 局所痛、腫れおよび変色
- 足関節の外側、外果の先端の下側やや後ろ寄りの部分の圧痛
- 自動運動検査：内反時の痛み
- 他動運動検査：内反時の痛み
- 負荷検査（中間位）：中等度の負荷では激しい痛みはない
- ストレス検査
  a. 距骨傾斜検査で弛緩性の有無に関係なく痛みがあれば、第1度ないし第2度の捻挫である。
  b. 距骨傾斜検査で不安定性または"離開"があれば、踵腓靱帯の第3度の捻挫である。

T（TREATMENT）治療

初期
- RICES
- テーピング：最初の48時間：**急性足関節損傷（オープンバスケットウィーブ）**
- 各種治療法

それ以降
- 以下の治療の継続
  a. 各種治療法
  b. 横断摩擦マッサージ
  c. フィットネス運動を加減して行う
- 以下に挙げるリハビリを痛みのない範囲で進める
  a. 可動域
  b. 柔軟性
  c. 体力：免荷運動から荷重運動へ（持久力、筋力の順で）
  d. 固有受容性感覚
- 特異的なテーピングを用いて、痛みのない範囲で徐々にスポーツへの復帰を試みる。**踵腓靱帯単独の捻挫に対するリハビリ期のテーピングについては105ページを参照（前距腓靱帯も併せて損傷している場合には、外側足関節捻挫のリハビリ期に用いるテーピングの項を参照、82ページ）**
- 捻挫の再発の予防

S（SEQUELAE）後遺症
- 治癒の段階で靱帯を短くするかたちで支えることができていないと、外側に不安定性が残る
- 腓骨筋挫傷が随伴することが多く、腓骨筋の脆弱性や腱炎が持続する下地となる
- 固有受容性感覚の低下
- 捻挫の再発
- 外果の先端の下側やや後ろ寄りの部分に慢性的な腫れが残る
- 関節の変形

RICES：安静（Rest）、アイシング（Ice）、圧迫（Compress）、挙上（Elevate）、支え（Support）

足と足関節

後距腓靱帯捻挫

後距腓靱帯単独の捻挫に対するリハビリ期の特殊なテーピング

姿勢： 座位になって ふくらはぎを支え、 足が90°になるようにする。 **基本の巻き方**	段階に応じた巻き方		
	亜急性期：（荷重をかけ始める） • 運動できるかどうかは治癒段階によって決まる • 腫れはどのくらいか • 荷重は痛みのない場合に限る	機能回復：（適度ないし活発な運動） • 個々の靱帯を十分に支える • 適度の運動ができるくらいの可動性を得られるようにする	スポーツへの復帰（トレーニング、試合） • 支えの補強 • 各スポーツに特異的な必要を満たす巻き方
基本的な準備 （清潔にして剃毛し、スプレーを塗布する） アンダーラップ アンカー 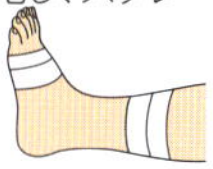	• 腫れそうであれば外側に"J"字形のフェルトパッドを用いる（断面を斜めに切る） 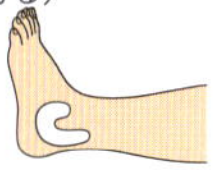	• 腫れが続くようであれば、引き続き"J"字形のフェルトパッドを用いる • 運動量が増えたら**ヒールアンドレースパッド**を用いる 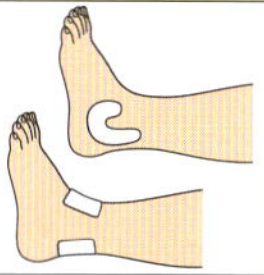	• **ヒールアンドレースパッドを用いる** 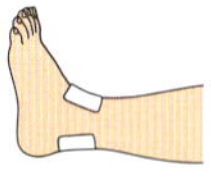
外側の支え スターアップ 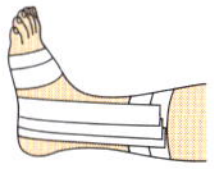	通常のバスケットウィーブとは若干異なる貼り方を用いる • **スターアップ3本（直角）** （内側から始めて外側で強く引っ張り上げる） • **ホースシューを2本**（外側で強く引っ張るように）貼って組み合わせる 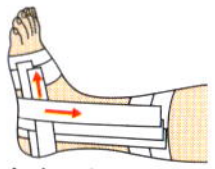	• 引き続き**通常のバスケットウィーブとは若干異なる貼り方を用いる** （スターアップを巻く際には特に、外側で強く引っ張る） 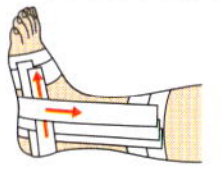	• 引き続き**通常のバスケットウィーブとは若干異なる貼り方を用いる** （スターアップを巻く際には特に、外側で強く引っ張る） • 可動性を高めるために**扇形スターアップ**を用いることもできる 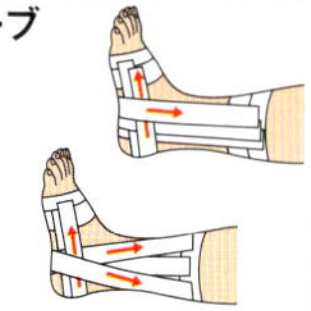
補強 足関節のロック 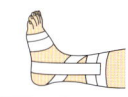	• **外側のロックを2本** （外側で強く引っ張り上げる） 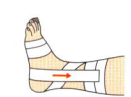	• **外側のロックを2本** （外側で強く引っ張り上げる） 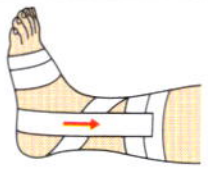 • **内側のロックを1本** （あまり引っ張らないようにする） 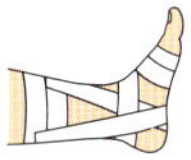	• 引き続き**外側のロック2本**と**内側のロック1本**を用いる • きつい靴を履く必要があるのであれば、外側の2本目のロックの代わりに**Vロック**を用いる（Vロックを巻くにあたっては、地面に対して直角に貼るところと、最後の外側の部分では特に引っ張るようにする）
安定性 8の字テーピングとそのバリエーション 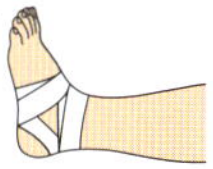	• **普通の8の字テーピング** （内側から始めて外側で強く引っ張り上げる） 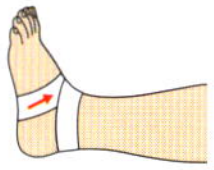	• 安定性を高めるために**ヒールロック8の字テーピング**をする （外側では常に強く引っ張り上げるようにする） 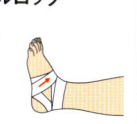	• 引き続き**ヒールロック8の字テーピング**をする • 損傷の原因が極度の背屈である場合や、他のスポーツよりも底屈を必要とする場合には、**逆8の字テーピング**を用いる • きつい靴を履く必要があるのであれば、この手順はとばす 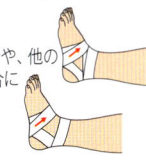
仕上げ 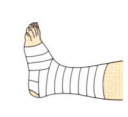	• 荷重をかける場合 **フェルトのヒールリフト**を加える 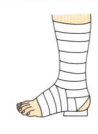	• 引き続き**ヒールリフト**を用いる 	**目的** • 後距腓靱帯を支える • 内反を防ぐ • 背屈および外旋を制限する • 本来の機能の範囲内での底屈はできるようにする

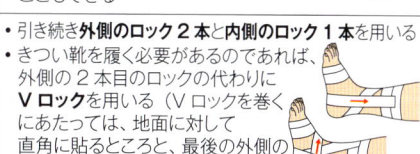

> 👍 **ヒント**
> テーピングを巻く際には、支えようとする靱帯の位置と方向を思い浮かべるようにする。

Section 2：実践

後距腓靱帯捻挫の評価

T（TERMINOLOGY）専門用語
- 外側靱帯複合体の後方部
- 深い位置にあり、厚みのある線維
- 外果の後側から踵骨の後方外側の隆起部に架かる
- 55ページの**解剖図**を参照

E（ETIOLOGY）病因
- 極度の背屈強制
- 荷重による底屈に伴い、外旋の力が加わる
- 単独で断裂することはまれである
- 断裂するのは通常、重度の捻挫または脱臼を起こした場合にかぎられる
- 棒高跳びの選手、パラシュートジャンパー、アイスホッケーの選手（高速で壁に衝突する）がこの損傷を来たしやすい

S（SYMPTOMS）症状
- 局所痛、腫れおよび変色
- 外果の後方、腓骨筋腱深部の圧痛
- 自動運動検査：最大背屈時の痛みが考えられる
- 他動運動検査：最大背屈時の後外側部の痛み
- 負荷検査(中間位)：中等度の負荷では激しい痛みはない
- ストレス検査
  a. 内側の三角靱帯に力が加わった際に後外側部痛を感じることが多いと思われる（踵骨を外反させると損傷した靱帯に締めつけおよび圧迫が生じる）
  b. "後方引き出し"検査（脛骨の真下にある踵の部分を後方に動かす）で弛緩性の有無に関係なく痛みがあり、外旋時にそれが増すようであれば、第1度ないし第2度の捻挫である。
  c. 踵を後方に動かして弛緩性の有無に関係なく不安定性（腓骨が前方にずれ、距骨頭が外側に動く）がみられれば、第3度の捻挫の可能性がある

T（TREATMENT）治療

初期
- RICES
- テーピング：最初の48時間：**急性足関節損傷（オープンバスケットウィーブ）**（76ページ）
- 各種治療法

それ以降
- 以下の治療の継続
  a. 各種治療法
  b. 横断摩擦マッサージ（この靱帯は腓骨筋腱の深部にあるため、場所を把握しにくい）
  c. フィットネス運動を加減して行う
- 以下に挙げるリハビリを痛みのない範囲で進める
  a. 可動域
  b. 柔軟性
  c. 体力：免荷運動から荷重運動へ（持久力、筋力の順で）
  d. 固有受容性感覚
- 特異的なテーピングを用いて、痛みのない範囲で徐々にスポーツへの復帰を試みる。**後距腓靱帯単独の捻挫に対するリハビリ期のテーピングの項を参照、107ページ**
- 新たな捻挫の予防

S（SEQUELAE）後遺症
- 治癒の段階で靱帯を短くするかたちで支えることができていないと、外側に不安定性が残る
- 足関節の筋力低下
- 固有受容性感覚の低下
- 腓骨筋の筋力低下や腱炎

RICES：安静(Rest)、アイシング(Ice)、圧迫(Compress)、挙上(Elevate)、支え(Support)

足と足関節　6　三角靱帯捻挫

三角靱帯単独の捻挫に対するリハビリ期の特殊なテーピング

姿勢：座位になってふくらはぎを支え、足が90°になるようにする。基本の巻き方	段階に応じた巻き方		
	亜急性期：（荷重をかけ始める） ・運動できるかどうかは治癒段階によって決まる ・腫れはどのくらいか ・荷重は痛みのない場合に限る	機能回復：（適度ないし活発な運動） ・個々の靱帯を十分に支える ・適度の運動ができるくらいの可動性を得られるようにする	スポーツへの復帰（トレーニング、試合） ・支えの補強 ・各スポーツに特異的な必要を満たす巻き方
基本的な準備（清潔にして剃毛し、スプレーを塗布する）アンダーラップ　アンカー	・腫れそうであれば内側に**フェルトのホースシューパッド**を用いる（断面を斜めに切る）	・腫れが続くようであれば、引き続き**フェルトのホースシューパッド**を用いる ・運動量が増えたら**ヒールアンドレースパッド**を用いる	・**ヒールアンドレースパッド**を用いる
外側の支え　スターアップ	通常のバスケットウィーブとは**若干異なる貼り方**を用いる ・**スターアップ3本（直角）**（外側から始めて内側で強く引っ張り上げる） ・**ホースシューを2本**貼って組み合わせる	・引き続き**通常のバスケットウィーブとは若干異なる貼り方**を用いる（スターアップを巻く際には特に、内側で強く引っ張る）	・引き続き**通常のバスケットウィーブとは若干異なる貼り方**を用いる（特に内側で強く引っ張る） ・可動性を高めるために**扇形スターアップ**を用いることもできる
補強　足関節のロック	・**内側のロックを2本**（内側で強く引っ張り上げる）	・**内側のロックを2本**（特に内側で引っ張るようにする） ・**外側のロックを1本**（あまり引っ張らないようにする）	・きつい靴を履く必要があるのであれば、内側の2本目のロックの代わりに**Vロック**を用いる（Vロックを巻くにあたっては、主に最後に後側に貼る際に引っ張るようにして張力をかける） ・外側のロックの代わりに**外側のVロック**を用いる（主に踵の後側のほか、足首の前側を通る際に引っ張るようにして張力をかける）
安定性　8の字テーピングとそのバリエーション	・**普通の8の字テーピング**（内側から外側の方向に巻きはじめて内側で強く引っ張り上げる）	・前部線維が関与している場合には**ヒールロック8の字テーピング**をする（内側を支える） ・後部線維が関与している場合には**逆8の字テーピング**を用いる（内側を支える。そのためには、内側から外側の方向に巻きはじめて、内側では常に強く引っ張り上げるようにする）	・引き続き**ヒールロック8の字テーピング**をする ・スポーツによってさらに底屈を必要とする場合や後部線維が関与している場合には、**逆8の字テーピング**を用いる（内側を支える） ・きつい靴を履く必要があるのであれば、この手順はとばす
仕上げ	・荷重をかける場合**フェルトのヒールリフト**を加える	・後部線維が関与している場合には、引き続き**ヒールリフト**を用いる	**目的** ・内側側副靱帯複合体を支える ・外反を防ぐ ・背屈および側屈を制限する ・最大内反および極度の屈曲を制限する ・本来の機能の範囲内での底屈はできるようにする

ヒント
テーピングを巻く際には、支えようとする靱帯の位置と方向を思い浮かべるようにする。

109

Section 2：実践

三角靱帯捻挫の評価

T（TERMINOLOGY）専門用語
- 内外側靱帯複合体
- 浅部から深部に位置する
- 内果から、前方で舟状骨（浅部）と距骨（深部）に、下方で踵骨に（表層線維と深部線維）、後方で距骨に（表層線維と深部線維）それぞれ架かる
- 54ページの**解剖図**を参照

E（ETIOLOGY）病因
- 足が伸展位に固定されがちで下腿の外側に力が加わる
- 以下の理由で外側複合体よりは捻挫を起こしにくい
  a. 厚み、強度があり、連続性の高い靱帯線維である
  b. 外果の方が下に位置するために外側距骨傾斜が起こらず、内側の安定性が増す
- レスリングの選手、パラシュートジャンパーによくみられる

S（SYMPTOMS）症状
- 局所痛、腫れおよび変色
- 内果周囲に圧痛を感じる場所があれば、そこが損傷部位である
- 自動運動検査：外反時の痛み
- 他動運動検査：外反時の痛み
- 負荷検査（中間位）：中等度の負荷では激しい痛みはない
- ストレス検査
  a. 第1度ないし第2度の捻挫では、距骨傾斜検査で弛緩性の有無に関係なく内側に痛みがある
  b. 前方引き出し検査で弛緩性の有無に関係なく前方に痛みがあれば、前部線維に損傷を来たしている（第1度ないし第2度の捻挫）
  c. 後方引き出し検査で弛緩性の有無に関係なく後方に痛みがあれば、後部線維に損傷を来たしている（第1度ないし第2度の捻挫）
  d. 上に挙げた3つの検査で、どれかひとつでも明らかな不安定性がみられれば、第3度の捻挫の可能性がある。第2度の捻挫よりも痛みの少ないことが多い

T（TREATMENT）治療

初期
- RICES
- テーピング：最初の48時間：**急性足関節損傷（オープンバスケットウィーブ）**（76ページ）
- 各種治療法

それ以降
- 以下の治療の継続
  a. 各種治療法
  b. 横断摩擦マッサージ
- フィットネス運動を加減して行う
- 以下に挙げるリハビリを痛みのない範囲で進める
  a. 可動域
  b. 柔軟性
  c. 体力：免荷運動から荷重運動へ（持久力、筋力の順で）
  d. 固有受容性感覚
- 特異的なテーピングを用いて、痛みのない範囲で徐々にスポーツへの復帰を試みる。**三角靱帯単独の捻挫に対するリハビリ期のテーピングの項を参照、109ページ**
- 新たな捻挫の予防

S（SEQUELAE）後遺症
- 治癒の段階で靱帯を短くするかたちで支えることができていないと、内側に不安定性が残る
- 固有受容性感覚の低下
- 足関節の筋力低下
- 治癒までに時間がかかる
- 前脛骨筋腱炎やその原因となる挫傷

RICES：安静（Rest）、アイシング（Ice）、圧迫（Compress）、挙上（Elevate）、支え（Support）

足と足関節　6

前脛腓靱帯捻挫

前脛腓靱帯単独の捻挫に対するリハビリ期の特殊なテーピング

姿勢：座位になってふくらはぎを支え、足を底屈10度の位置に固定する。基本の巻き方	段階に応じた巻き方			
	亜急性期：（荷重をかけ始める） ・運動できるかどうかは治癒段階によって決まる ・腫れはどのくらいか ・荷重は痛みのない場合に限る	機能回復：（適度ないし活発な運動） ・個々の靱帯を十分に支える ・適度の運動ができるくらいの可動性を得られるようにする	スポーツへの復帰（トレーニング、試合） ・支えの補強 ・各スポーツに特異的な必要を満たす巻き方
基本的な準備（清潔にして剃毛し、スプレーを塗布する）アンダーラップアンカー	・腫れそうであれば外側に**フェルトのホースシューパッド**を用いる（断面を斜めに切る）	・腫れが続くようであれば、引き続き**フェルトのホースシューパッド**を用いる ・運動量が増えたら**ヒールアンドレースパッド**を用いる	・**ヒールアンドレースパッド**を用いる
外側の支えスターアップ	通常のバスケットウィーブとは若干異なる貼り方を用いる ・**スターアップ3本（直角）**（足の裏から始めて両側に等しく強く引っ張り上げる） ・**ホースシューを2本**貼って組み合わせる	・引き続き通常のバスケットウィーブとは若干異なる貼り方を用いる（ホースシューを巻く際には特に、内側で強く引っ張る）	・引き続き通常のバスケットウィーブとは若干異なる貼り方を用いる（足をわずかに底屈させておく） ・スポーツによってさらに底屈を必要とする場合には**扇形スターアップ**を用いることもできる
補強足関節のロック	・**外側のVロックを1本**（地面に対して直角に貼るところと、最後の外側の部分では特に引っ張るようにする）	・**外側のロックを1本**（地面に対して直角に貼るところと、最後の外側の部分では特に引っ張るようにする） ・**内側のロックを1本**（最後の部分で特に引っ張るようにする）	・引き続き**外側のロックを1本**、**内側のロックを1本**を組み合わせて用いる
安定性8の字テーピングとそのバリエーション	・**普通の8の字テーピング**（ここで極度の底屈を確実に制限する）	・**逆8の字テーピング**（安定性を高めて背屈を防ぐ）（踵の両側を通る際に特に引っ張るようにする）	・引き続き**逆8の字テーピング**を用いる（ひとつ前のロックの段階または8の字テーピングを巻き終えた段階で最大底屈が制限されるようにしておくこと） ・きつい靴を履く必要があるのであれば、この手順はとばす
仕上げ	・最初のうちは荷重時に背屈を避けるため、厚さ1.5cm（3.4インチ）の**フェルトのヒールリフト**を加える	・必ず**ヒールリフト**を用いる	**目的** ・内側側副靱帯複合体を支える　・外反を防ぐ ・背屈および側屈を制限する ・最大内反および極度の屈曲を制限する ・本来の機能の範囲内での底屈はできるようにする **注意**：このテーピングは損傷した靱帯の線維を直接補強するものではないが、極度の動きによってかかる圧力を低下させることができる

> 👍 **ヒント**
> テーピングを巻く際には、支えようとする靱帯の位置と方向を思い浮かべるようにする。

前脛腓靱帯捻挫の評価

T (TERMINOLOGY) 専門用語
- 距腿関節の「ほぞ穴」の前面。脛骨の前外側縁から腓骨の前内側縁に架かっており、距骨の真上に位置する
- 55ページの解剖図を参照

E (ETIOLOGY) 病因
- 最大背屈で力が加わって、両踝の間で距骨前面（広い方の面）がつかえて動かなくなる
- 背屈した足が外旋すると大きな力が加わり、両踝を引き離す力が加わる
- 踵腓靱帯捻挫を随伴することが多い
- アルペンスキーでよくみられる損傷である

S (SYMPTOMS) 症状
- 局所痛、腫れおよび変色
- 触診時に前面、具体的には脛骨と腓骨の間、距骨の真上に圧痛が認められる
- 自動運動検査：最大背屈時に痛みがあり、自動的に外反した場合に痛みが増す
- 他動運動検査：最大背屈時の痛み
- 負荷検査（中間位）：中等度の負荷では激しい痛みはない
- ストレス検査
  a. 両踝を同時に強く押すと、位置がずれるのが明白にわかる（靱帯線維を締めつけるかたちになるため、痛みが随伴する）
  b. 第3度の捻挫では、無理に内反させると両踝に著明な離開がみられる
  c. 慢性例では、過度に内反させるとクリック音が聞こえることが多い。

T (TREATMENT) 治療

初期
- RICES
- テーピング：最初の48時間：オープンバスケットウィーブ-わずかに底屈させた姿勢
- 各種治療法

それ以降
- 以下の治療の継続
  a. 各種治療法
  b. 横断摩擦マッサージ
- フィットネス運動を加減して行う
- 以下に挙げるリハビリを痛みのない範囲で進める
  a. 可動域
  b. 柔軟性
  c. 体力：免荷運動から荷重運動へ（持久力、筋力の順で）
  d. 固有受容性感覚
- 捻挫の再発予防
- 特異的なテーピングを用いて、痛みのない範囲で徐々にスポーツへの復帰を試みる。**前脛腓靱帯単独の捻挫に対するリハビリ期のテーピングの項を参照、111ページ**
- 荷重によって損傷した構造の位置をずらすように力が加わるのは避けられないため、免荷(non-weight bearing、NWB)リハビリ期を長くとる必要がある

S (SEQUELAE) 後遺症
- 治癒の段階で靱帯を短くするかたちで支えることができていないと、距腿関節の外側に不安定性が残る
- 果間関節窩の不安定性が持続する
- 脛腓関節の機能不全
- この捻挫には腓骨筋挫傷が随伴し、筋力低下が残ることが多い
- 足関節全体に筋力低下がみられる
- 損傷の再発

RICES：安静(Rest)、アイシング(Ice)、圧迫(Compress)、挙上(Elevate)、支え(Support)

解剖学的領域：腓腹部
腓腹部の挫傷・肉離れに用いるテーピング

目的
- 傷害、裂傷を受けた組織を局所的かつ特異的に圧迫する（その後の腫れや出血を抑え、受傷部位に新たな損傷を招く可能性を抑える）
- 弾性的に補強して底屈しやすくすることにより、腓腹筋を支える
- 背屈を制限することによって筋腱単位の最大伸展を防ぐ
- ヒールロックを用いて内反を大幅に制限する
- 最大底屈、最大外反は可能にする

適応
- 腓腹部の筋肉の大部分または筋腱移行部に肉離れまたは挫傷を来たした場合

> **材料**
> 剃刀
> タフナースプレー／粘着スプレー
> 7.5cm（3インチ）幅の伸縮性粘着包帯
> 3.8cm（1.5インチ）幅の非伸縮性テープ
> 7.5cm（3インチ）幅または10cm（4インチ）幅の伸縮性ラップ
> 厚さ1.5cmのフェルトのヒールリフト

注意
- 挫傷または肉離れを来たした正確な部位を明らかにする必要がある。
- アンダーラップを用いるとテーピングの効果が著しく弱まるため、推奨されない。
- 受傷後ただちに受傷部位を冷やす必要がある。

損傷に関する詳細は、117ページのTESTSを参照。

Section 2：実践

姿勢

　背の低いベンチにうつ伏せになり、大腿部、膝上方の部分の下に丸めたタオルを挟んで、腓腹部をベンチの端から出しておく。

手順

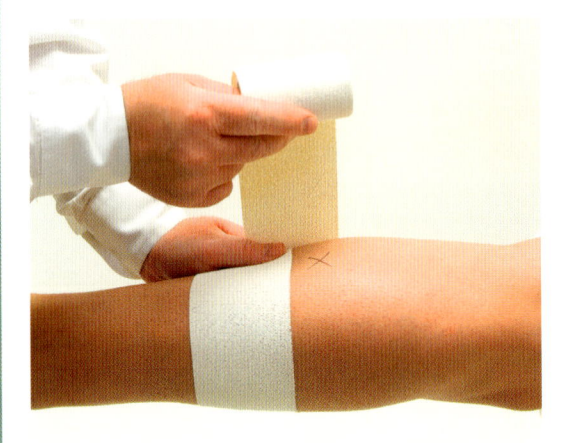

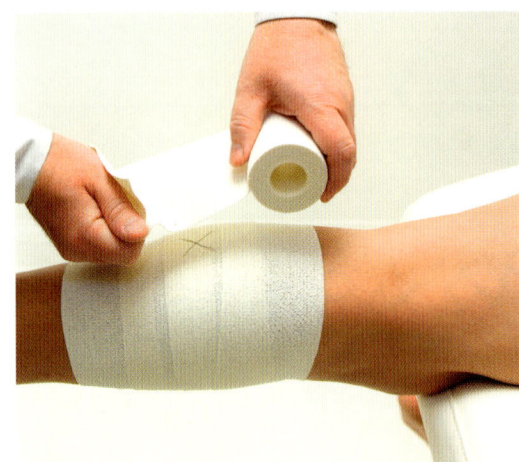

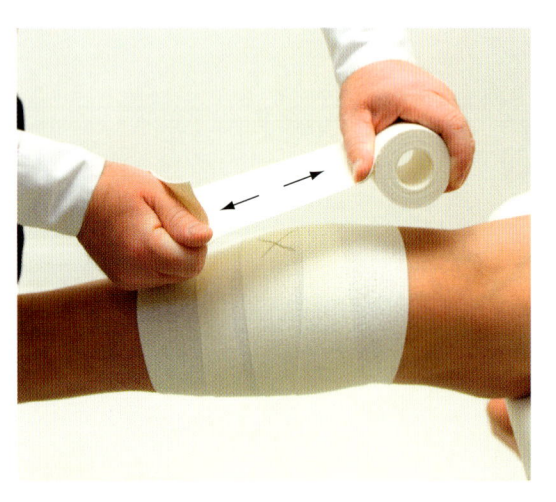

1. テープを貼る場所が清潔で、体毛が少ないことを確かめる。必要であれば剃毛する。

2. タフナーまたは粘着スプレーを使う前に、皮膚に切り傷、水ぶくれや炎症部位がないかどうか確認する。腓腹部の周り全体にスプレーをして十分に乾かす。

3. 挫傷または肉離れを来たした正確な部位を明らかにする。その損傷部位の下端より7.5cm下の位置から、7.5cm幅の伸縮性粘着テープをあまり引っ張らずに足に巻きつけていく。1.25cm（1/2インチ）ずつずらしながら、受傷領域全体を覆い、その上端より7.5cm上の位置にくるまで繰り返し巻く。

注意
この第一層のテープは圧迫テープを巻く土台となるもので、皮膚に過度の張りが生じないようにするものである。

4a. 損傷部位中央の下方に直接圧迫テープを貼る準備をする。7.5cm幅の伸縮性粘着テープを片方の手でロールから10cm出したところで折り曲げ、もう片方の手でロールの部分をもつ。

4b. テープを目一杯伸ばし、その張りを横方向に維持する。

足と足関節

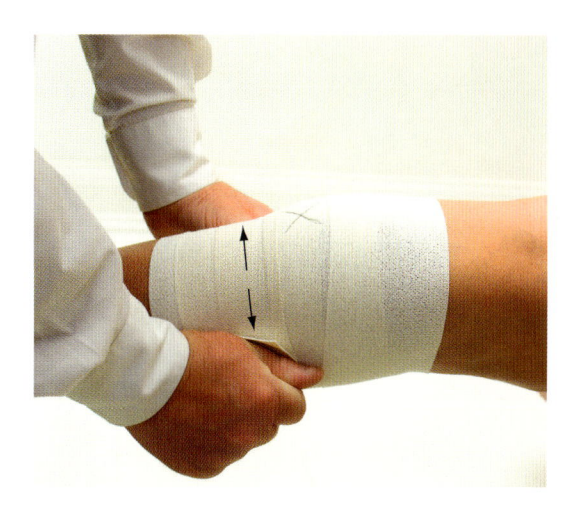

腓腹部の挫傷・肉離れ

4c 左右の手で均等に足を強く圧迫するようにして、テープが足の周囲3/4の位置にくるまで横方向の張りを維持する。

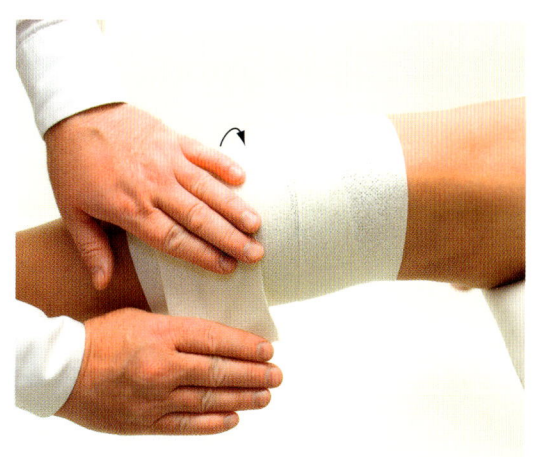

4d テープが剥がれないように注意しつつ、伸ばした部分を貼る際には力を弱め、テープの端を貼る際には全く力を入れないようにする。

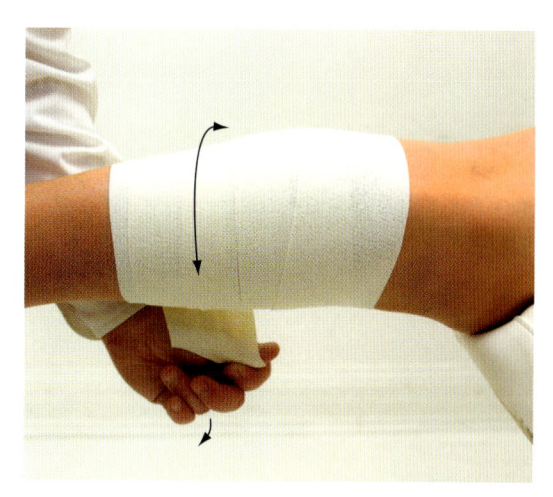

4e 同じようにテープのもう一方の端を巻き終え、テープの両端が裏側で十分に重なるようにする。

注意
このテープを貼ると多少不快感を覚える。

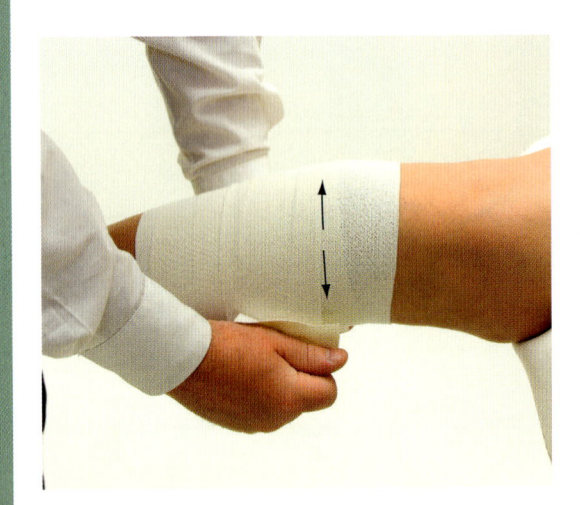

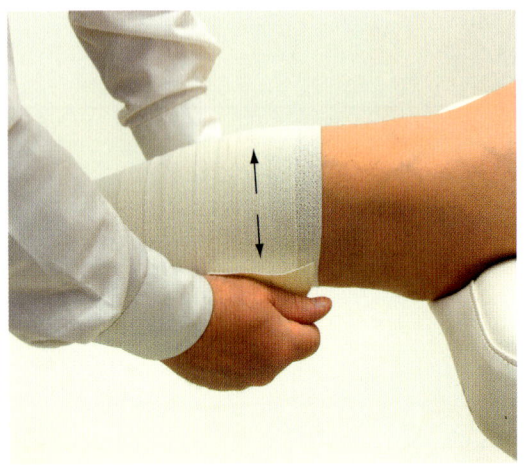

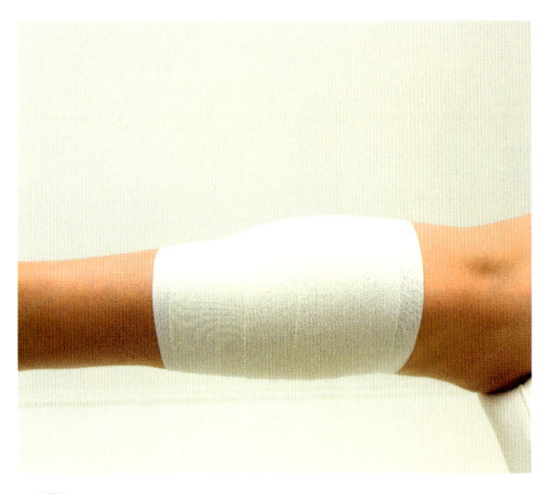

Section 2：実践

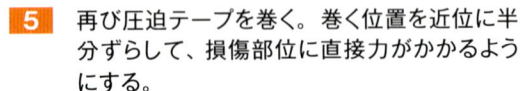

5 再び圧迫テープを巻く。巻く位置を近位に半分ずらして、損傷部位に直接力がかかるようにする。

注意
力が損傷部位に直接かかるときわめて激しい痛みを感じることがある。

6 圧迫テープを繰り返し巻いていき、土台のテープ全体を覆うまで近位にずらしていく。

ヒント
テープを巻く範囲が、少なくとも受傷領域の上下端からそれぞれテープ幅分だけ広くなるようにする。

注意
圧迫テープを巻き終えた後にはしわがなく、見た目もきれいで、遠位から近位まで損傷部位に一様に局所的な力がかかるようになっている必要がある。

7 動的運動を支えるには、圧迫テープを近位のアンカーとして用いてアキレス腱にテーピングをする。このテーピングは、荷重運動時に筋腱単位全体を保護し、支えるものである（アキレス腱のテーピングについては118ページを参照）。

腓腹部の肉離れの評価

T（TERMINOLOGY）専門用語
- 腓腹筋またはヒラメ筋の打撲
- アキレス腱複合体の挫傷（アキレス腱が"引っ張られる"）
- 重症度：第1度～第3度、37ページの挫傷の表を参照
- アキレス腱断裂：第3度の挫傷

E（ETIOLOGY）病因
- 能動的底屈の状態から急に無理な背屈が起きる
- 抵抗に逆らうように突然の底屈が起きる
- 過伸展
- 腓腹部に対する外的な衝撃（打撲）
- ウォーミングアップが十分でない

S（SYMPTOMS）症状
- 突然の鋭痛
- "ポン"という音の感じがする
- 腓腹部を"撃たれた"感じがする
- 程度の差はあれ損傷部位に痛みを感じる
- 局所的に腫れがみられ、徐々に変色する
- 自動運動検査：
  a．免荷移動時に大きな痛みはない
  b．荷重時に能動的に底屈をすると腓腹部に痛みを感じる
  c．背屈時に固い腓腹部が伸展すると痛みを感じる
- 他動運動検査：背屈時の痛み（第1度ないし第2度）
- 負荷検査（中間位）：
  a．軽度から中等度の負荷で痛みがあり、底屈力が弱くなる（第1度ないし第2度）
  b．底屈して少しでも痛みを感じれば、第3度である（完全な断裂）

T（TREATMENT）治療
初期
- RICES
- テーピング：圧迫テープ
- ヒールリフト
- 各種治療法
- 背屈筋を能動的に収縮させて腓腹部を弛緩させ、柔軟性を向上させる

それ以降
- 以下の治療の継続
  a．各種治療法
  b．柔軟性
  c．筋力増強訓練
  d．固有受容性感覚
- リハビリプログラム：テーピングによる支えを用いてまずは免荷運動から始め、痛みのない範囲で動的運動の段階に進む
- 横断摩擦マッサージ（数週間後に瘢痕組織が密に形成されてからにかぎる）

S（SEQUELAE）後遺症
- 瘢痕化
- マッサージを始めるのが早すぎると血腫ができる
- 不安定性
- 脆弱性
- 再び肉離れを起こしたり、痙攣したりする可能性が高い

RICES：安静（Rest）、アイシング（Ice）、圧迫（Compress）、挙上（Elevate）、支え（Support）

Section 2：実践

アキレス腱損傷に用いるテーピング

目的
- 弾性的に補強して底屈しやすくすることにより、腓腹筋を支える
- 背屈を制限することによって筋腱単位の最大伸展を防ぐ
- ヒールロックを用いて内反を大幅に制限する
- 最大底屈、最大外反は可能にする

適応
- アキレス腱断裂
- アキレス腱炎
- 踵に広がる痛み（腱鞘炎の可能性もある）
- 腓腹部の挫滅：**圧迫テーピング**と併せて用いる
- 腓腹部の打撲：**圧迫テーピング**と併せて用いる
- 長腓骨筋の肉離れまたは腱炎：125ページの**長腓骨筋を支えるテーピング**と併せて用いる
- 後脛骨筋の肉離れまたは腱炎：129ページの**後脛骨筋を支えるテーピング**と併せて用いる

材料

剃刀
タフナースプレー／粘着スプレー
アンダーラップ
3.8 cm（1.5インチ）幅の非伸縮性テープ
5 cm（2インチ）幅の伸縮性粘着包帯
7.5 cm（3インチ）幅の伸縮性粘着包帯
厚さ2 cm（3/4インチ）のフェルトまたは高密度フォームのヒールリフト

注意
- テーピングを施す前に必ず損傷領域の徹底した評価を実施しておく。
- 第3度の断裂の疑いがあれば、そのアスリートは、できるだけ早く外科医に診てもらわなければならない。
- 損傷部位を評価する。アキレス腱の付け根、筋腹または筋腱結合部に痛みが限局していると思われる。
- テーピング時に施術者の大腿を用いてアスリートの母趾に抵抗を加えることによって、足のアライメントが中間位になるようコントロールすることができる。
- アキレス腱にテーピングを施すと足が底屈方向に引っ張られるため、足関節の安定性が低くなり、内反捻挫のリスクが高くなる（手順13はそれを予防するためのものである）
- テーピングをして、アスリートの靴にフェルトまたはフォームのヒールリフトを用いれば、アキレス腱の長さを短く保つことができ、機械的に好ましい状態に置いてアキレス腱を支えることができる。

損傷に関する詳細は、124ページのTESTSを参照。

アキレス腱損傷

姿勢

　うつ伏せ（顔を下）になり、脛骨をクッション性の支えに載せて、足を台から出しておく（手順1-4の間は、仰向けにしてふくらはぎの中央から先を台から出しておく方が処置しやすい）。

手順

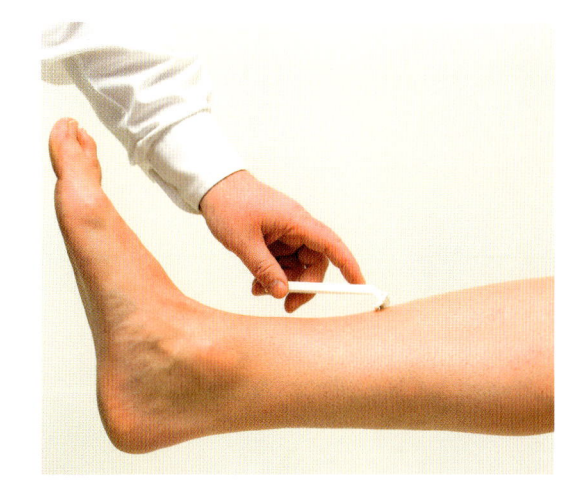

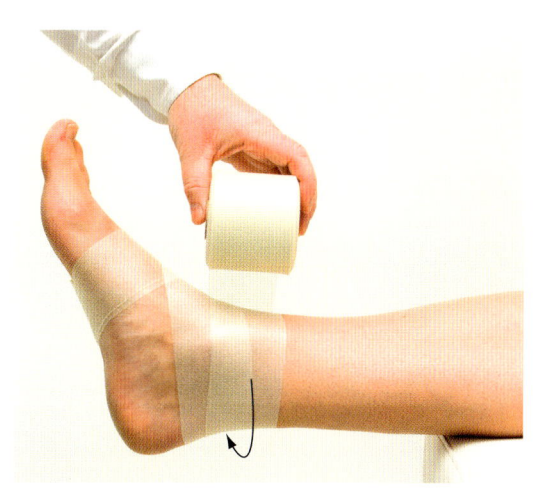

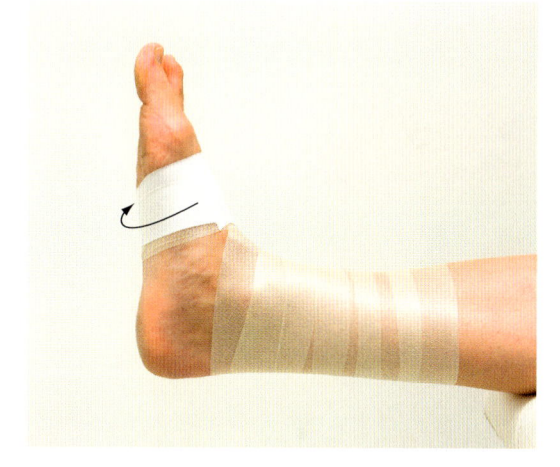

1 テープを貼る場所が清潔で、体毛が少ないことを確かめる。必要であれば剃毛する。

2 タフナーまたは粘着スプレーを使う前に、皮膚に切り傷、水ぶくれや炎症部位がないかどうか確認する。

3 腓腹部の下1/3の位置まで、足関節にアンダーラップを引っ張らずに巻く。**しわにならないようにする**。

注意
テーピングがアスリートのトレーニング再開または競技復帰を目的とするものであれば、ヒースアンドレースパッドを用いる必要がある。

4 中足骨頭部に3.8cm幅の非伸縮性テープでアンカーを2枚巻きつける。

ヒント
中足骨を少しは広げられるようにしておく。

6 Section 2：実践

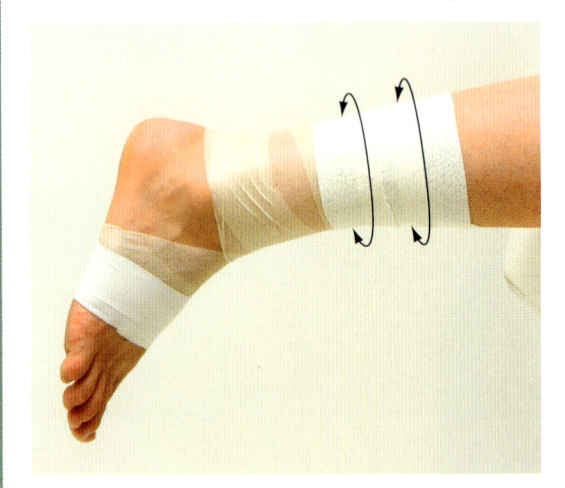

足と足関節

5 ここで、これより先のテーピングをしやすくするため、アスリートにうつ伏せになってもらう。腓腹筋の中央部に5cm幅の伸縮性粘着包帯をごくわずかに引っ張りながら、アンカーを2本巻きつける。

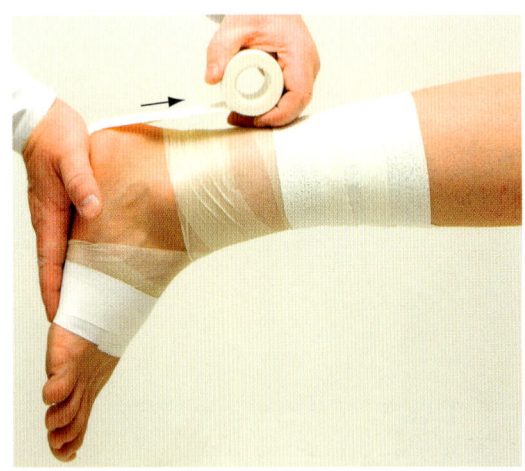

6a **a.** 5cm幅または7.5cm幅の伸縮性粘着包帯を用いて縦のテープを貼る。足底面に**引っ張ることなく**しっかり固定する。
b. 踵の後側の中心から腓腹部のアンカーの下端にかけて**強く引っ張り上げる**。

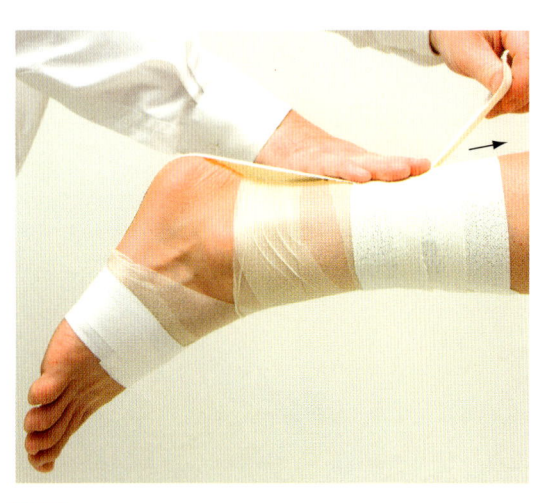

6b 張り具合を緩めることなくしっかりと貼っていき、最後の5cmについてはほとんど引っ張らずに慎重に貼ってから、テープを切る。

> 👍 **ヒント**
> 足関節を底屈させておく。

120

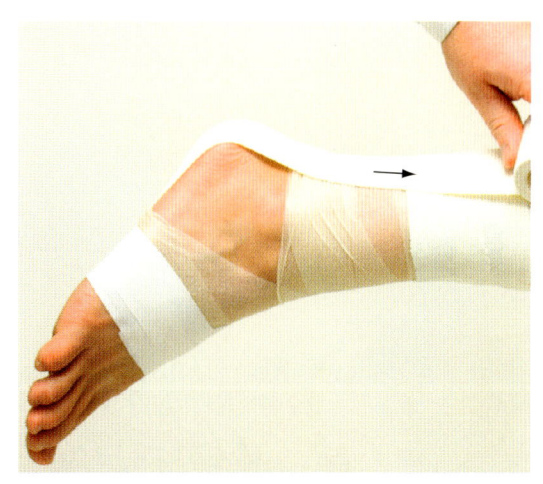

足と足関節 **6**

アキレス腱損傷

7 もう1度手順6を行う。踵の後側中央のやや外側を通り、しっかりと引っ張り上げて踵骨の内側傾斜をコントロールする。

ヒント
このテープの上端を腓腹部のアンカーに留めるまで張り具合を緩めず、それからテープを切る。

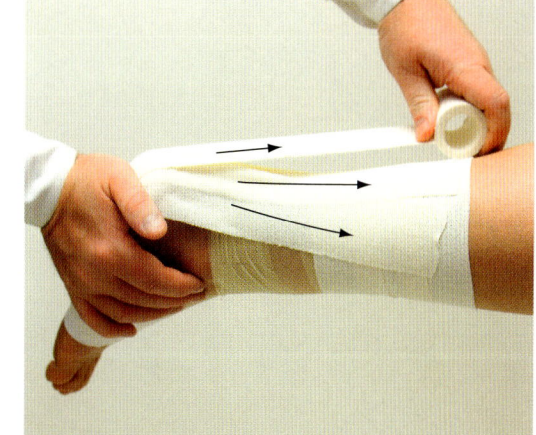

8 手順6を繰り返す。踵の後側中央のやや内側を通って外側傾斜をコントロールし、アキレス腱の後ろに"V"の字を作るようにして貼ったら、テープの両端の上から再びアンカーを巻く。

注意
このあと手順9に進む前に、特別に補強テープを貼る必要がある。

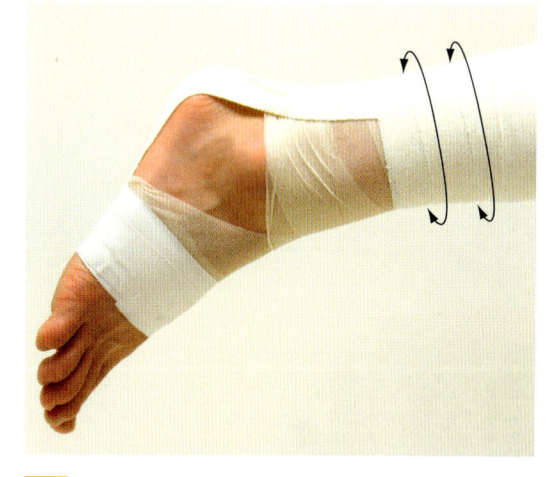

9 腓腹部のテープを貼った部分に、伸縮性粘着テープを隙間ができないように巻く。

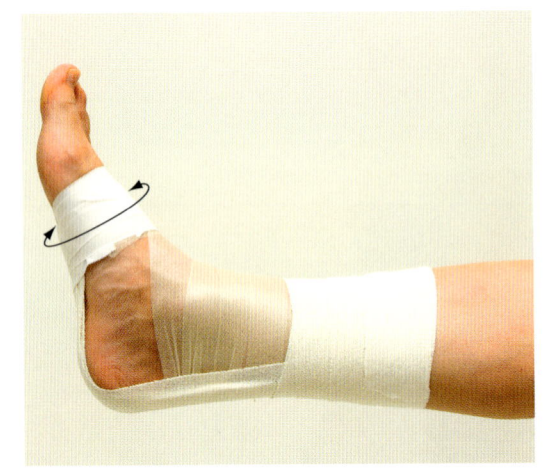

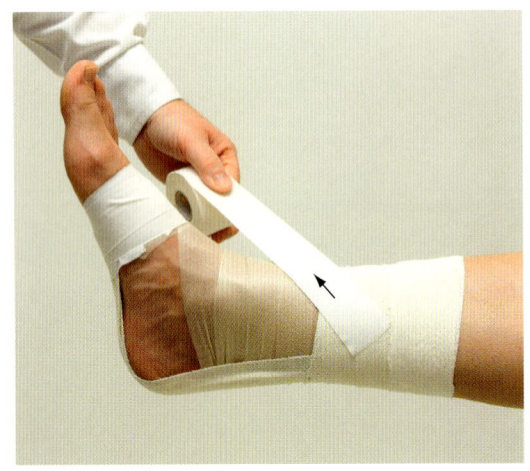

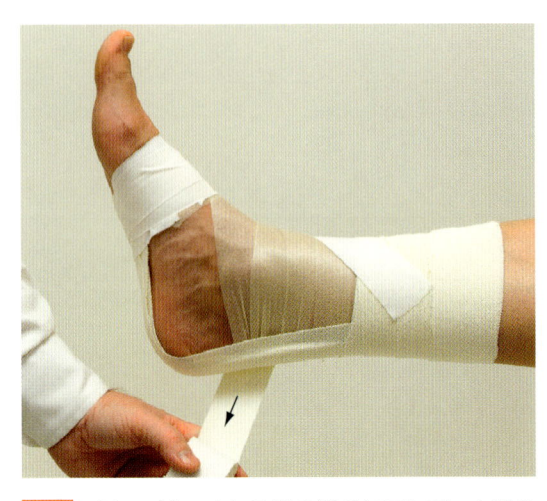

Section 2：実践

10 ここで、これ以降の作業をしやすくするためアスリートに再び仰向けになってもらう。

11 中足部、中足骨頭に非伸縮性テープでアンカーを巻く。

12 足部のテープを貼った部分に、非伸縮性テープを半分ずつずらしながら隙間ができないように巻いていく。

13a 足関節の外側の安定性を得るために外側のロックを貼る。上部アンカーの内側から始めて、前側を通る。

注意

足を底屈位に固定すると、行うスポーツの必要に応じて、個人の足関節のもともとの安定性に応じて、その安定性が損なわれることがあるため、以下の任意の手順（13と14）で概説するように、足関節のロックを1本ないし2本用いることが推奨される。

13b テープをアキレス腱の後ろに回して、内側から踵に引っ掛けるようにする。

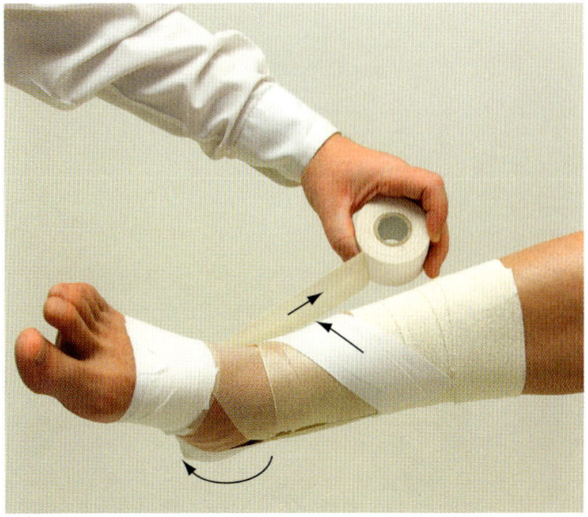

13c 踵を固定し、外側でテープを強く引っ張り上げて上部アンカーに留める。

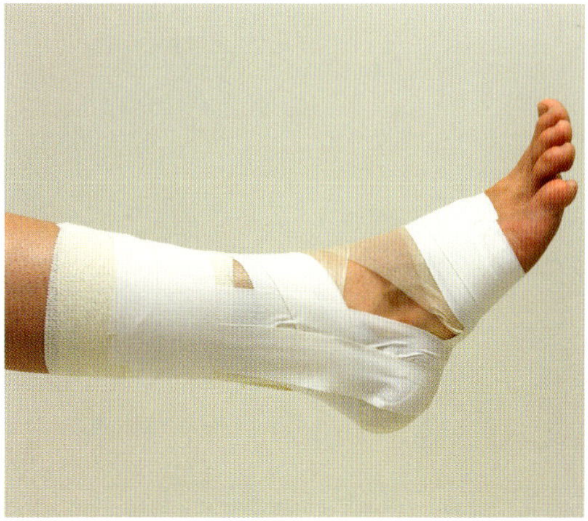

14 もう1度外側で手順13（a-c）を行う。

15 この2本のロックの上から再びアンカーを巻く。

注意
足関節が特に脆弱であれば、安定性を高めるために内側のロックを用いることもできる。

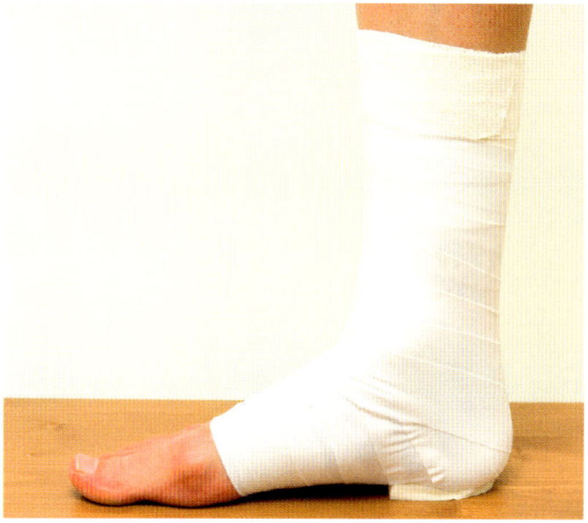

16 ここまでに貼ったテープ全体を、いかなる隙間もなくなるように覆う。

17 痛みを感じることなく十分な支えが得られていることを確かめるため、テーピングによる制限域を確認する。背屈は少なくとも30°制限されている必要がある。他動的な背屈では痛みがあってはならない。

18 急性期および亜急性期には、厚さ2 cmのフェルトのヒールリフトを使用し（前端を斜めに切る）、踵の下に挟んで踵を挙上させればアキレス腱の緊張を緩めることができる。

ヒント
歩行のバランスをとるには両足にヒールリフトを用いるのが最善である。

Section 2：実践

アキレス腱炎の評価

T（TERMINOLOGY）専門用語
- アキレス腱の炎症（刺激状態）
- 慢性的なアキレス腱挫傷

E（ETIOLOGY）病因
- ランニングを繰り返すなど、素早い踏み切りを繰り返すことによって構造的な歪みが生じる
- トレーニング内容の急な変化のほか、距離やスピード、強度が増したり、地面の形状が（たとえば坂道と平らな地面など）変わったりする
- 新しい靴：踵が十分に支えられない
- ウォーミングアップとストレッチが十分でない
- 腓腹部の肉離れに付随する

S（SYMPTOMS）症状
- アキレス腱周囲の圧痛と腫れ
- 病態が進むにつれて局所痛（通常はアキレス腱の中央部）の範囲が広がる
- （特に休息後に）荷重位で底屈をすると、踵の後方に急性痛を起こす
- 自動運動検査：底屈時に痛みを感じることがある
- 他動運動検査：通常は背屈時に痛みを感じる
- 負荷検査（中間位）：中等度の負荷で脆弱性がみられることがあるほか、著明な疼痛を認める

T（TREATMENT）治療
- 以下の治療を実施する
  a. アイシング
  b. 各種治療法
  c. 横断摩擦マッサージ
- 118ページの**アキレス腱に用いるテーピング**
- ヒールリフト
- トレーニングプログラムを変更する
- 十分な柔軟性、可動域を広げることによる伸長性の強化、動的な固有受容性感覚に重点を置いて総合的なリハビリ計画をたてる
- これまでにみてきたテーピングを用いて、少しずついつものスポーツ活動に復帰する。

S（SEQUELAE）後遺症
- 痛みが残る
- アキレス腱の瘢痕化／肥厚
- 不安定性
- 腓腹部の筋力低下
- 左右の足関節筋の間に不安定性や筋力の不均衡が生じる
- 滑液包炎
- アキレス腱や滑液包の石灰化

長腓骨筋腱の損傷に用いるテーピング

目的
- 弾性的に補強して外反を伴う底屈をしやすくすることにより、長腓骨筋腱を支える
- 背屈と内反を制限することによって筋腱単位の最大伸展を防ぐ
- 最大底屈、最大外反は可能にする

適応
- 長腓骨筋腱の断裂
- 長腓骨筋腱炎

> **材料**
> 剃刀
> アンダーラップ
> 5 cm（2インチ）幅の伸縮性粘着包帯
> 7.5 cm（3インチ）幅の伸縮性粘着包帯
> 厚さ2 cmのフェルトまたは高密度フォームのヒールリフト
> 3.8 cm（1.5インチ）幅の非伸縮性テープ

> **注意**
> - テーピングを施す前に損傷領域を徹底して評価しておくようにする。
> - 第3度の断裂の疑いがあれば、そのアスリートは、できるだけ早く外科医に診てもらわなければならない。

損傷に関する詳細は、128ページのTESTSを参照。

Section 2：実践

姿勢
まず仰向けで始めてからうつ伏せになり、脛骨をクッション性の支えに載せて、足を台から出しておく。

手順

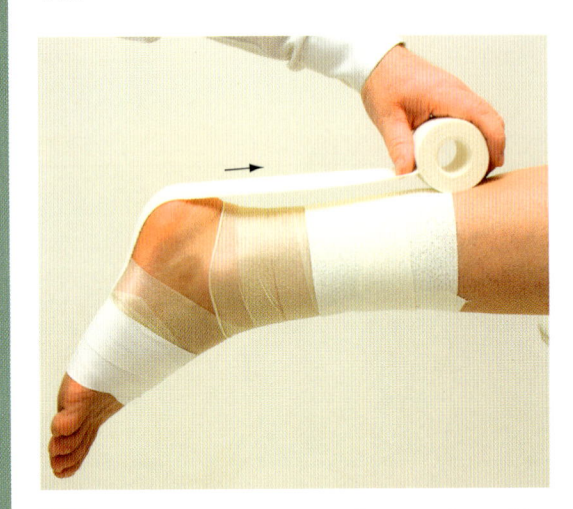

1 118ページの**アキレス腱に用いるテーピング**の手順1-8から始める。

⚠️ **注意**
テープの上から再びアンカーを巻いてから次に進む。

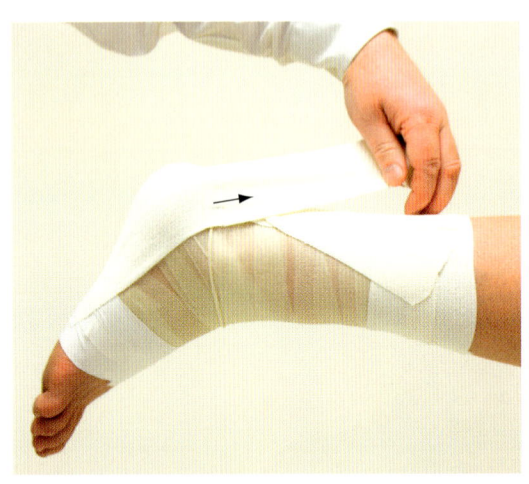

2a 足底面に5cm（2インチ）幅の伸縮性粘着包帯を引っ張らずに貼る。内側から始めて、斜めに進んで踵の外側に至る。

2b 足を底屈させつつ、大きく外反させておいて、踵の外側でテープを強く引っ張り上げる。

👍 **ヒント**
腱が引っ張られている方向に沿うように貼る。

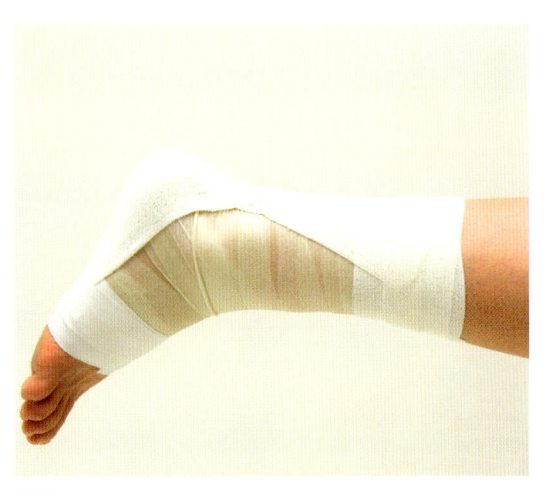

2c 強く引っ張ったまま腓腹部のアンカーにテープを留める。

👍 **ヒント**
最後の5cm（2インチ）については引っ張らずに貼り、それからテープを切る。

足と足関節 **6**

長腓骨筋腱の損傷

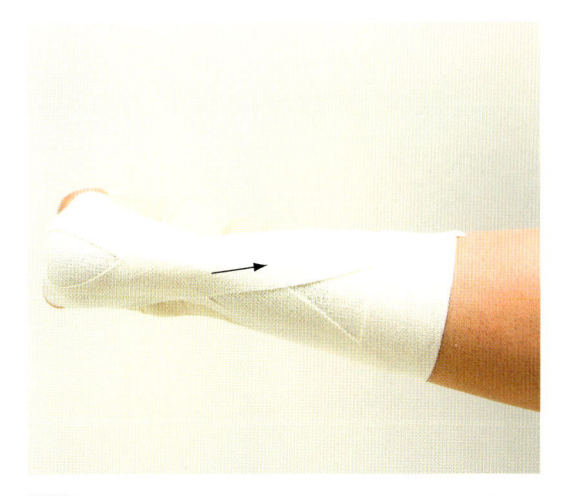

3 もう一度手順2a-2cを繰り返すが、わずかに（1cm）前側にずらす。

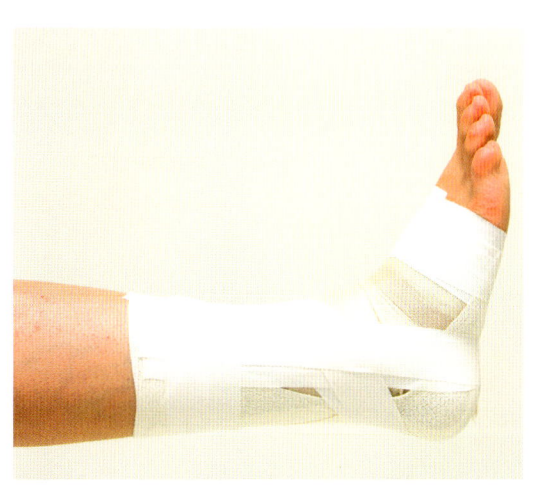

4 続いて**アキレス腱のテーピング**を行う（ここでは足関節がすでに外反方向に引っ張られているため、外側のヒールロックによる補強は重要性が低い）。

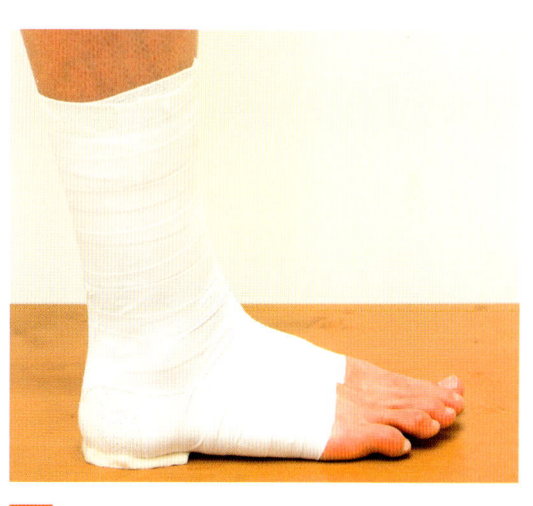

5 痛みを感じることなく十分な支えが得られていることを確かめるため、テーピングによる制限域を確認する。
 a. 内反を伴う背屈は少なくとも30°に制限されている必要がある。
 b. 内反を伴う他動的な背屈では痛みがあってはならない。

ヒント
荷重時に腱にかかる負担を軽くするため、ヒールリフトを用いる。

長腓骨筋腱炎の評価

T（TERMINOLOGY）専門用語
- 長腓骨筋腱の慢性使用過多症候群
- 腱鞘炎（腱鞘の炎症）

E（ETIOLOGY）病因
- 足の生体力学的機能の低下（アーチが高いと起こりやすい）
- 外側足関節筋の筋力低下や不安定性
- 慢性的な過伸展または使用過多
- 長腓骨筋腱の断裂や足関節捻挫に付随する
- 足の支えが十分でない
- 固い地面で繰り返し走る
- 地面の形状、スピード、強度、頻度、負荷の急な変化
- 発生はまれである（フィギュアスケートの選手にみられる）

S（SYMPTOMS）症状
- 腫れと痙攣
- 腱の局所的な肥厚と圧痛
- 腱に局所的な熱感と発赤がみられることがある
- 礫音
- 自動運動検査
  a. 荷重時：底屈時、特に外反を伴う場合に痛みを感じる
  b. 非荷重時：外反を伴う底屈時に痛みを感じることがある
  c. 内反を伴う自動的な背屈時に（固い腓骨筋が伸展すると）局所痛を感じることがある
- 他動運動検査：内反を伴う背屈時に痛みを感じる（第1度ないし第2度の捻挫）
- 負荷検査（中間位）：筋力低下がみられるかどうかはともかく、底屈を伴う外反時に痛みを感じる

T（TREATMENT）治療
- 以下の治療を実施する
  a. アイシング
  b. 各種治療法
  c. 横断摩擦マッサージ
- **アキレス腱に用いるテーピングを長腓骨筋腱に応用して**テーピングをする
- 長腓骨筋腱を選択的に強化する。免荷状態から始め、徐々に伸張性筋収縮が起こるように十分な荷重をかけるようにする
- まずは足関節全体の筋肉の安定性を高め、それから筋力を高める
- 徹底して生体力学的評価、筋再教育を実施する
- 装具の適応となることがある
- これまでにみてきたテーピングを用いて、徐々に（痛みのない範囲で）スポーツ活動に復帰する。
- 総合的なリハビリ：少しずつ安定性、強度、動的な固有受容性感覚を高める運動計画を立てる

S（SEQUELAE）後遺症
- 瘢痕化
- 不安定性
- 外転筋の筋力低下
- 筋肉の不均衡
- 慢性的な腱炎
- 腱の慢性的な亜脱臼ないし脱臼
- 足関節捻挫を来たしやすくなる
- 外側コンパートメント症候群

> **注意**
> 底屈時に外反した場合に少しでも痛みがあるようであれば、第3度の断裂（腱裂）の可能性がある。

後脛骨筋腱の損傷に用いるテーピング

目的
- 弾性的に補強して内反を伴う底屈をしやすくすることにより、後脛骨筋腱を支える
- 背屈と外反を制限することによって筋腱単位の最大伸展を防ぐ
- ヒールロックを用いて内反を大幅に制限する
- 最大底屈は可能にする

適応
- 後脛骨筋腱の断裂
- 後脛骨筋腱炎

材料
剃刀
タフナースプレー／粘着スプレー
アンダーラップ
5cm（2インチ）幅の伸縮性粘着包帯
7.5cm（3インチ）幅の伸縮性粘着包帯
厚さ2cmのフェルトまたは高密度フォームのヒールリフト
3.8cm（1.5インチ）幅の白色テープ

> **注意**
> - テーピングを施す前に損傷領域を徹底して評価しておくようにする。
> - 第3度の断裂の疑いがあれば、そのアスリートは、できるだけ早く外科医に診てもらわなければならない。

損傷に関する詳細は、132ページのTESTSを参照。

Section 2：実践

姿勢

まず仰向けで始めてからうつ伏せになり、脛骨をクッション性の支えに載せて、足を台から出しておく。

手順

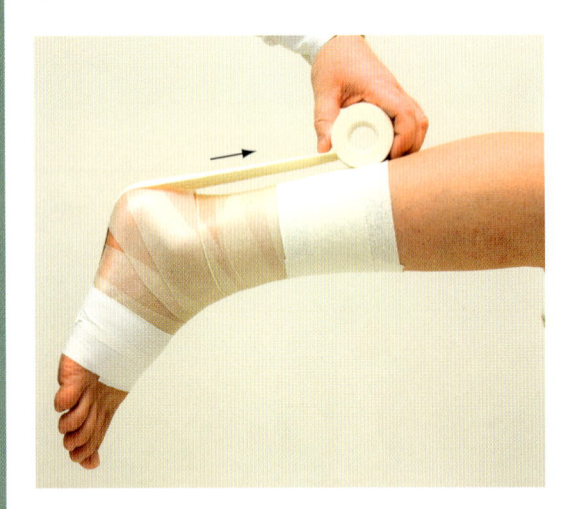

1 118ページの**アキレス腱に用いるテーピング**の手順1-8から始める。

注意
テープの上から再びアンカーを巻いてから次に進む。

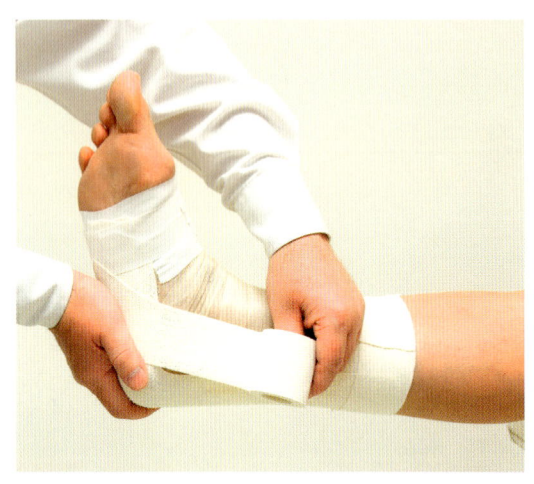

2a 足底面に5cm（2インチ）幅の伸縮性粘着包帯を引っ張らずに貼る。外側から始めて、斜めに進んで踵の内側に至る。

2b 足を底屈させつつ、大きく内反させておいて、踵の内側でテープを強く引っ張り上げる。

ヒント
後脛骨筋腱が引っ張られている方向に沿うように貼る。

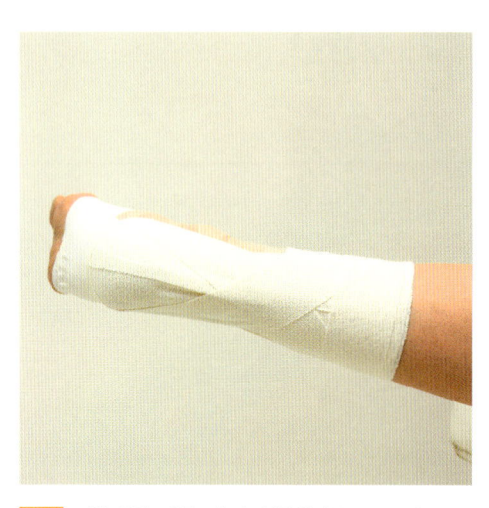

2c 強く引っ張ったまま腓腹部のアンカーにテープを留める。

ヒント
最後の5cm（2インチ）については引っ張らずに貼り、それからテープを切る。

足と足関節

後脛骨筋腱の損傷

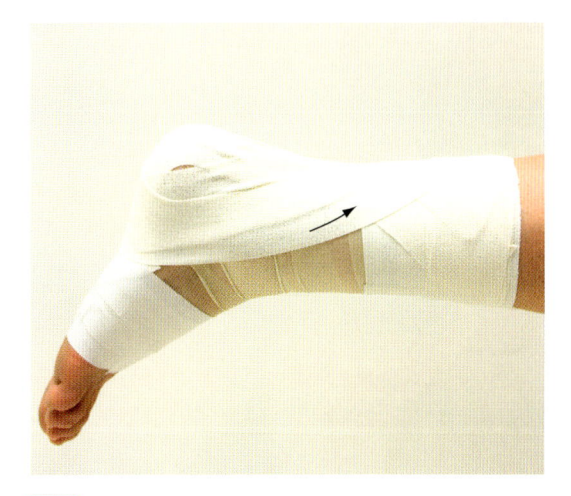

3 もう一度手順2a-2cを繰り返すが、わずかに（1cm）前側にずらす。

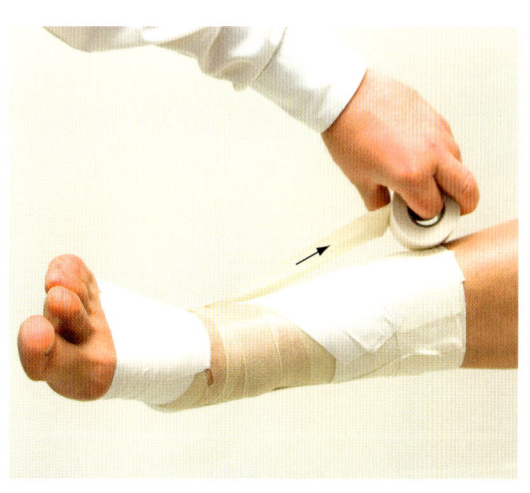

4 続いて118ページの**アキレス腱のテーピング**を行う。

注意
内反を防ぐには、ヒールロックを用いて外側の靭帯構造を補強するのが不可欠である。

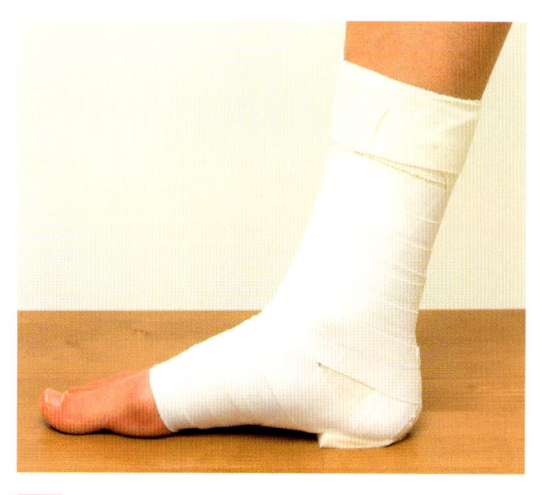

5 痛みを感じることなく十分な支えが得られていることを確かめるため、テーピングによる制限域を確認する。
a. 外反を伴う背屈は少なくとも30°制限されている必要がある。
b. 外反を伴う他動的な背屈では痛みがあってはならない。

ヒント
荷重時に腱にかかる負担を軽くするため、ヒールリフトを用いる。

後脛骨筋腱炎の評価

T（TERMINOLOGY）専門用語
- 後脛骨筋腱の慢性使用過多症候群
- シンスプリント
- 腱鞘炎（腱鞘の炎症）

E（ETIOLOGY）病因
- 足が過度に回内したり、扁平足があったりする
- 足の生体力学的機能の低下（踵外反に伴い前足部が内反位に固定される）
- 内側足関節筋の筋力低下や不安定性
- 慢性的な過伸展または使用過多
- 後脛骨筋腱の断裂や慢性的な足関節捻挫に付随する
- 足の支えが十分でない
- 固い地面で繰り返し走る
- 地面の形状、スピード、強度、頻度、負荷の急な変化
- ジョギングをする人やバレエダンサーによくみられる

S（SYMPTOMS）症状
- 内果後方から脛骨の後内側縁に広がる痛み（内側アーチに広がることもある）
- 腱の局所的な腫れと肥厚
- 炎症を来たした部位を触診した際に激しい痛みを感じる
- 腱に局所的な熱感と発赤がみられることがある
- 礫音
- 自動運動検査
  a. 荷重時：特に踏み切る際に痛みを感じる
  b. 非荷重時：内反を伴う底屈時に痛みを感じることがある
  c. 外反を伴う背屈時に痛みを感じる
- 他動運動検査：外反を伴う背屈時に痛みを感じる
- 負荷検査（中間位）：筋力低下がみられるかどうかはともかく、底屈を伴う内反時に痛みを感じる

注意
底屈時に内反した場合に少しでも痛みがあるようであれば、第3度の断裂（腱裂）の可能性がある。

T（TREATMENT）治療
- 以下の治療を実施する
  a. アイシング
  b. 各種治療法（レーザーまたは超音波が特に有益である）
  c. 横断摩擦マッサージ
- 最初のうちは運動を加減する
- 118ページの**アキレス腱に用いるテーピングを後脛骨筋腱に応用して**テーピングをする
- 後脛骨筋腱を選択的に強化する。免荷状態から始め、徐々に伸張性筋収縮が起こるように十分な荷重をかけるようにする
- 足関節全体の筋肉の筋力と安定性を高める
- 徹底して生体力学的評価、筋再教育を実施する
- 装具の適応となることがある
- これまでにみてきたテーピングを用いて、徐々に（痛みのない範囲で）スポーツ活動に復帰する。
- 総合的なリハビリ：少しずつ安定性、強度、動的な固有受容性感覚を高める運動計画を立てる

S（SEQUELAE）後遺症
- 瘢痕化
- 不安定性
- 外転筋の筋力低下
- 筋肉の不均衡
- 慢性的な腱炎
- 慢性的なシンスプリント
- 深後部コンパートメント症候群（重症例では筋膜の外科的切離が必要になることがある）
- 疲労骨折を来たしやすくなる

第7章　膝関節と大腿部

Section 2

膝関節は可動性がある蝶番型の荷重関節で、以下にみるいくつかの構造によって安定性を得ている。
- **内側側副靱帯と外側側副靱帯**によって側方（横方向）のせん断運動が起こらないようにしている
- **前十字靱帯と後十字靱帯**によって移動時に前後方向にずれることのないようにしている
- **半月板（2枚の楔状の軟骨）**によって機械的に空間を確保して衝撃を和らげ、運動を導き、全体的な安定性を高めている

膝蓋骨は大腿四頭筋の生体力学的効率を向上させるが、膝痛の発生源になることが多い。

膝関節は以下にみるいくつかの因子のために、接触のあるスポーツでは特に頻繁に損傷する。
- スポーツの最中に膝関節にかかる重荷重
- 比較的強度の低い内側側副靱帯とその内側半月板への付着部など、きわめて激しい運動には機械的に不利な部位がある
- タックルにみるような極度の力が加わると、前十字靱帯の断裂など重度の損傷を来たすことがある

膝関節に生じた問題に対して正しいテーピングと治療を実施すれば、アスリートが新たな損傷を負うリスクをできるだけ小さくして、引き続きスポーツに参加することができるようになる。テーピングによる支えによって損傷した構造の安定性が得られ、固有受容性感覚のフィードバックを最大限に高め、動的機能を発揮できるようにして治癒を促進することが可能になる。

Section 2：実践

解剖学的領域：膝関節と大腿部

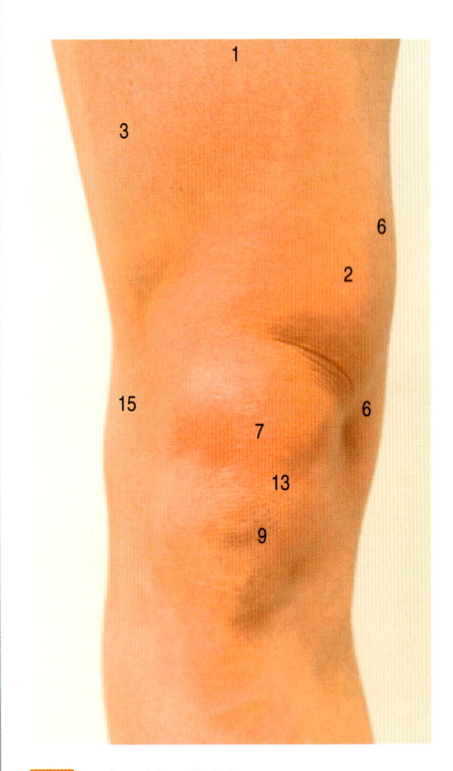

1 膝関節の前側

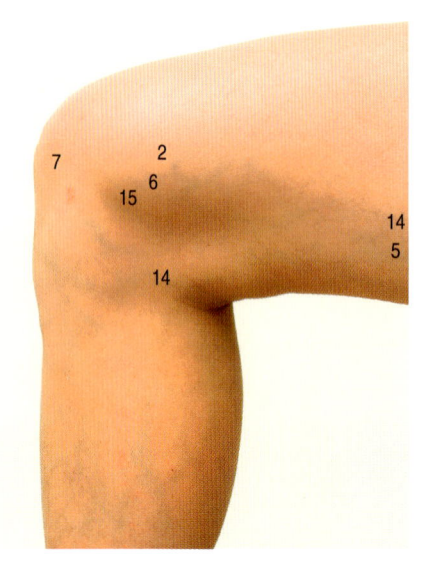

2 膝関節の内側

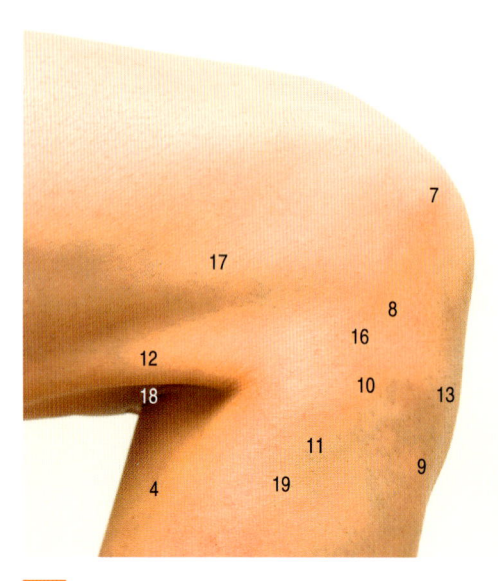

3 膝関節の外側

膝関節の後外側には大腿二頭筋腱（12）という丸みのある腱を容易に触知することができ、その前方にひものように長くて太い腸脛靭帯（17）が走っており、両者の間には溝がある。内側には2本の腱を触知することができる。半膜様筋腱（5）とその真後ろにある細くて丸みのある半腱様筋腱（14）である。前側では、膝蓋靭帯（13）によって膝蓋骨（7）が脛骨粗面（9）から一定の距離に保たれており、隣接する大腿顆の辺縁と脛骨プラトーは触知することができる。

筋肉
1. 大腿四頭筋：大腿直筋
2. 大腿四頭筋：内側広筋
3. 大腿四頭筋：外側広筋
4. 腓腹筋
5. 半膜様筋
6. 大内転筋

骨
7. 膝蓋骨
8. 大腿骨外側顆の辺縁
9. 脛骨粗面
10. 脛骨プラトーの辺縁
11. 腓骨頭

腱と靭帯
12. 大腿二頭筋腱
13. 膝蓋腱／膝蓋靭帯
14. 半腱様筋腱
15. 内側側副靭帯
16. 外側側副靭帯

筋膜
17. 腸脛靭帯

凹み
18. 膝窩

神経
19. 総腓骨神経

7　膝関節と大腿部

膝関節と大腿部

7

解剖学的領域／膝関節と大腿部

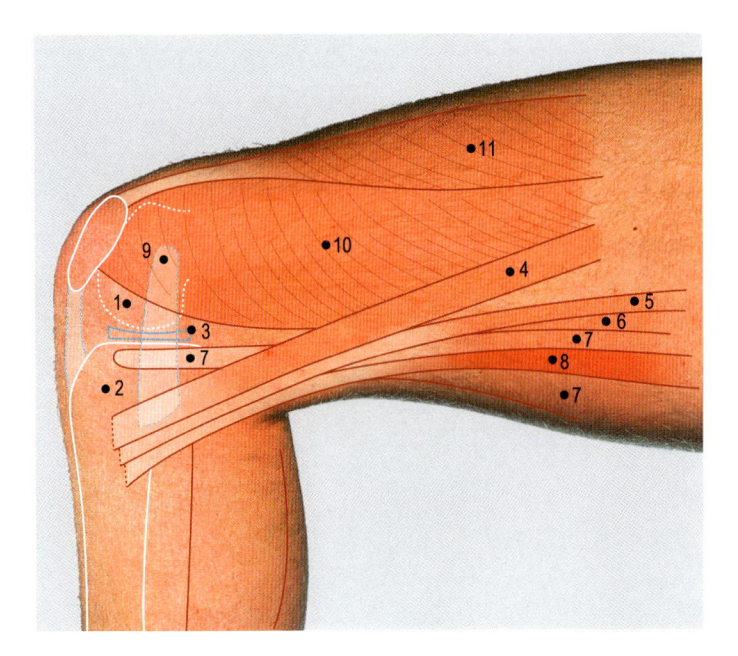

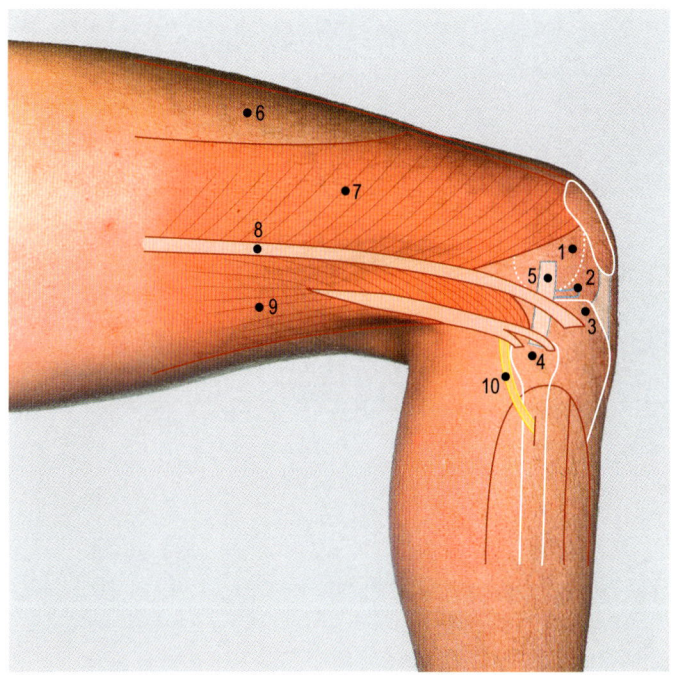

屈曲時の膝関節の内側：骨と筋肉	屈曲時の膝関節の外側：骨と軟部組織
1. 内側大腿顆 2. 脛側の内側顆 3. 内側半月 4. 縫工筋 5. 薄筋 6. 大内転筋 7. 半膜様筋 8. 半腱様筋 9. 内側側副靭帯 10. 内側広筋 11. 大腿直筋	1. 外側大腿顆 2. 外側半月 3. 脛側の外側顆 4. 腓骨頭 5. 外側側副靭帯 6. 大腿直筋 7. 外側広筋 8. 腸脛靭帯 9. 大腿二頭筋腱 10. 総腓骨神経

135

内側側副靭帯捻挫に用いるテーピング

目的
- 内側関節裂隙を圧迫することによって内側側副靭帯（MCL）を支える
- 膝関節伸展の最後の15°と、脛骨の外旋を妨げる
- 膝関節の屈曲、機能の範囲内での伸展はほとんど制限しない

適応
- MCL捻挫：第1度ないし第2度
- 第3度のMCL捻挫のための固定を外した後
- 内側半月板損傷：脛骨を内旋させるスパイラルテープに特に重点を置く

> **注意**
> - 診断に間違いのないことを確認する。**疑わしきは確認**。
> - 必ずどちらの膝、どちらの側が損傷したかを評価する（アスリートが内側に捻挫を起こして外側に紫斑を認めることもある）。
> - 運動中に血液循環が亢進すると大腿筋が腫れる原因となる。テープを巻く際にはほとんど引っ張らないようにし、大腿筋および腓腹筋が収縮、痙攣を起こさないようにする。
> - 膝蓋骨にテープを巻くと圧迫、疼痛やそれに伴う問題を生じることがあるため、避けるようにする。

材料

剃刀
タフナースプレー／粘着スプレー
アンダーラップ
7.5cm（3インチ）幅と10cm（4インチ）幅の伸縮性粘着包帯
5cm（2インチ）幅と3.8cm（1.5インチ）幅の非伸縮性テープ
15.2cm（6インチ）幅の伸縮性ラップ
皮膚潤滑剤
ヒールアンドレースパッド

損傷に関する詳細は、144ページのTESTSを参照。

内側側副靱帯捻挫

7 膝関節と大腿部

姿勢

直立姿勢をとる。膝関節を損傷した側の踵の下にテープのロールを置いて、膝をわずかに屈曲させる。足が内側に向いて脛骨が内旋する（MCLの張りを和らげる）。体重の80％を損傷していない方の足で支えるようにする。

> **ヒント**
> 身体がぐらつかないように、壁やベンチ（台）にもたれるようにする。

手順

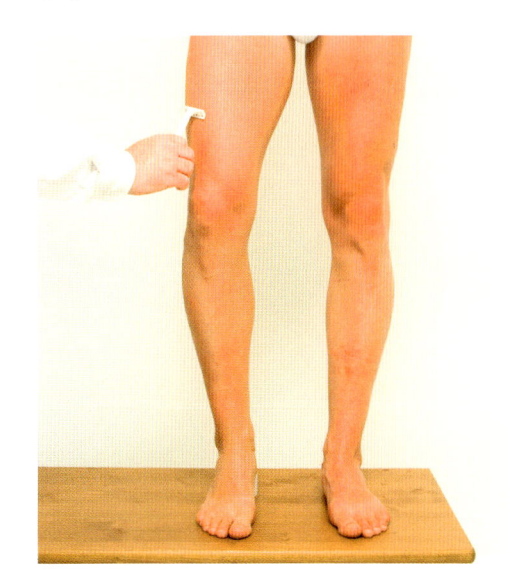

1 テープを貼る場所が清潔で、体毛が少ないことを確かめ、必要であれば剃毛する。

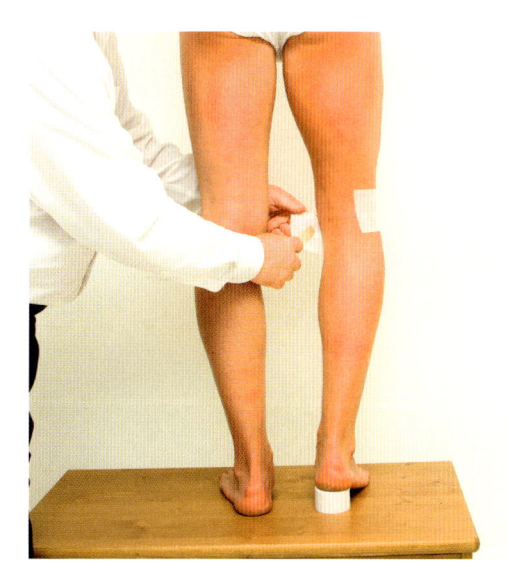

2 タフナーまたは粘着スプレーを使う前に、皮膚に切り傷、水ぶくれや炎症部位がないかどうか確認する。

3 膝屈筋腱に潤滑剤を塗ったパッドを貼る。

4 タフナーまたは粘着スプレーを大腿中央部とふくらはぎ中央部に塗布する。

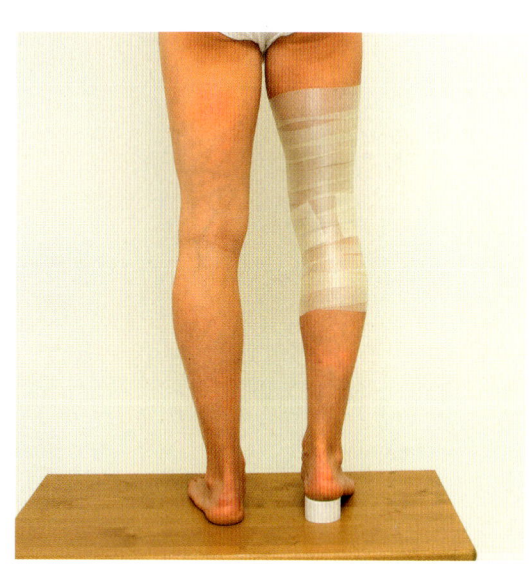

5 大腿中央部からふくらはぎ中央部にかけてアンダーラップを巻く。

Section 2：実践

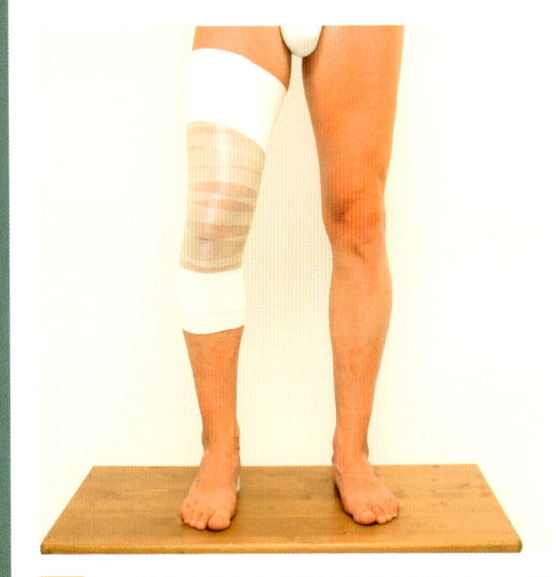

膝関節と大腿部

6 大腿中央部とふくらはぎ中央部に10cm幅の伸縮性粘着包帯を2本ずつ用いて、あまり引っ張らずにアンカーを巻く。アンダーラップの両端を超えて直接皮膚の上にも巻くようにする。

✋ **注意**
再度姿勢を確認する。

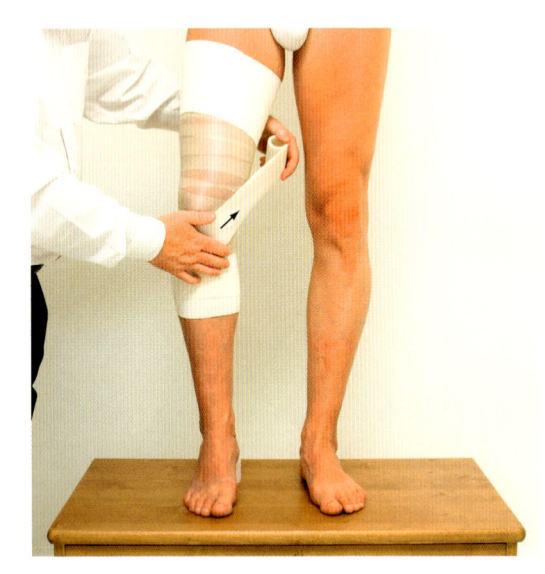

7 7.5cm幅の伸縮性粘着包帯を遠位アンカーの後内側から巻き始め、螺旋状に脛骨の前後側を通る。適度に引っ張って膝蓋骨の下内側を通り、内側の関節裂隙から近位アンカーに向けて強く引っ張る。

✋ **注意**
このテープによって脛骨を内旋させ、内側の関節の幅を狭めることができる。

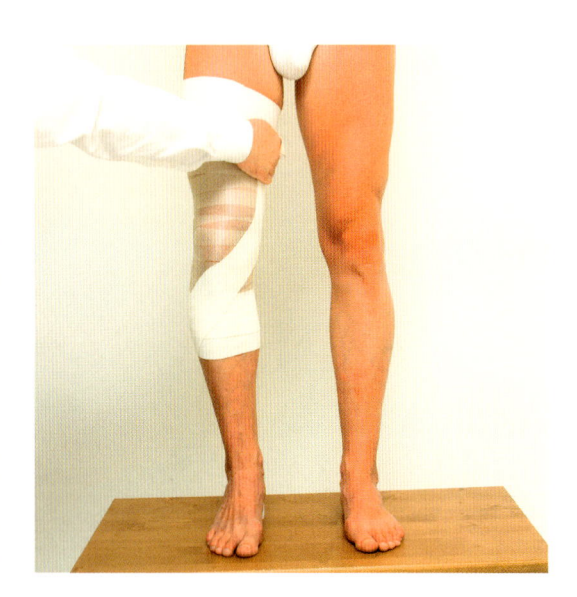

👍 **ヒント**
最後の7.5cmはアンカーにまっすぐに貼りつけ、**決して**引っ張ってはならない（張力を弱めないとテープの端が剥がれてしまう）。

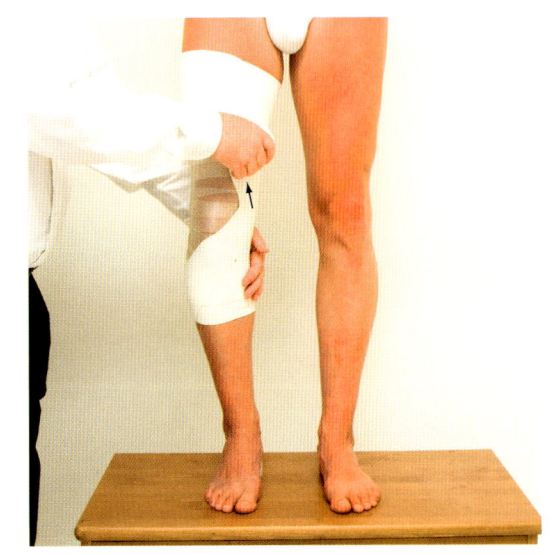

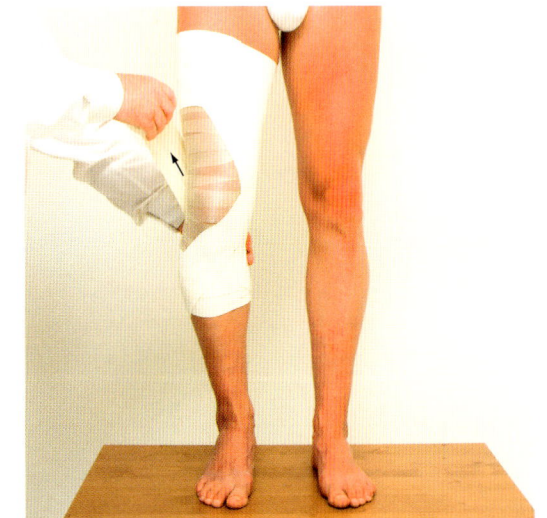

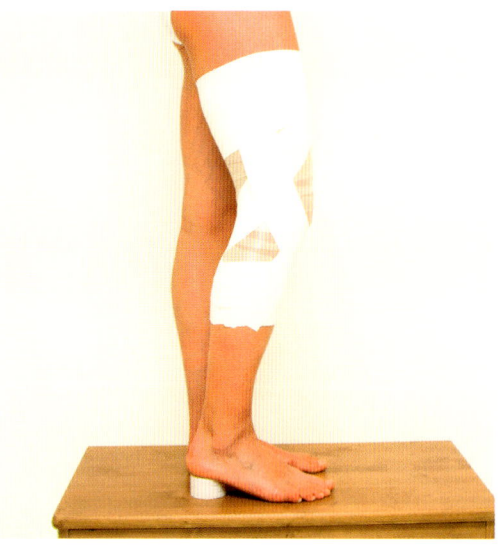

膝関節と大腿部 **7**

内側側副靱帯捻挫

8 7.5cm幅の伸縮性粘着包帯をもう1本、同じく遠位アンカーの後内側から今度は内側前方に向かって巻き始める。内側の関節裂隙から近位アンカーに向けて強く引っ張り、テープ端を貼り付けるまで緩めないようにする。

✋ **注意**
この2本のテープによって内側の関節裂隙に直接、内側側副靱帯を覆うようにXを作る。

9a 7.5cm幅の伸縮性粘着包帯で外側のXサポートを巻く。後内側から始めて少し引っ張るように脛骨の後側に巻きつけ（脛骨の内旋を補強する）、膝関節外側、膝蓋骨上部で近位アンカー前側に向けて貼っていく。

✋ **注意**
この2本のテープはあまり引っ張らずに、外側側副靱帯に直接Xを作るように貼る。テープの両端が両アンカーで内側のXサポートと重なり合うようにして、安定性を高める。

9b 7.5cm幅の伸縮性粘着包帯をもう1本、遠位アンカーの前外側から巻き始め、外側の関節裂隙から近位アンカーに向けて少し引っ張るようにして貼っていく。

139

Section 2：実践

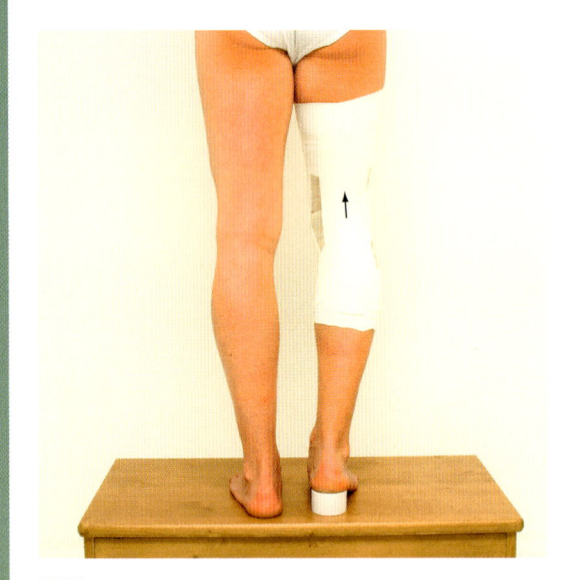

10 なおも膝を屈曲させたまま、7.5 cm幅の伸縮性粘着包帯を遠位アンカーの後側中央から近位アンカーの中央まで縦に貼って、過伸展を防ぐ。

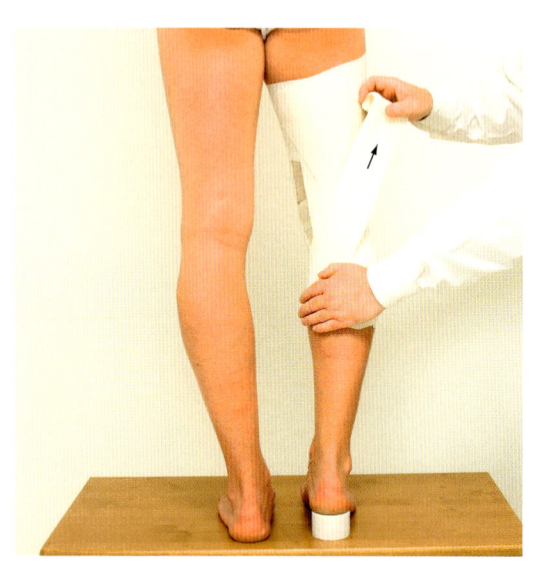

11 7.5cm幅の伸縮性粘着包帯を（目一杯引っ張って）膝関節の後側にXを作るように貼る。

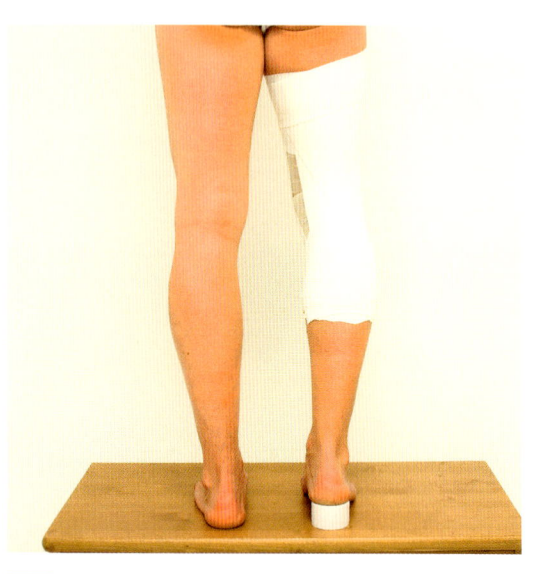

12 近位部と遠位部に再びアンカーを巻く。

注意
このバタフライを貼り終えた段階で、膝関節の伸展の最後の10-15°が制限されている程度に締め付けが強くなっていなければならない。

膝関節と大腿部 **7**

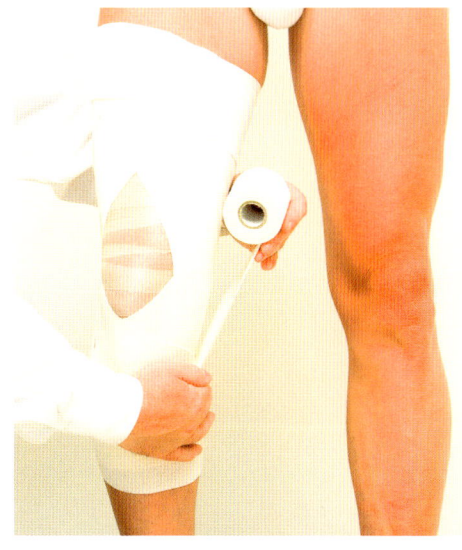

内側側副靱帯捻挫

13 5cm幅の非伸縮性テープを遠位アンカーの後内側から近位アンカーの前内側までまっすぐに貼る。

👍 **ヒント**
強度を高めるためにテープの両端を折り返し、靱帯を通る部分を裂けにくくする。

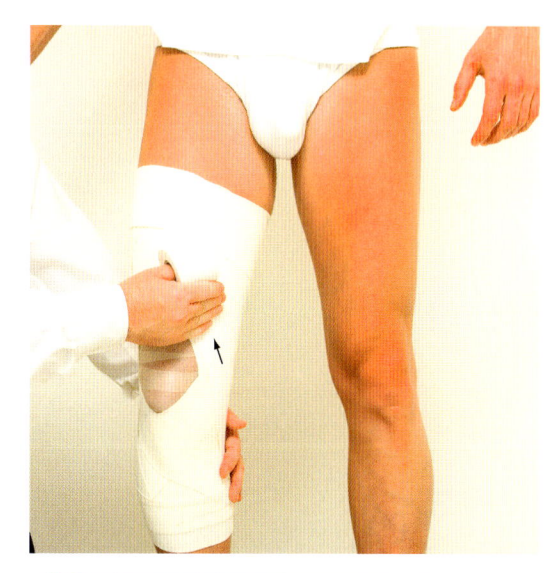

👍 **ヒント**
このテープを貼る際は、膝関節を思い切り内反させながらテープの遠位端を遠位アンカーにしっかりと貼り付け、できるだけ強く引っ張り上げる。

✋ **注意**
ここでは身体が安定するように、アスリートが施術者の肩や近くの壁につかまるのがよい。

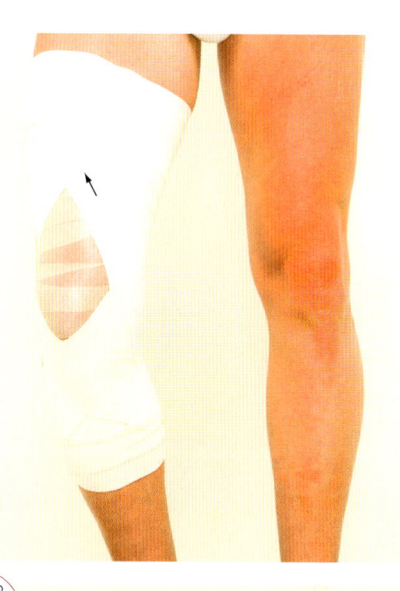

✋ **注意**
膝の力を抜き、アスリートの体重の大部分が損傷していない方の脚にかかるようにする必要がある。

141

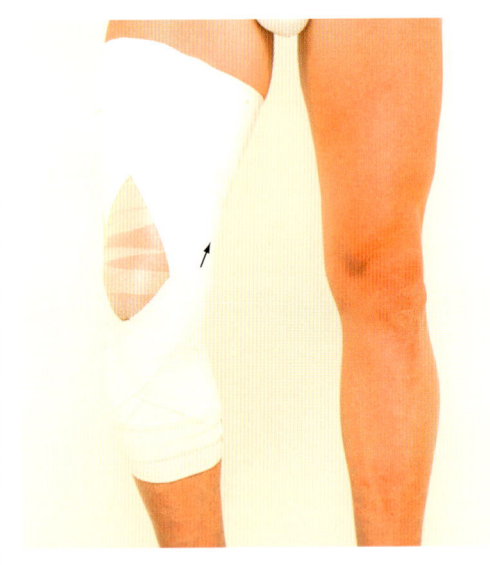

Section 2：実践

膝関節と大腿部

14 非伸縮性テープをもう1本、今回は遠位アンカーの前側から近位アンカーの後内側に向けて縦に貼っていく。手順12で簡単に示した原則に則るようにする。

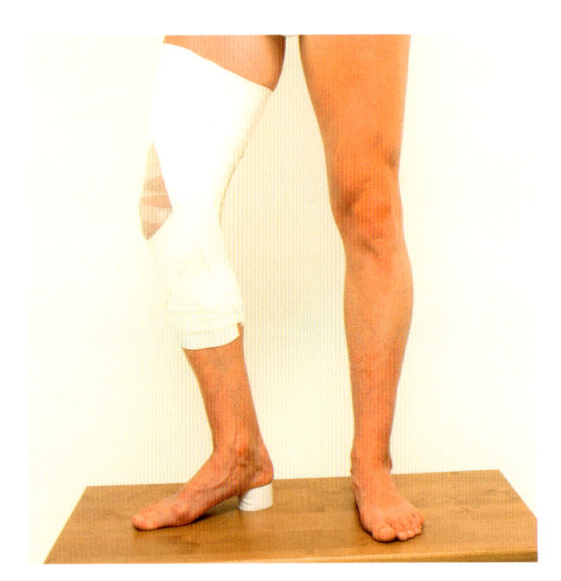

注意
この2本のテープで作るXは、内側の関節裂隙の位置に内側側副靱帯を覆うように貼る。

15 再度非伸縮性テープでXサポートを巻く。1本目よりわずかに前側にずらして巻く。

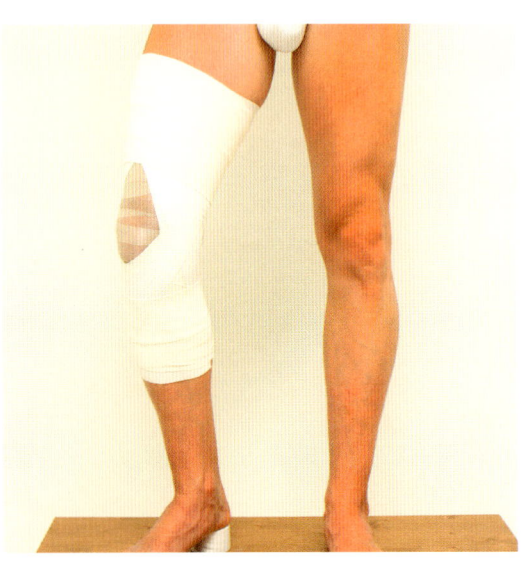

16 10cm幅の伸縮性粘着包帯を2本軽く引っ張るようにして、大腿中央部とふくらはぎ中央部のアンカーの上に再度アンカーを巻く。

膝関節と大腿部　7

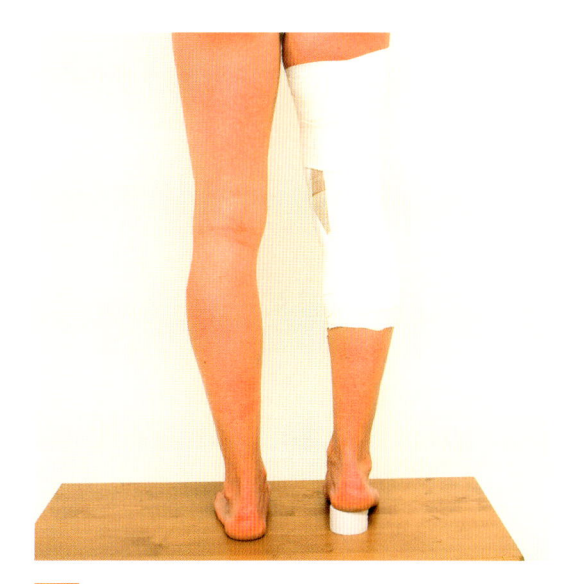

内側側副靱帯捻挫

17　伸縮性テープの端を確実に固定するため、非伸縮性テープを短く切ったものを2本用いて覆うように貼る。

18　制限域を確認する。
　a. 伸展が10°制限されている必要がある。
　b. 内側に弛緩性があってはならない。
　c. 内側のストレス検査時、脛骨の外旋時および伸展時に痛みがあってはならない。

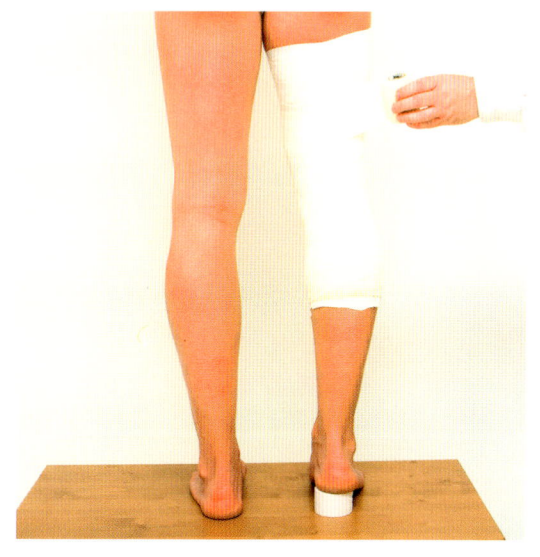

19　運動を再開する前に、伸縮性ラップでテープ全体を覆うようにする。これによってテープが固着するのに必要な時間と熱を確保することができる。

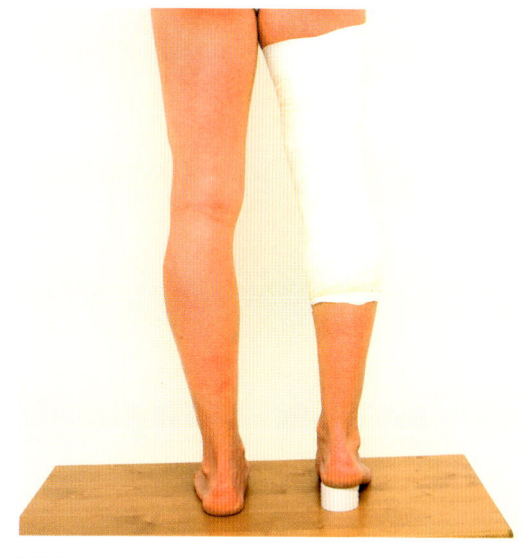

20　非伸縮性テープを巻いて伸縮性ラップを固定する。

注意
- 急性捻挫の場合には、伸縮性ラップを少なくとも48時間貼ったままにしておく。
- スポーツに復帰する段階では、伸縮性ラップを巻いて15分経ったら外し、最大限の運動ができるようにする。

143

内側側副靱帯捻挫の評価

T（TERMINOLOGY）専門用語
- 内側側副靱帯捻挫：第1度から第3度（36ページの捻挫の図表を参照）
- 外側側副靱帯捻挫：第1度から第3度
- 膝関節障害

E（ETIOLOGY）病因
- 膝関節を外反させる方向に過度の圧力がかかる（"X脚"のように内側に曲がった状態）。たとえば、サッカー選手が左側から膝の部分にタックルされると、左膝内側に捻挫を来たすほか、右膝外側に捻挫を来たす可能性もある
- 片脚が固定された状態で、横から突然衝撃が加わる
- 他の構造にも損傷を来たすことが多い（内側半月、内側側副靱帯および前十字靱帯："不幸の三連構造"）

S（SYMPTOMS）症状
- 膝関節内側の局所痛および圧痛
- 腫れのほか、紫斑がみられることがある
- 自動運動検査：最大伸展時の内側痛
- 負荷検査：中等度の負荷では痛みはない
- ストレス検査（中間位）
    a. 第1度ないし第2度の捻挫：膝関節30°屈曲位で安定性の有無に関係なく内側痛がある
    b. 第3度：30°屈曲位で靱帯の完全な断裂、"離開"がみられる。第2度よりも痛みは少ない
    c. 伸展位0°で**不安定性**がみられれば、後方関節包にまで及ぶ重度の損傷である

T（TREATMENT）治療

初期
- RICES
- テーピング：136ページのMCL捻挫（最初の48時間は伸縮性ラップも用いる）
- 各種治療法

それ以降
- 以下の治療の継続

> **注意**
> 第3度の捻挫では手術になることもある。

a. 各種治療法
b. 横断摩擦マッサージ
c. 固定により硬化した場合には動かすようにする
d. 大腿四頭筋、ハムストリングおよび腓腹筋の柔軟運動
- 大腿四頭筋およびハムストリングの筋力強化運動（最初は等尺性運動）
- テーピングを用いて、痛みのない範囲で徐々にスポーツを再開する。136ページの**MCL捻挫**を参照
- 可動域、柔軟性、筋力および固有受容性感覚の回復のための総合的なリハビリプログラム
- 長期にわたって不安定性が残るようであれば、スポーツ活動に復帰したり競技を続けたりするのに固定具を用いるのが推奨される

S（SEQUELAE）後遺症
- 内側の（外反時）弛緩性
- 慢性的な不安定性
- 大腿四頭筋の筋力低下
- 内側半月の変性
- 骨関節炎

RICES：安静（Rest）、アイシング（Ice）、圧迫（Compress）、挙上（Elevate）、支え（Support）

外側側副靱帯捻挫に用いるテーピング

目的
- 外側関節裂隙を圧迫することによって外側側副靱帯（LCL）を支える
- 膝関節伸展の最後の15°を制限し、最大屈曲をやや制限する
- 膝関節の機能の範囲内での屈曲、伸展はほとんど制限しない

適応
- 外側側副靱帯捻挫：第1度ないし第2度
- 第3度のLCL捻挫のための固定を外した後
- MCLに用いるテーピングや膝関節複合靱帯損傷に用いるテーピングにより効果的に再建することができる

> **材料**
> 剃刀
> タフナースプレー／粘着スプレー
> アンダーラップ
> 皮膚潤滑剤
> ヒールアンドレースパッド
> 10cm（4インチ）幅の伸縮性粘着包帯
> 7.5cm（3インチ）幅の伸縮性粘着包帯
> 5cm（2インチ）幅の非伸縮性白色テープ
> 15.2cm（6インチ）幅の伸縮性ラップ

注意
- 損傷の程度を明らかにするため、有能なスポーツ医学専門医に診察してもらうようにする
    a. 膝関節30°屈曲位および0°屈曲位で外側の安定性を吟味する必要がある。
    b. 伸展位0°で内側にも不安定性がみられれば、重大な損傷の可能性がある。
    c. X線撮影を実施する必要がある。
- 外側に受けた衝撃による損傷がないかどうか、膝関節の内側、外側ともに確認するようにする。
- 腓骨神経障害、足の外反力（外側に押す力）の低下および感覚機能の低下がないかどうか慎重に確認する（損傷した脚の外側）。
- 定期的にしかるべき追跡を実施する。
- アンカーがきつくて血液循環が損なわれることのないようにする。

損傷に関する詳細は、149ページのTESTSを参照。

Section 2：実践

姿勢

直立姿勢をとる。膝関節を損傷した側の踵の下にテープロールを置いて、膝をわずかに屈曲させる。足を内側に捻って脛骨を内旋させる（MCLの張りを和らげる）。体重の80%を損傷していない方の足で支えるようにする。

手順

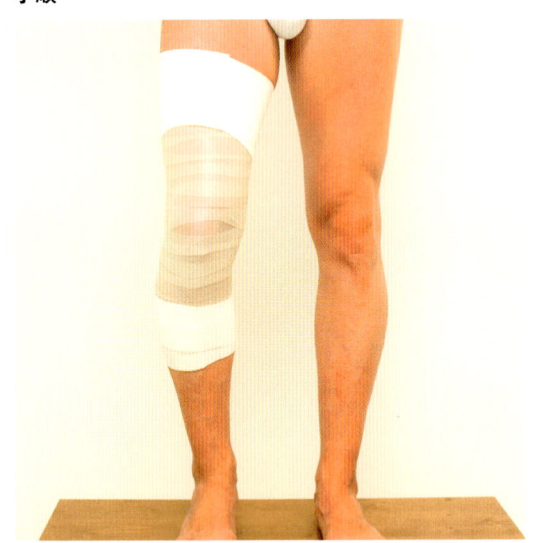

1 テープを貼る場所が清潔で、体毛が少ないことを確かめる。タフナーまたは粘着スプレーを使う前に、皮膚に切り傷、水ぶくれや炎症部位がないかどうか確認する。

2 先の項で説明した方法でタフナーまたは粘着スプレーを塗布し、潤滑剤を塗ったパッド、アンダーラップおよびアンカーを貼る。**詳しくはMCLテーピングの手順2-5を参照**（137ページ）。

3 7.5cm幅の伸縮性粘着包帯を用いて外側にXサポートを巻く。遠位アンカーの前側から始めて強く引っ張りながら脛骨、膝蓋骨の外側に巻きつけ、近位アンカーの後側で終える。

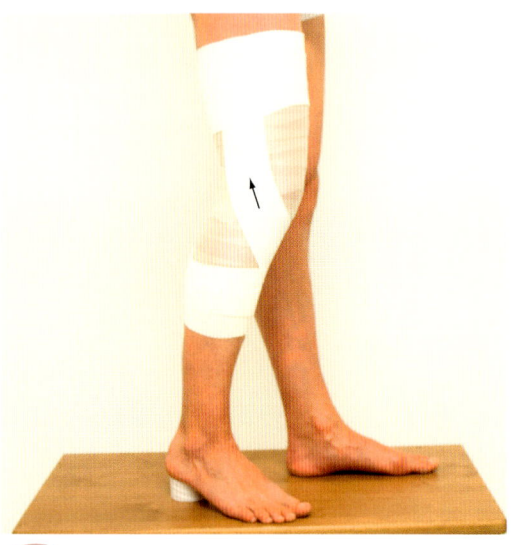

ヒント
過敏な皮膚が炎症や水ぶくれを起こしたり、テープによって傷がついたりしないように、両ハムストリング腱の位置に潤滑剤を塗布し、パッドを貼る。

ヒント
テーピング時、特に外側にテープを貼る際には身体がぐらつかないように、アスリートが施術者の肩につかまるか、近くの壁や何か安定したものを支えとするようにする。

注意
外側を短くするかたちで維持できるように、膝をできるだけ外反させておくようにする。

膝関節と大腿部

外側側副靭帯捻挫

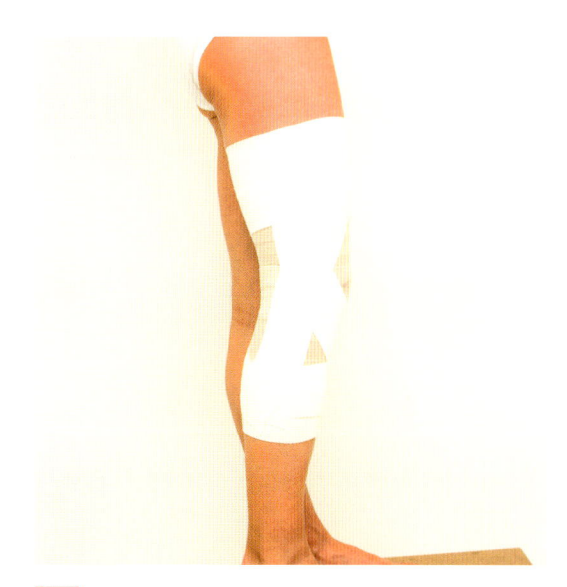

4 遠位アンカーの後外側から近位アンカーの前外側に向かって強く引っ張り上げ、外側の関節裂隙にXを作るようにして外側のXサポートを仕上げる。

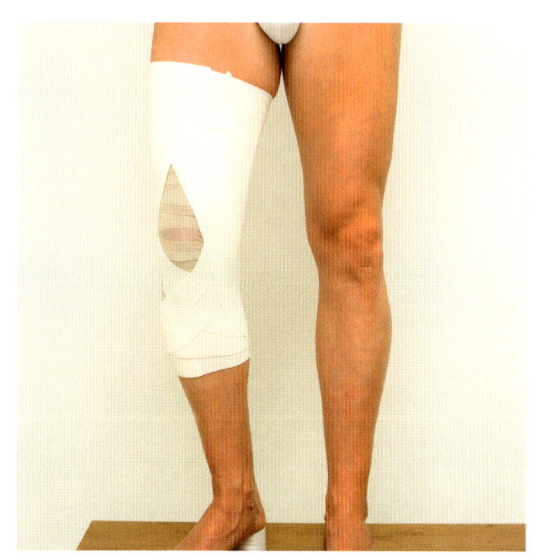

5 脛骨を内旋させたり、膝関節に内反ストレス（外向きの力）をかけたりすることのないようにして、内側にもXサポートを巻く。

注意
テーピング時に膝蓋骨を圧迫することのないようにする。

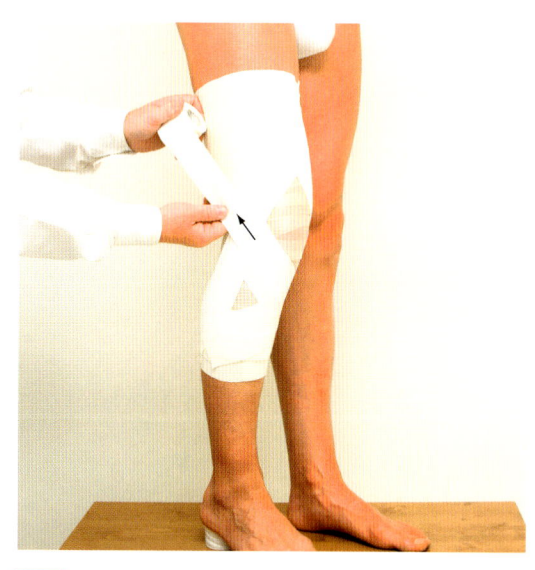

6 外側靭帯を補強するために5cm幅の非伸縮性テープで縦サポートを貼り、両端を折り返して強度を高める。膝関節を最大限に内反させておき、遠位アンカーの前側から始めて外側に強く引っ張り上げ、近位アンカーの後側にしっかりと留める。

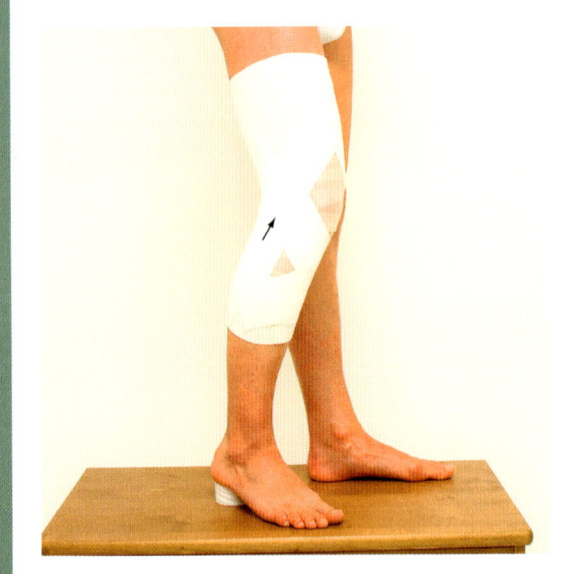

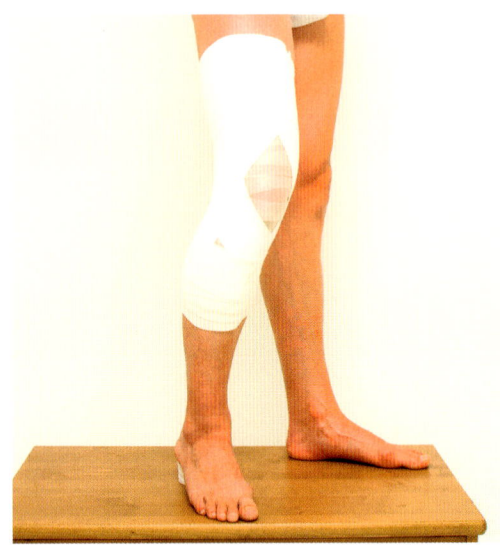

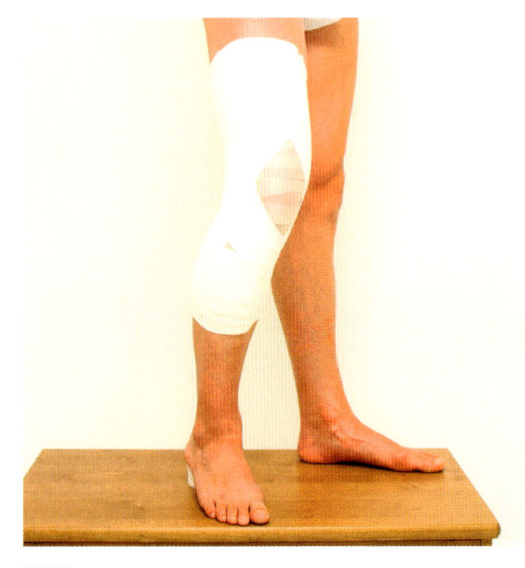

Section 2：実践

膝関節と大腿部

7 この外側のXサポートによる補強を仕上げる。縦サポートをもう1本、遠位アンカーの後側から貼りはじめ、関節裂隙の部分でひとつ前に貼ったテープと交差するようにする。テープ端を近位アンカーの前側に留めるまで最大限内反させておく。

✋ **注意**
この交差の位置が膝蓋骨のちょうど後方の外側関節裂隙にくるようにするのが重要である。

8 白色テープでもう1本Xサポートを貼る。1本目よりわずかに後側にずらし、同じく関節裂隙の部分でXを作るようにする。

✋ **注意**
- 捻挫の場合には、伸縮性ラップを少なくとも48時間貼ったままにしておく。
- スポーツに復帰する段階では、伸縮性ラップを巻いて15分以上経ったら外し、最大限の運動ができるようにする。

9 再度アンカーを巻くのを忘れないようにする。

10 伸縮性ラップを巻く前に制限域を確認する。
  a. 伸展が10°制限されている必要がある。
  b. 外側に弛緩性があってはならない。
  c. 外側のストレス検査（外側に曲げる）時や伸展時に痛みがあってはならない。

11 引き続き、前の項で説明した（MCLの）テーピング法の手順16、18および19に進む。142-143ページ参照。

外側側副靭帯捻挫の評価

T（TERMINOLOGY）専門用語
- 外側側副靭帯捻挫
- 腓側側副靭帯捻挫
- 捻転損傷
- 第1度から第3度の重症度の説明については、36ページの捻挫の表を参照

E（ETIOLOGY）病因
- 膝関節を外側方向に内反させる向きに過度の圧力が加わる（"O脚"のように外側に曲がった状態）。
- 脚が固定された状態で、内側方向に突然衝撃が加わる
- 膝関節に直接衝撃が加わる
- 弧発性に損傷を来たすのはまれである

S（SYMPTOMS）症状
- 膝関節外側の疼痛および圧痛
- 腫れのほか、紫斑がみられることがある
- 自動運動検査：最大伸展時の外側痛
- 他動運動検査：最大伸展時の外側痛
- 負荷検査（中間位）：中等度の負荷では痛みはない
- 膝関節0°屈曲位および30°屈曲位での負荷検査
    a. 第1度ないし第2度の捻挫：不安定性の有無に関係なく痛みがある
    b. 第3度：靭帯の完全な断裂（"離開"）がみられる。第2度よりも痛みが少ないこともある。損傷の程度についてまとめた表を参照（36ページ）
    c. 0°伸展位で不安定性がみられれば、後方関節包にまで及ぶ重度の損傷である

注意
第3度の捻挫の場合は手術の適応となる。

T（TREATMENT）治療

初期
- RICES
- 各種治療法
- LCL捻挫に用いるテーピング（145ページ）（最初の48時間は伸縮性ラップも用いる）

それ以降
- 以下の治療の継続
    a. 各種治療法
    b. 横断摩擦マッサージ
    c. 固定により硬化した場合には動かすようにする
- 大腿四頭筋、ハムストリングおよび腓腹筋のストレッチ
- 大腿四頭筋、ハムストリングおよび腓腹筋の筋力強化運動
- 大腿四頭筋の筋力強化運動（最初は等尺性運動）
- テーピングを用いて、痛みのない範囲で徐々にスポーツを再開する。145ページのLCL捻挫に用いるテーピングを参照
- 可動域、柔軟性、筋力および固有受容性感覚の回復のための総合的なリハビリプログラム
- 長期にわたって不安定性が残るようであれば、スポーツ活動に復帰したり競技を続けたりするのに固定具を用いるのが推奨される

S（SEQUELAE）後遺症
- 外側の（内反時）弛緩性
- 回旋時の不安定性
- 外側半月断裂を来たしやすくなる
- 大腿四頭筋の筋力低下
- ランニング時の"切り返し"ができなくなる
- 腓骨神経に障害が及ぶ可能性がある
- 関節の変性変化

RICES：安静（Rest）、アイシング（Ice）、圧迫（Compress）、挙上（Elevate）、支え（Support）

Section 2：実践

膝蓋大腿関節痛に用いるテーピング

目的
- 膝蓋靭帯を圧迫することによって圧力のかかる方向を変え、膝蓋大腿関節の生体力学的機能を変化させる
- 膝蓋骨が上にずれる動きを抑える
- 膝関節の動きは制限しない

適応
- 膝蓋腱炎
- 膝蓋大腿関節痛症候群
- オスグッド-シュラッター病
- 扁平足による内側膝関節痛（足の装具については足病医に助言を求める）
- "ジャンパー膝"

> **注意**
> - テーピングの前にアスリートにハーフスクワットをさせ、視覚的評価尺度（VAS）に照らして疼痛を評価する。テーピングの各段階を通じてこの動きを評価し、痛みに何らかの変化がないかどうかをモニタリングする。痛みを軽減するテープ以外は巻かないようにする。
> - 膝蓋骨を大腿骨の方向に圧迫すると痛みを増大させることになるため、避けるようにする。
> - 運動中に痛みのないようにしなければならない。アスリートが運動するのに痛みを訴えるのであれば、膝蓋骨用ストラップ（ジャンパー膝用ストラップ）の適応となる。
> - この処置に用いる半伸縮性粘着テープは伸縮性をできるだけ小さくし、粘着性を最大限にしたものである。手に入らないようであれば、代わりに非伸縮性粘着テープを用いる（伸縮性粘着包帯を用いてはならない）。

材料

剃刀
速乾粘着スプレー
（できれば）2.5cm幅（1インチ）の半伸縮性テープを用意し、無理なら非伸縮性テープを用いる（半伸縮性テープは伸縮性をできるだけ小さくしたもので、従来の伸縮性粘着テープとは異なるものである）

損傷に関する詳細は、154ページのTESTSを参照。

膝蓋大腿関節痛

姿勢
長座位または仰向けになって力を抜き、膝関節を中間位にしてロール状のものやクッション性のもので支える。

手順

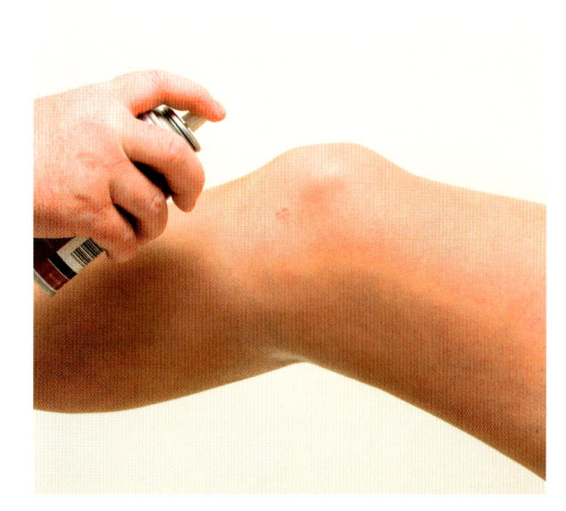

1 テープを貼る場所が清潔で、ほとんど体毛がないことを確かめ、必要であれば剃毛する。

2 タフナーまたは粘着スプレーを使う前に、皮膚に切り傷、水ぶくれや炎症部位がないかどうか確認する。

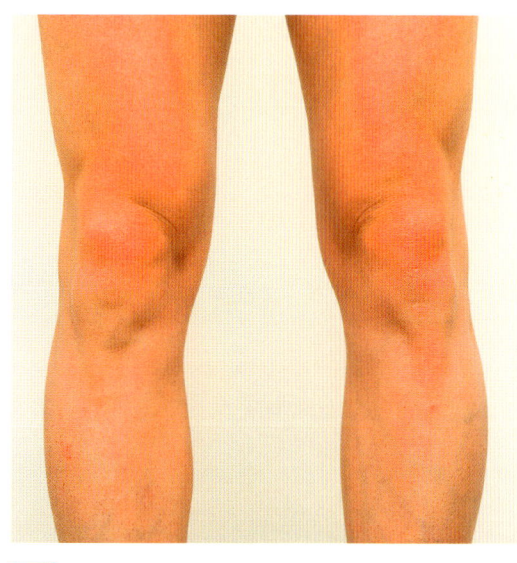

3 ハーフスクワットの姿勢をとる。

> **注意**
> VASに照らして痛みの強さを評価するほか、痛みが出始める膝の角度を評価する。

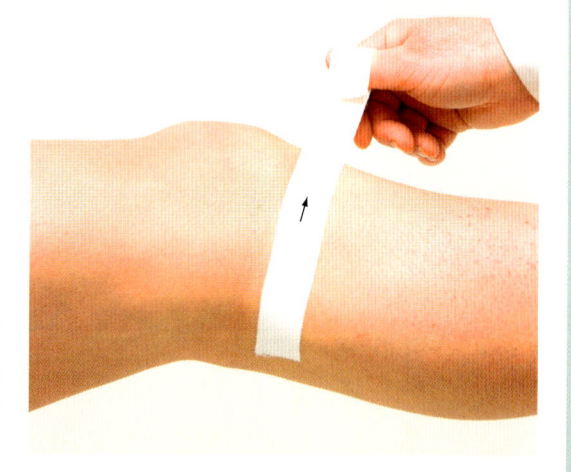

4 2.5cm幅の半伸縮性粘着テープで後外側から水平テープを巻き始める。このテープで適度な強さの圧力をかけて、脛骨粗面の真上にある膝蓋靭帯を圧迫する。

Section 2：実践

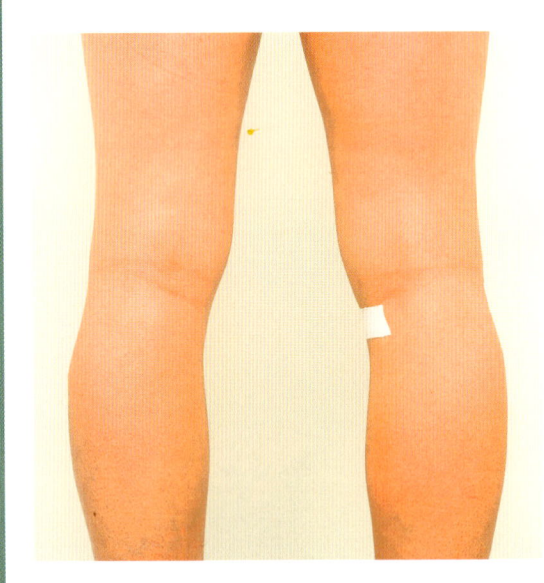

注意
- 脚を一周させてしまわない
- テープの両端を皮膚にしっかりと接着させる。

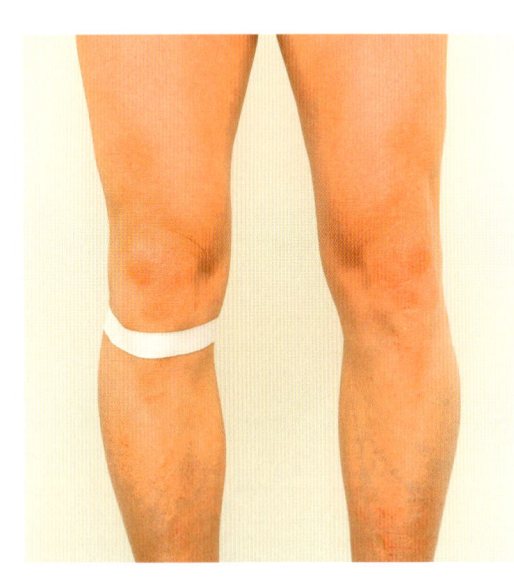

5　再度痛みの度合いを評価する。

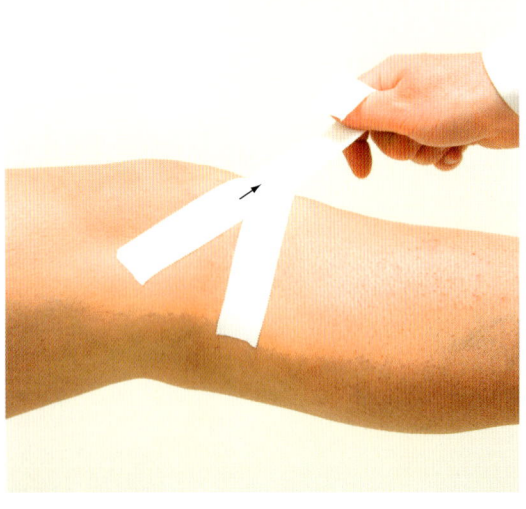

6　膝関節外側上部、膝蓋骨の脇から斜めにテープを貼っていき、遠位方向に引っ張って膝蓋靭帯を通り、内側で終える。

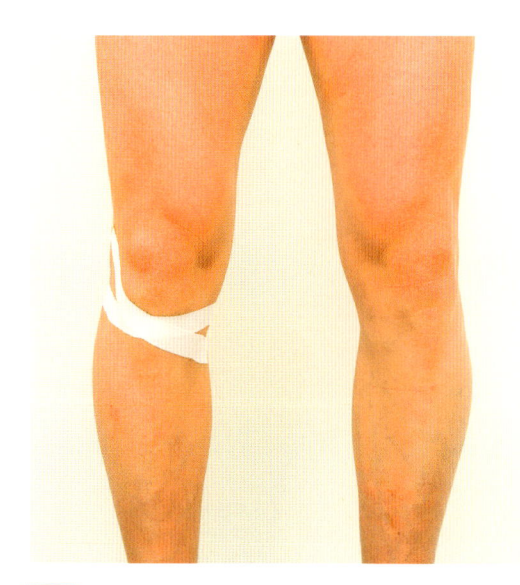

膝関節と大腿部

膝蓋大腿関節痛

7 再度痛みの度合いを評価する。

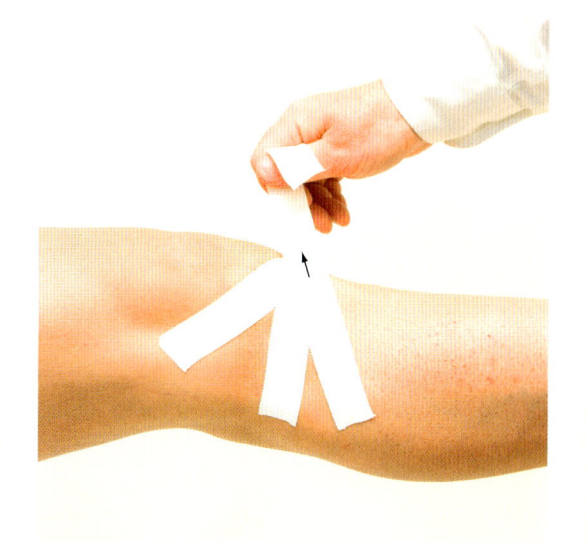

8 膝関節外側下部、膝蓋骨の脇から斜めにテープを貼っていき、近位方向に引っ張って膝蓋靭帯を通り、内側で終える。

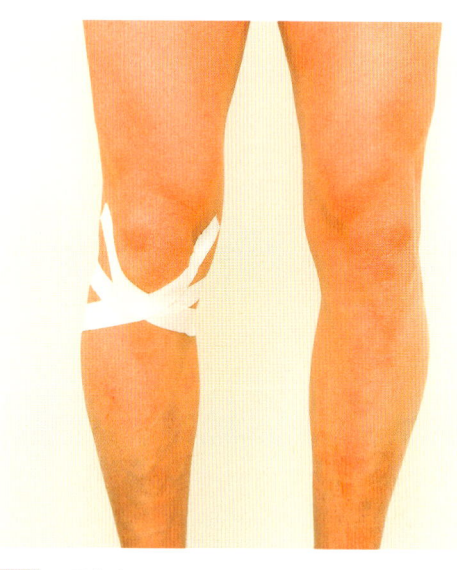

9 再度痛みの度合いを評価する。
a. 全荷重をかけて40°屈曲できるようになっている必要がある。
b. このテーピングで痛みがなくならないようであれば、膝蓋靭帯用ストラップ（ジャンパー膝用ストラップ）を試してみる。

注意
運動を再開する前に必ず自動運動療法を実施するようにする。

膝蓋大腿関節症候群の評価

T（TERMINOLOGY）専門用語
- 膝蓋骨アライメント不良症候群
- 膝蓋後部の炎症
- 軟骨軟化の前段階

E（ETIOLOGY）病因
- 大腿四頭筋の筋力低下
- 膝蓋骨のトラッキング不良
- 膝蓋骨の亜脱臼ないし脱臼
- 隣接する関節の生体力学機能の低下
- 外傷後に膝関節に加わった衝撃
- 膝蓋腱炎に続発する
- プライオメトリックトレーニングなどでのジャンプ
- バスケットボール選手やバレーボール選手によくみられる

S（SYMPTOMS）症状
- 膝蓋骨周囲痛がさまざまな部位に起こる
    a. 膝蓋骨
    b. 膝蓋骨下端
    c. 膝蓋腱の前方や後方
    d. 脛骨粗面（腱付着部）
- 座ったり休んだりしたのちに痛みを感じることが多い
- 自動運動検査：何かに登る際や、特に階段を降りる際など、伸展時に痛みを感じる。
- 他動運動検査：大腿四頭筋、ハムストリングおよび大腿筋膜張筋に筋緊張や筋肉の不均衡がみられる
- 負荷検査（中間位）：痛みがあるかに関係なく大腿四頭筋（特に内側広筋斜頭（VMO））に筋力低下がみられる
- ストレス検査：膝蓋大腿関節を圧迫する検査で痛みを生じる

T（TREATMENT）治療

初期

（炎症が激しい場合）
- アイシング
- 各種治療法
- 外側膝蓋支帯のストレッチ
- テーピング：150ページの膝蓋大腿関節痛に用いるテーピングを参照

それ以降
- 以下の治療の継続
    a. 各種治療法により痛みをコントロールする
    b. 大腿四頭筋の再教育：筋肉を刺激したりバイオフィードバックを利用したりして、特に内側広筋斜頭（VMO）を再教育する
    c. ハムストリングおよび大腿筋膜張筋（TFL）の柔軟運動
- 生体力学的機能を修正（膝蓋骨の本来のトラッキング）し、テーピングを用いて徐々に伸張性収縮を利用したウェイトトレーニングの強度を上げていく
- アライメント不良が足の生体力学的機能の不良によるものであれば、装具が有用になる。

S（SEQUELAE）後遺症
- 大腿四頭筋の慢性疼痛
- 大腿四頭筋および大腿筋膜張筋（TFL）の筋力低下
- 柔軟性の低下
- スポーツに参加できない
- 軟骨軟化

大腿四頭筋（大腿部）の打撲・肉離れに用いるテーピング

目的
- 打撲または断裂した組織を局所的かつ特異的に圧迫する
- 損傷領域の腫れ、出血または筋線維断裂を未然に防ぐ
- 機能および柔軟性はそのままにする

適応
- 大腿四頭筋の打撲
- 大腿四頭筋の肉離れ
- ハムストリングの肉離れの場合には大腿後部にテープを貼る

材料

剃刀
タフナースプレー／粘着スプレー
10cm（4インチ）幅の伸縮性粘着包帯
7.5cm（3インチ）幅の伸縮性粘着包帯
3.8cm（1.5インチ）幅の非伸縮性白色テープ
15.2cm（6インチ）幅の伸縮性ラップ

注意
- 打撲または肉離れを起こした部位を正確に特定しておく必要がある。
- アンダーラップを用いるとテーピングの効果が著しく低下するため、推奨されない。
- テープによる圧力は損傷領域にとどめるようにし、周囲を締めつけることのないようにする。ハムストリングと腓腹筋を締めつけると、痙攣を起こすことがあるほか、アスリートが脚の筋力低下、硬直や重感を訴えることにもなる。
- 初期の段階ではいかなるマッサージであれ、内出血のリスクが高くなり、骨化性筋炎の原因となる可能性があるため、絶対禁忌である。

損傷に関する詳細は、161ページのTESTSを参照。

Section 2：実践

姿勢
治療台に横になり、台から膝を出して曲げ、踵を床につける。

手順

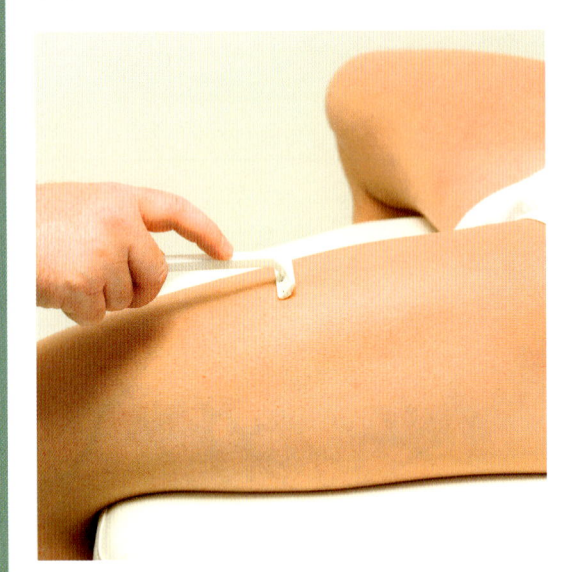

1 テープを貼る場所が清潔で、ほとんど体毛がないことを確かめ、必要であれば剃毛する。タフナーまたは粘着スプレーを使う前に、皮膚に切り傷、水ぶくれや炎症部位がないかどうか確認する。

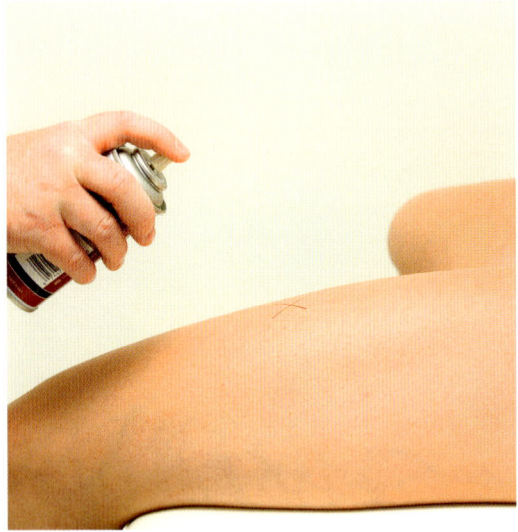

2 打撲または肉離れを起こした部位を正確に特定し、印をつける。

3 損傷部位を中心に大腿部に速乾粘着スプレーを塗布して十分に乾かす。

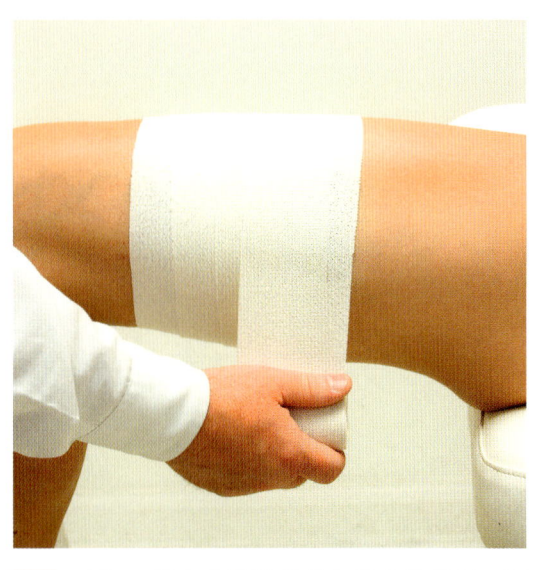

4 10cm幅の伸縮性粘着包帯を損傷部の下7.5cmの位置から、あまり引っ張らずに巻いていく。約1.5cm（0.5インチ）ずつずらしていき、損傷領域全体を覆ってさらに7.5cm上の位置にくるまで巻く。

注意
ここで巻き重ねたテープは、圧迫テープにより皮膚に過度の伸張力が加わるのを避ける土台となるものである。

7 膝関節と大腿部

7 膝関節と大腿部

大腿四頭筋の打撲・肉離れ

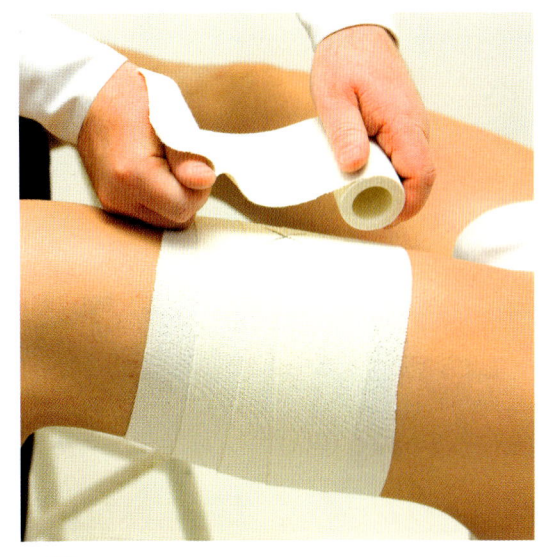

注意
大腿部が大きかったり、打撲が広範囲に及んでいたりする場合には、施術者の手が大きくテープ幅全体に力を加えて維持できるのであれば、10cm幅のテープを用いることもできる。

5 損傷部位の中央から下に向かって真っすぐ圧迫テープを貼る準備をする。
  a. 一方の手で7.5cm幅の伸縮性粘着包帯をロールから12cm（5インチ）引き出したところで折り返し、もう一方の手でロールを持つ。

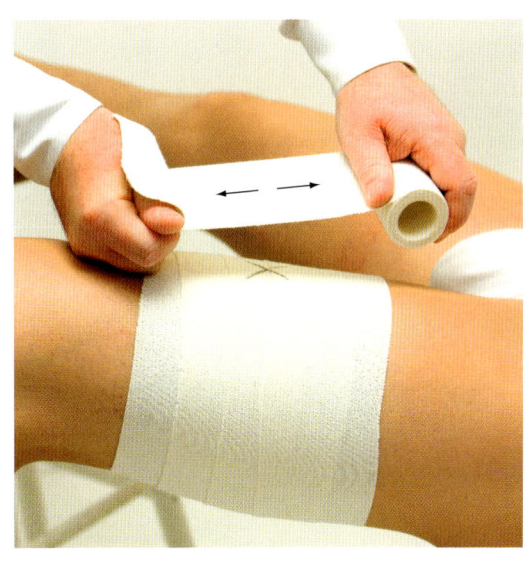

5b テープを目一杯引っ張って脚に横方向に貼り、側方でも引っ張ったままにしておく。

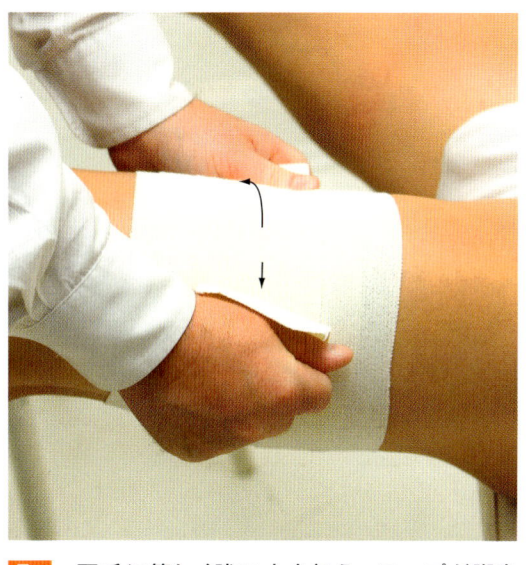

5c 両手に等しく強い力を加え、テープが脚を3/4周するまで引っ張り具合を緩めないでおく。テープの両端を脚の後側に向けて貼っていき、ロールを内側でぶら下げるようにする。

注意
この圧迫により不快感を覚えることがある。

ヒント
施術者は圧迫テープを巻く際に、自分の手でアスリートの膝をしっかりと掴んで安定感を得ることにより、抵抗圧を安定させ、コントロールしやすくなる（写真なし）。

157

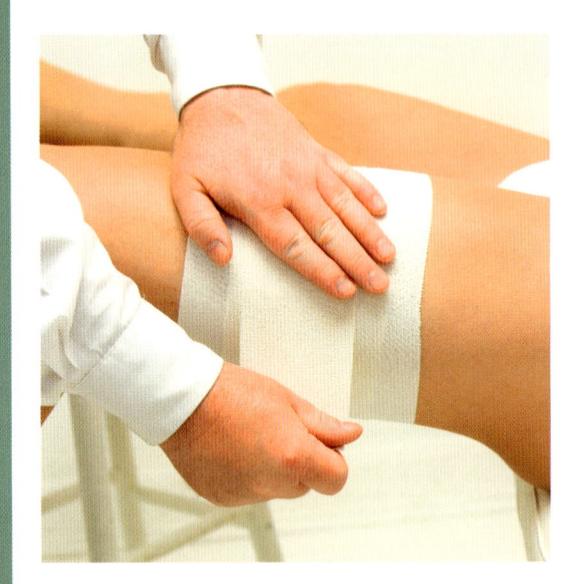

Section 2：実践

膝関節と大腿部

5d テープが剥がれないように注意して張力を緩め、外側のテープ端を後方に貼っていく。

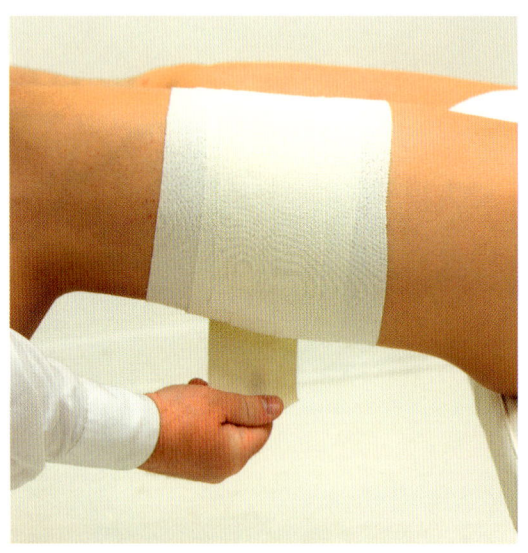

5e テープの両端を引っ張ることなく後側で重ね合わせることによって、脚を一周させる。

ヒント
ロールからテープを切り離す際に内側のテープが剥がれないようにする。

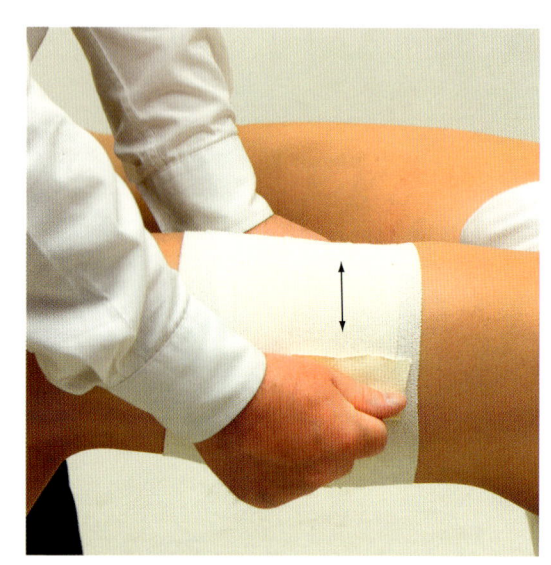

6 再度圧迫テープを1本目より半分上にずらして巻く。

7 繰り返し損傷部に圧迫テープを巻いていく。前側では常に最大限圧迫するようにする。

7 膝関節と大腿部

大腿四頭筋の打撲・肉離れ

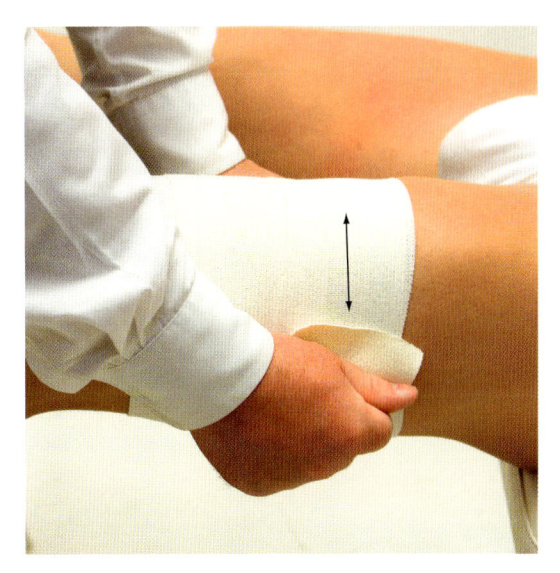

8 テープ全体が覆われるまで、近位に半分ずつずらしながら圧迫テープを巻き続ける。

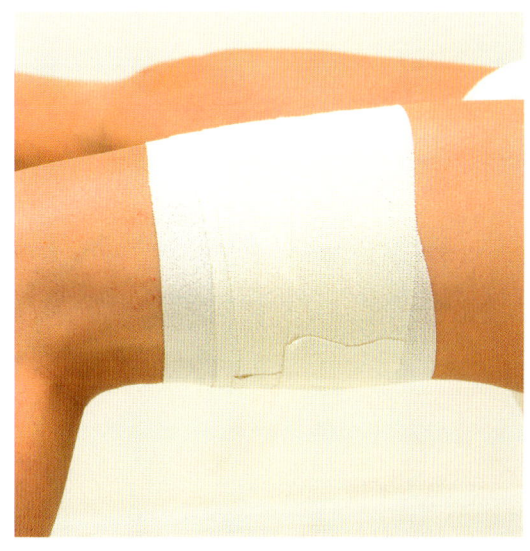

ヒント
損傷領域の上下にそれぞれ、少なくともテープ幅1本分の幅をとるように巻く。

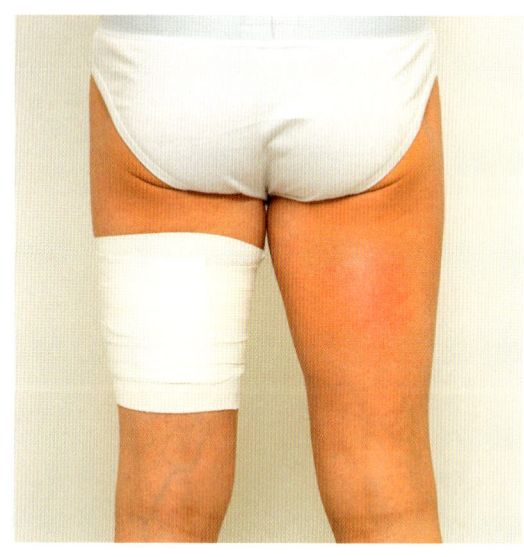

9 運動中に粘着性テープが剥がれることのないようにするため、圧迫テープの端の部分に非伸縮性テープを貼って仕上げる。

Section 2：実践

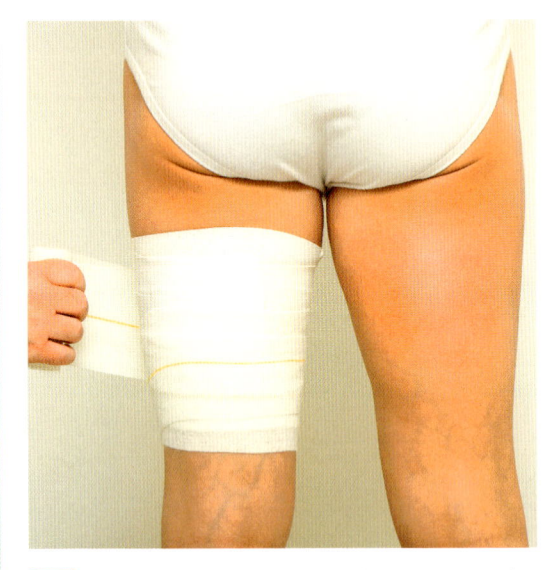

10 テープ全体に伸縮性ラップを巻き、テープに含まれる粘着分が固まるのに必要な時間をとり熱が加わるようにする（運動を始める前に剥がす）。

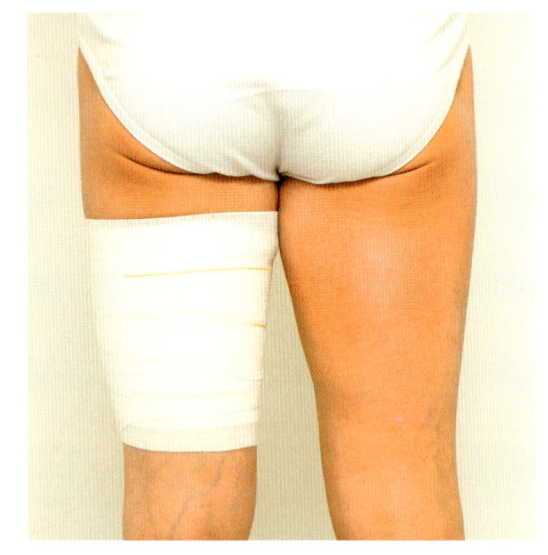

11 伸縮性ラップを非伸縮性テープで留める。

12 再度痛みの程度を評価する（等尺性運動、等張性運動、最大強度の動的運動）。

大腿四頭筋の打撲の評価

T（TERMINOLOGY）専門用語
- 大腿四頭筋のひとつに第1度から第3度の打撲を受ける（38ページの打撲の表を参照）

E（ETIOLOGY）病因
- ラグビーやサッカーなどで大腿部に直接打撃を受ける

S（SYMPTOMS）症状
- 損傷部位の疼痛および圧痛
- 直ちに治療しないと腫れや血腫の原因になる
- 自動運動検査：大腿四頭筋の能動的収縮時に痛みを感じる
- 他動運動検査：
  a. 膝関節屈曲時の痛み
  b. 股関節伸展時に痛みが増す
- 負荷検査（中間位）：大腿四頭筋に痛みや脆弱性を感じる
- 筋組織の局所変形を触知できることがある

T（TREATMENT）治療

初期
- アイシング
- テーピング：49ページの圧迫テープを参照
- 初期の段階では、ハムストリングを能動的に収縮させて強度を高める柔軟運動にかぎり実施してもよいが、過度の力を加えてはならない
- 各種治療法
- テープで圧迫して軽い運動をする

それ以降
- 以下の治療の継続
  a. 各種治療法
  b. 筋力強化運動：痛みのない範囲で
  c. ハムストリングおよび大腿筋膜張筋（TFL）のストレッチ
- テーピングを用いて痛みのない範囲で徐々に運動を再開する。49ページの圧迫テープを参照
- 固有受容性感覚回復のための動的プログラム

S（SEQUELAE）後遺症
- 血腫
- 初期にマッサージをすると骨化性筋炎の原因となる
- 初期に使いすぎると筋肉が完全に断裂する
- 筋力低下
- 瘢痕および柔軟性低下
- 肉離れを再発しやすくなる

Section 2：実践

内転筋（鼠径部）挫傷に用いるテーピング

目的
- 損傷した筋肉を局所的に支え、圧迫する
- 屈曲と伸展に関しては制限しない
- 局所圧迫を加えるも柔軟性を犠牲にしない
- 外転を制限するのに用いることもできる

適応
- 内転筋（鼠径部）の急性の肉離れ
- 内転筋（鼠径部）の慢性的な肉離れ
- 内転筋腱炎

材料
剃刀
タフナースプレー／粘着スプレー
10cm（4インチ）幅の伸縮性粘着包帯
7.5cm（3インチ）幅の伸縮性粘着包帯
3.8cm（1.5インチ）幅の非伸縮性白色テープ
15.2cm（6インチ）幅の伸縮性ラップ

注意
- 損傷部位を正確に特定しておく必要がある。
- 内転筋の恥骨付着部の損傷がないかどうかしかるべく評価し、損傷が疑われる場合には**医師に相談する**。
- 必要であれば、X線検査を実施して剥離骨折や疲労骨折（疲労骨折の初期にはX線写真には写らないため、CTスキャンが必要になる）のほか、同じ内転筋付近に痛みを感じる恥骨骨炎ではないことを確認する。
- 鼠径部の皮膚は柔らかく、炎症を起こしやすいため、入念な準備が不可欠になる（テーピングの前に患者にこの技術に関して十分説明をするほか、鼠径部付近はデリケートな領域であるため同意を得る必要がある）。
- テーピング後は、通常のトレーニング前／競技前のストレッチを細心の注意を払って実施する。しかるべくウォーミングアップと柔軟運動を実施すれば、再び損傷を来したり、現在の損傷を悪化させたりするリスクを低下させることができる。

損傷に関する詳細は、166ページのTESTSを参照。

膝関節と大腿部　7

内転筋（鼠径部）挫傷

姿勢

立位で膝をやや屈曲させ、踵をテープロールに載せて足を内側に向ける（これによって鼠径部の筋肉の張りを和らげる）。テーピング中にも頻繁に姿勢を確認するようにする。

手順

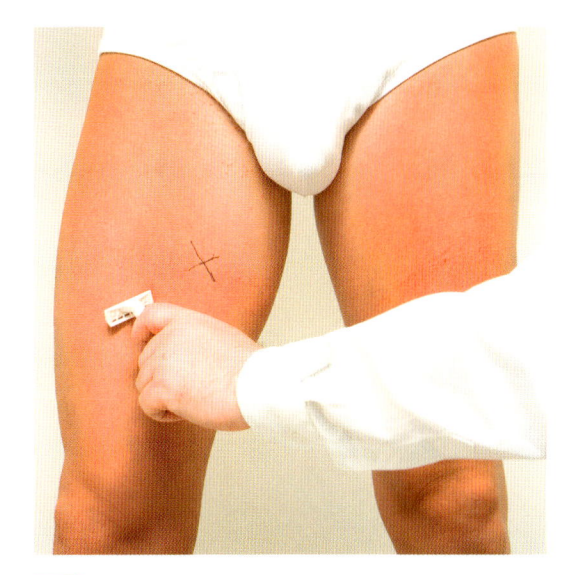

1 テープを貼る場所が清潔で、ほとんど体毛がないことを確かめ、必要であれば剃毛する（大腿上部、鼠径部の損傷の場合には患者に自ら剃毛してもらってもよい）。タフナーまたは粘着スプレーを使う前に、皮膚に切り傷、水ぶくれや炎症部位がないかどうか確認する。

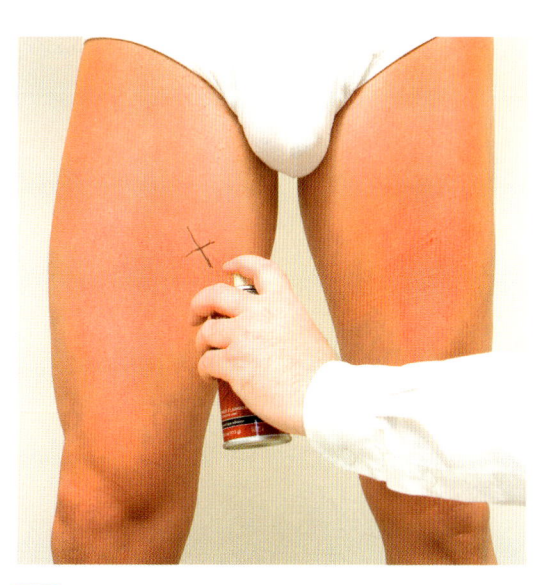

2 損傷部位を正確に特定し、印をつける。

3 大腿部の周りにタフナースプレーまたは速乾粘着スプレーを塗布して十分に乾かす（敏感な領域付近に塗布する際には注意を払う必要がある）。

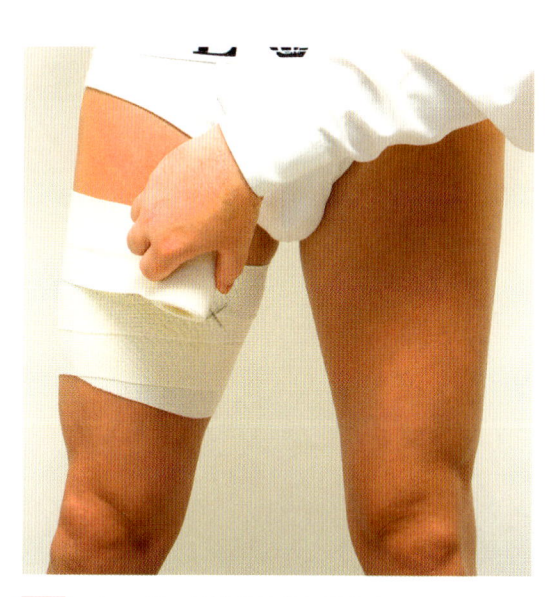

4 4cm幅の伸縮性粘着包帯をあまり引っ張らずに一周巻く。

5 引き続き2cmずつずらしながら、損傷部位の上下少なくとも7.5cmの位置まで土台となるテープを巻いていく。

163

Section 2：実践

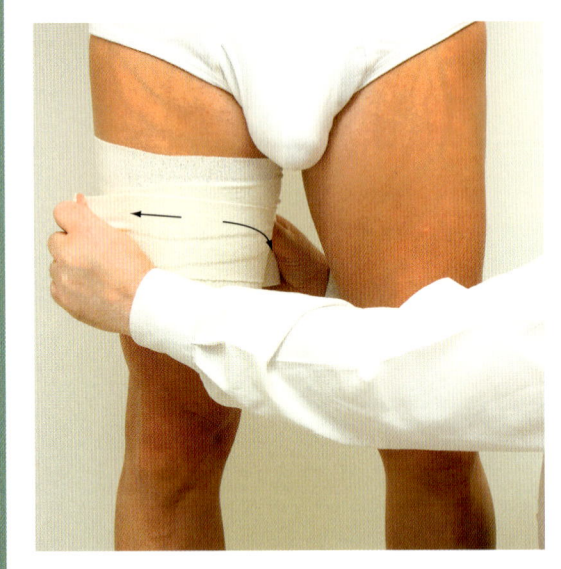

膝関節と大腿部

6 損傷部位のやや下側に1本目の圧迫テープを巻く。
a. まずテープを目一杯引っ張って、両手に等しく強い力を加えて貼る。テープが脚を3/4周したところではじめて力を抜く。

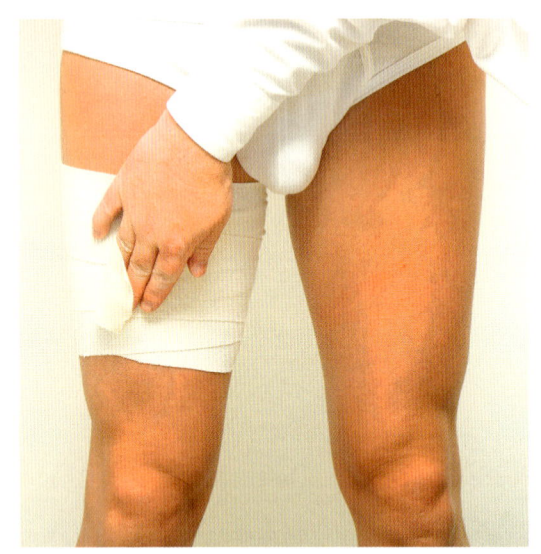

6b ほとんどないしまったく引っ張らずにテープの残りを貼って脚を一周させる。テープが剥がれて局所圧迫が損なわれることのないように気をつける。

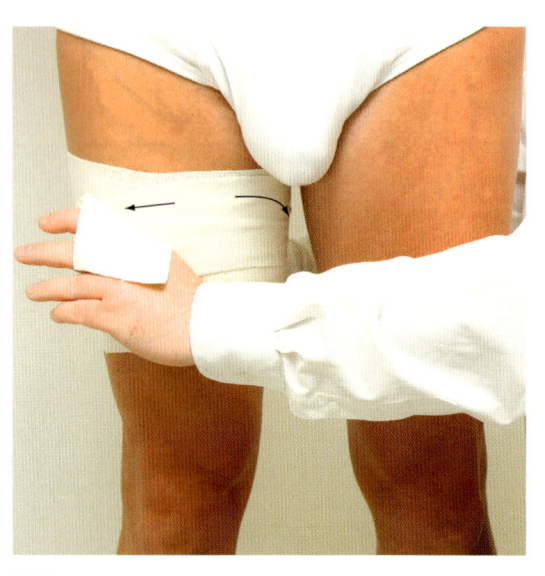

7 引き続き、1本目のテープの上半分と重なるように、前の項で説明したのと同じ要領で近位にテープを巻いていく。

注意
テープを巻き終わった際にしわや折り目があってはならない。

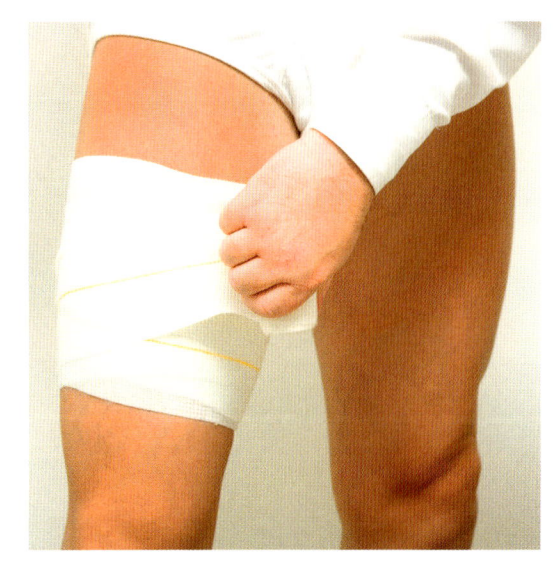

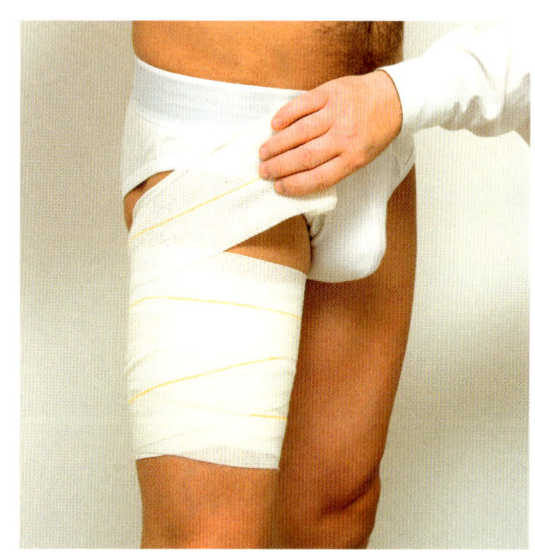

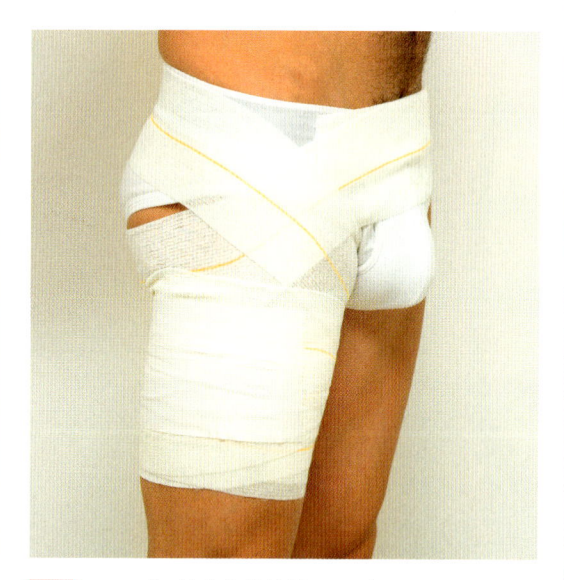

膝関節と大腿部

内転筋（鼠径部）挫傷

8 前の項で説明したのと同じ要領で、先ほど巻いたテープの端の部分に短めの非伸縮性テープを貼って覆う。

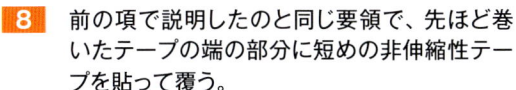

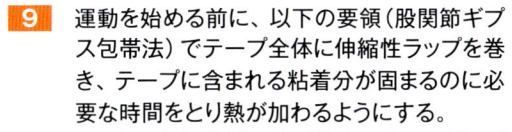

9 運動を始める前に、以下の要領（股関節ギプス包帯法）でテープ全体に伸縮性ラップを巻き、テープに含まれる粘着分が固まるのに必要な時間をとり熱が加わるようにする。
a. 大腿上部内側に変則的8の字テーピングを用いて大腿筋膜張筋を覆う。

9b 次に股関節、腰を一周させる。

ヒント
足をやや内旋させて正しい姿勢を維持するようにする。

10 ラップの端を非伸縮性テープで留める。

11 痛みの程度がどれだけ低くなったかを確認する（等尺性運動、等張性運動、最大強度の動的運動）。

注意
この"ギプス包帯"伸縮ラップはもう1本、内転をしやすくし、外転をしにくくできるくらいに強めに引っ張って巻くことによって補強することができる。

165

Section 2：実践

内転筋挫傷の評価

T（TERMINOLOGY）専門用語
- 内転筋腱のひとつに第1度から第3度の肉離れを起こす
- 内転筋を"伸ばして痛める"

E（ETIOLOGY）病因
- 内転筋が突然強く収縮する
- 内転筋を過度に伸ばす
- 筋肉が温まっていないと起こしやすくなる
- 慣れていない動作を繰り返すことによって筋肉を酷使する
- 各種スポーツのゴールキーパー、サッカー、ホッケーやフットボール、一部の陸上競技の選手によくみられる

S（SYMPTOMS）症状
- 損傷の程度および部位によって痛みが軽いこともあれば強いこともある
- 痛みが拡がることもあれば局所的なものであることもあり、恥骨に及ぶこともある。
- 血腫は必ずしもみられるものではない
- 自動運動検査：
    a. 股関節内転時にある程度痛みがある
    b. 自動外転時に筋肉が張って痛みを感じることもある
- 他動運動検査：股関節内転時の痛み
- 抵抗運動検査（中間位）：股関節内転時に痛みや脆弱性を感じる

T（TREATMENT）治療

初期
- RICES
- テーピング：162ページの内転筋挫傷に用いるテーピングを参照
- 各種治療法

それ以降
- 以下の治療の継続
    a. 横断摩擦マッサージ
    b. 筋力を回復するために、徐々に強度を上げて運動する（最初は等尺性運動と非荷重運動）
- テーピングを用いて痛みのない範囲で徐々に運動を再開する。

S（SEQUELAE）後遺症
- 痛みが残る
- 筋力低下
- 瘢痕および柔軟性低下
- 慢性的に損傷を繰り返す
- 筋肉の釣り合いが取れていないと、骨盤と腰椎に代償性に問題を生じることになる
- 骨棘が形成されることがある
- 血腫が骨化する可能性がある

RICES：安静（Rest）、アイシング（Ice）、圧迫（Compress）、挙上（Elevate）、支え（Support）

第8章　肩関節と肘関節

Section 2

　肩関節は体のあらゆる関節のなかでも最も可動性の高い関節のひとつである。この可動性のために、肩関節は急性、慢性を問わず損傷を来たしやすく、同関節の筋肉および関節包による支えに対する従属性が高くなっている。**肩鎖**関節はこれとは対照的に、可動性が低く、専ら靭帯による支えに対する従属性があるだけである。

　肘関節をみると、**腕尺関節**（真の肘関節）は膝関節によく似た蝶番関節である。膝関節と同じような損傷を来たし、膝関節／大腿部のセクションで示したテーピング原則を適用することになる。

　肘関節にテーピングをする主な目的とその価値は、関節の最大伸展を防ぐことにあり、横方向の動きを補強するかどうかは問題にされない。**橈尺関節**（前腕）と連動することによって大きく回内と回外（回旋）をすることができるため、側方靭帯まで考慮に入れたテーピングの総合的な効果は求めないことになる。

Section 2：実践

解剖学的領域：肩関節

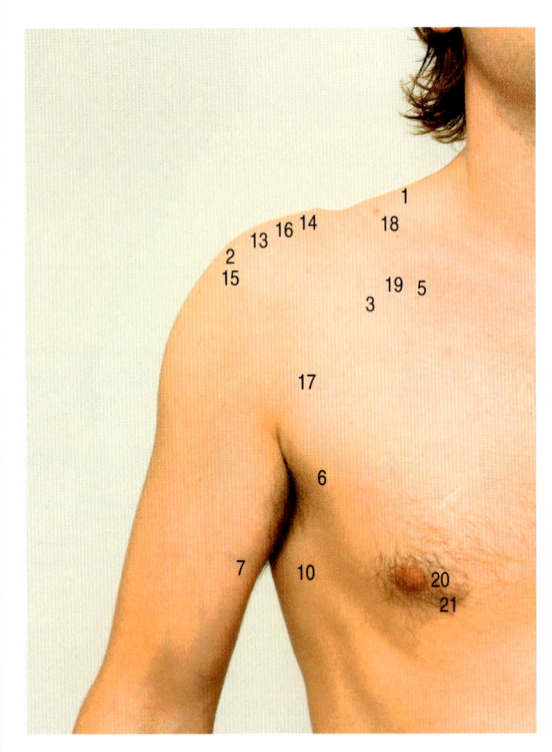

筋肉
1. 僧帽筋
2. 三角筋
3. 三角筋前縁
4. 大胸筋
5. 大胸筋上縁
6. 大胸筋下縁
7. 上腕二頭筋短頭
8. 烏口上腕筋
9. 大円筋
10. 前鋸筋
11. 上腕三頭筋

腱
12. 広背筋腱

骨
13. 肩甲骨肩峰
14. 鎖骨肩峰端
15. 大結節

関節
16. 肩鎖関節

凹み
17. 三角筋胸筋溝
18. 鎖骨上窩
19. 鎖骨下窩

その他
20. 乳輪
21. 乳頭

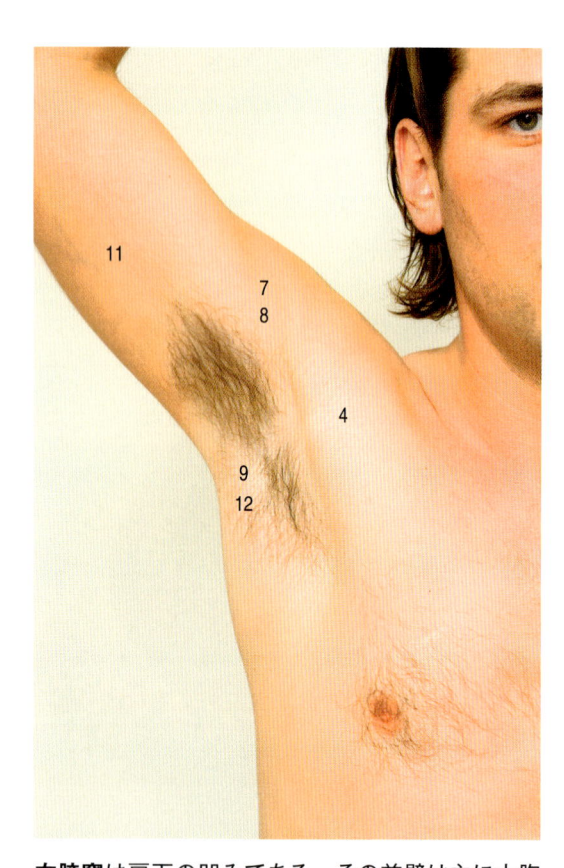

正面から見た右肩
腕はやや外転させている
- 男性の乳頭（21）は一般に第4肋間腔の高さに位置する。
- 橈側皮静脈の通る三角筋胸筋溝は三角筋（2）と大胸筋（5）が隣接する境界をなしている。
- 大胸筋下部（6）は前腋窩ヒダを形成している。

右腋窩は肩下の凹みである。その前壁は主に大胸筋（4）とその後側にある小胸筋の線維で構成される。後壁は大円筋（9）とそのすぐ前にある広背筋腱（12）で構成される。大胸筋の近くには、上腕二頭筋短頭（7）と烏口上腕筋（8）からなる筋束が腕を走り、そのすぐ後ろに腋窩動脈を囲む上腕神経叢神経束が走っている。腋窩は腕や、何よりも乳房からのリンパ液を排出するリンパ節にとってもきわめて重要な部位である。

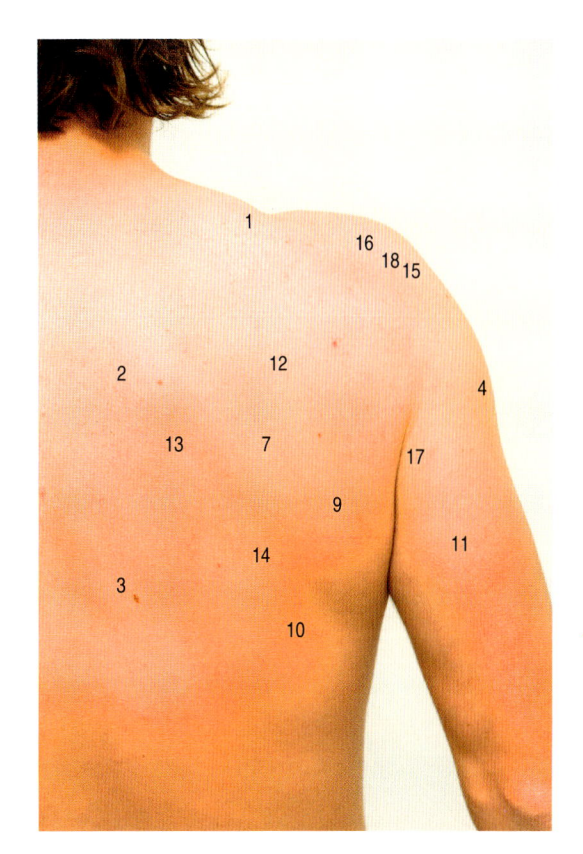

8 肩関節と肘関節

解剖学的領域／肩関節

筋肉
1. 僧帽筋（上部線維）
2. 僧帽筋（中部線維）
3. 僧帽筋（下部線維）
4. 三角筋
5. 大菱形筋
6. 棘上筋
7. 棘下筋
8. 小円筋
9. 大円筋
10. 広背筋
11. 上腕三頭筋

骨

12. 肩甲骨棘
13. 肩甲骨椎骨縁
14. 肩甲骨下角
15. 肩峰
16. 鎖骨肩峰端

神経

17. 上腕骨後方の腋窩神経

関節

18. 肩鎖関節

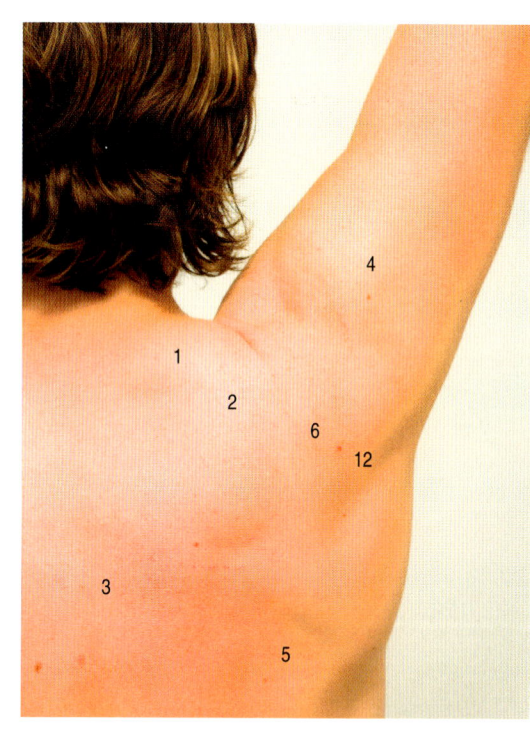

後ろから見た右肩

腕はやや外転させてあり、肩関節を抵抗に逆らって屈曲させることによって肩甲骨下角（14）を後ろに突き出ている。

- 肩甲骨下角（14）は通常、第7肋間腔の高さに位置し、広背筋（10）上縁と重なっている。
- 腋窩神経（17）は、肩峰（15）の下 5-6 cm、上腕骨骨幹部の背側に位置する三角筋（4）を横走している。
- 広背筋（10）と大円筋（9）が腋窩後壁下側の境界をなしている。

右肩、腕挙上時

体幹の姿勢を維持している間は、右腕を約180°外転させることができる。左肩甲骨は正常な安静位にあるが、筋肉を硬直させて関節窩が外側を向くようにしている。右肩甲骨は僧帽筋の活動によって約70-75°回旋し、回旋以外の動きは肩関節によるものとなっている。三角筋（4）、肩関節の外転筋のほか、僧帽筋（2）に隠れている棘上筋（6）にも確かに動きが認められる。

169

Section 2：実践

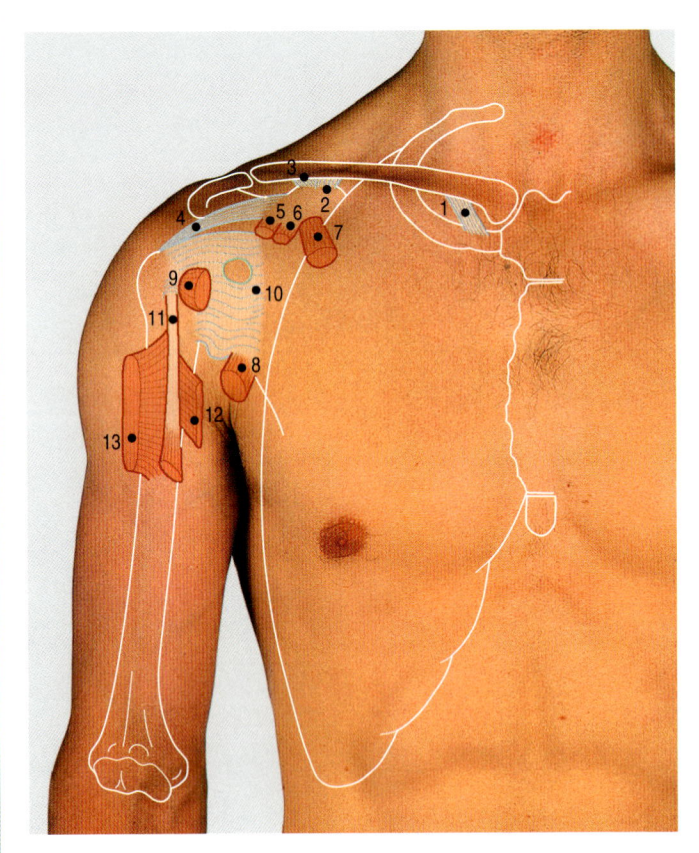

肩関節と肘関節

肩関節：前側
1. 肋鎖靭帯 2. 円錐靭帯 3. 菱形靭帯 4. 烏口上腕靭帯 5. 上腕二頭筋短頭 6. 烏口上腕筋 7. 小胸筋 8. 上腕二頭筋長頭 9. 肩甲下筋 10. 肩関節の前方関節包と肩甲下滑液包 11. 上腕二頭筋長頭 12. 広背筋 13. 大胸筋

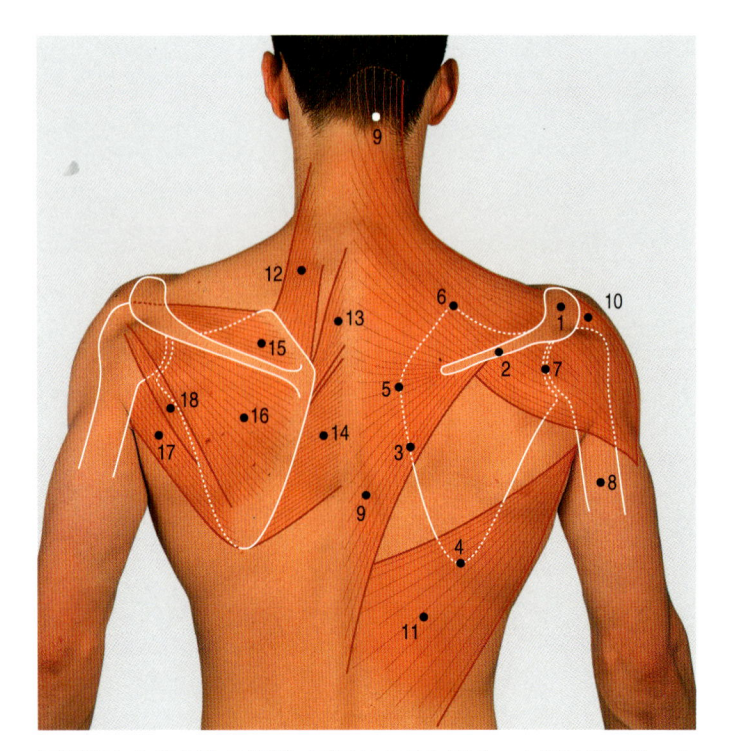

肩関節および上腕の後側：肩甲骨の骨と筋肉　右側は浅層筋、左側は深層筋
1. 肩峰 2. 肩甲骨棘 3. 肩甲骨内側縁 4. 肩甲骨下角 5. 肩甲骨内角 6. 肩甲骨上角 7. 肩甲関節窩 8. 上腕骨 9. 僧帽筋 10. 三角筋 11. 広背筋 12. 肩甲挙筋 13. 菱形筋 14. 大菱形筋 15. 棘上筋 16. 棘下筋 17. 大円筋 18. 小円筋

解剖学的領域：肘関節

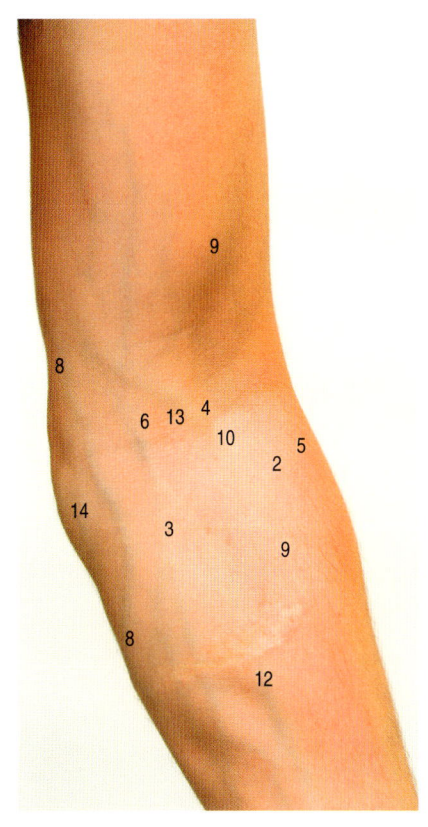

正面から見た前腕

a. 正面から見た左肘関節
皮静脈がM字型をなして走行している。橈側皮静脈（9）と尺側皮静脈（8）が肘正中皮静脈によって結ばれ、その肘正中皮静脈には前腕正中皮静脈が注ぎ込む。肘窩の構造は外側から順に上腕二頭筋腱（4）、上腕静脈（13）、正中神経（6）となっている。

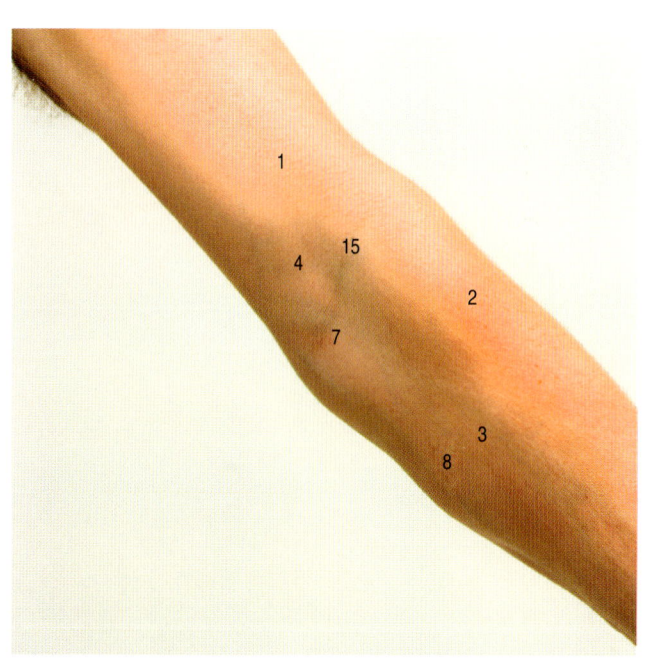

筋肉
1. 上腕二頭筋
2. 腕橈骨筋
3. 円回内筋
4. 上腕二頭筋
5. 橈側手根屈筋

神経
6. 正中神経

筋膜
7. 上腕二頭筋腱膜

静脈
8. 尺側皮静脈
9. 橈側皮静脈
10. 橈側正中皮静脈
11. 尺側正中皮静脈
12. 前腕正中皮静脈

動脈
13. 上腕動脈

骨
14. 内側上顆
15. 外側上顆

肩関節と肘関節

解剖学的領域／肘関節

Section 2：実践

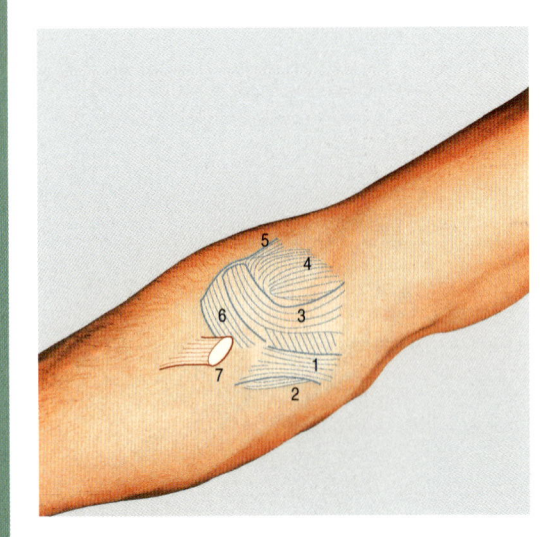

肘関節：前側
1．内側靭帯の前線維束　2．内側靭帯の横線維　3、4．前関節包　5．外側靭帯　6．輪状靭帯　7．上腕二頭筋腱

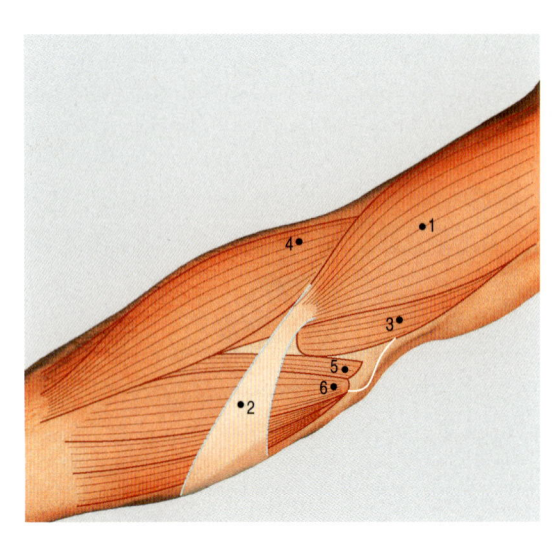

肘窩：軟部組織
1．上腕二頭筋　2．上腕二頭筋腱膜　3．上腕筋　4．腕橈骨筋　5．円回内筋　6．屈筋群共通の起始部

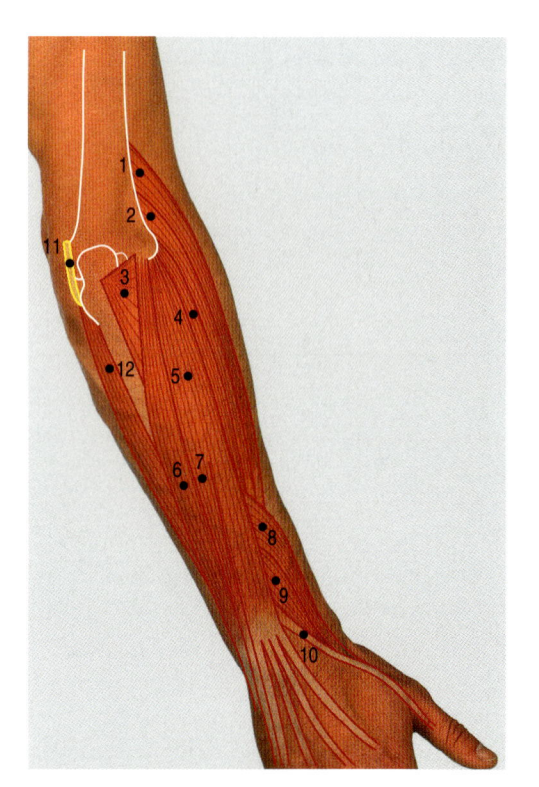

肘関節と前腕の後側：浅層筋
1．腕橈骨筋　2．長橈側手根伸筋　3．肘筋　4．短橈側手根伸筋　5．総指伸筋　6．尺側手根伸筋　7．小指伸筋　8．長母指外転筋　9．短母指伸筋　10．長母指伸筋　11．尺骨神経　12．尺側手根屈筋

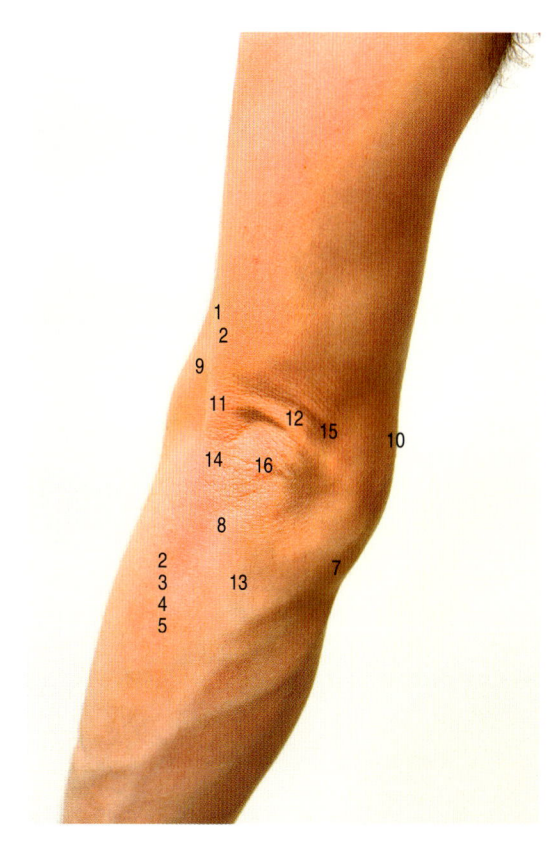

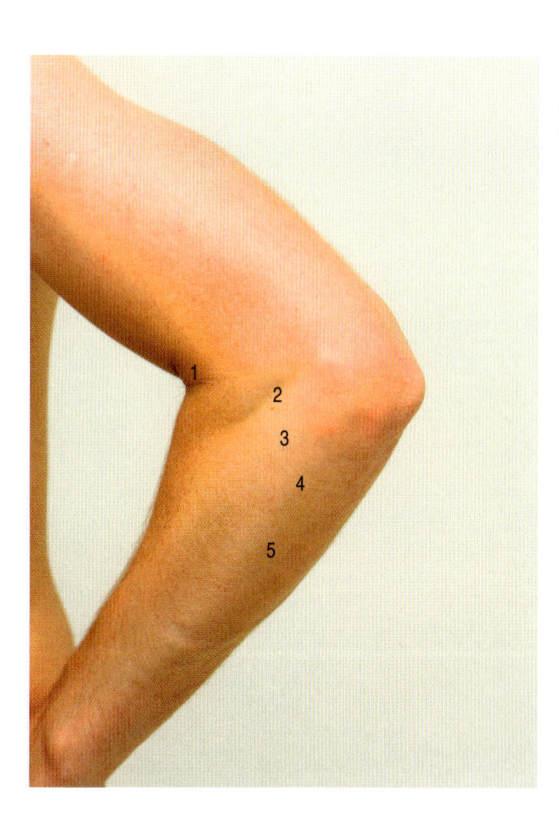

肩関節と肘関節

前腕の後側
表層の伸筋群はいずれも外側上顆と顆上稜に起始する。顆上稜に起始する腕橈骨筋（1）は、屈筋としての役割があることを踏まえて前側の筋肉のところにも記載した。長橈側手根伸筋（2）は長橈側手根伸筋の下に位置し、同じく顆上稜に起始する。さらにその下には短橈側手根伸筋（3）があり、外側上顆に起始する。以上の筋肉が前腕後側の橈側を走行していることはきわめて容易に確認することができる。

後ろから見た左肘関節
肘関節を最大伸展させると、伸筋が外側に隆起する。近傍の凹みの部分には、橈骨頭（14）と上腕骨小頭（11）があり、これが肘関節のなかで橈骨と上腕骨を結ぶ線になっている。上腕骨の内側上顆と外側上顆（9、10）はいずれも触知することができる。突き出た尺骨肘頭（12）の部分では皮膚がしわになっている。この腕の写真には肘頭滑液包（16）の辺縁の輪郭がわかる。この領域できわめて重要な構造が尺骨神経（15）で、内側上顆（10）の後側で上腕骨と接しており触知することができる。尺骨後縁（13）は全長にわたって皮下に位置する。

- 肘関節を伸展させると、内側上顆と外側上顆と肘頭が同じ高さにくるが、屈曲させると肘頭の位置が低くなる。
- 内側上顆の後側の尺骨神経は皮下に位置するため、触知しやすくなっている。損傷を来たしやすく、手の尺側に異常感覚（しびれ感）が生じることになる。この領域は"ファニーボーン"と呼ばれることが多い。

筋肉
1. 腕橈骨筋
2. 長橈側手根伸筋
3. 短橈側手根伸筋
4. 総指伸筋
5. 尺側手根伸筋
6. 上腕二頭筋
7. 尺側手根屈筋
8. 肘筋

骨
9. 上腕骨の外側上顆
10. 上腕骨の内側上顆
11. 上腕骨小頭
12. 尺骨肘頭
13. 尺骨後縁
14. 橈骨頭

神経
15. 橈骨神経

滑液包
16. 肘頭滑液包の辺縁部

解剖学的領域／肘関節

Section 2：実践

肩鎖関節捻挫・肩関節離開に用いるテーピング

目的
- 肩鎖（AC）関節を圧迫して安定させる
- 鎖骨遠位端を押さえこみつつ、肩関節の機能はほとんど制限しない
- 弾性的に支えて外転をしやすくする。

適応
- 急性AC捻挫
- 肩関節の亜急性の脱臼
- 肩関節の慢性的な脱臼
- AC関節の痛みを随伴する慢性的な階段状の変形

> **ヒント**
> 正しい姿勢をとることによって階段状の変形を矯正ないし整復することができる。

> **注意**
> - 急性損傷を来たしたアスリートには、きちんと調べないまま競技を再開させてはならない（損傷の重症度が増すリスクが増大する）。
> - スポーツ医学専門医による経過観察を通して正しい診断を受けるようにする。
> - 特に何らかの変形がみられる場合には、必ずX線写真による評価を実施する。
> - このテーピングは、乳房の下に胸部アンカーを巻き、縦に巻くアンカーの前側の端を正中線寄りにもっていくことによって女性アスリートにも用いることができる。
> - テーピング中、テーピング前後に、神経や血管に問題がないことを確認するために四肢の感覚、脈拍の強さ、静脈還流量をモニタリングする。
> - 腋窩（わきの下）の皮膚に圧痛があれば、特に注意して保護する必要がある。

材料

長方形に切ったフェルトパッドまたは超高密度フォームパッド
5×3.6 cm（2×1.5インチ）で厚み1 cm
（0.5インチ）、AC関節に貼る
正方形に切ったガーゼ、薄めのフェルトパッドまたはアンダーラップを折りたたんだもの
3.6×3.6 cm（2インチ四方）で乳頭に貼る
剃刀
タフナースプレー／粘着スプレー
3.8 cm（1.5インチ）幅の非伸縮性テープ
7.5 cm（3インチ）幅の伸縮性粘着包帯
5 cm（2インチ）幅の伸縮性粘着包帯

損傷に関する詳細は、180ページのTESTSを参照。

肩関節と肩関節　　8

肩鎖関節捻挫・肩関節離開

姿勢
座位になって力を抜き、肘と前腕を固めのクッション性のものでしっかり支えるようにする。

手順

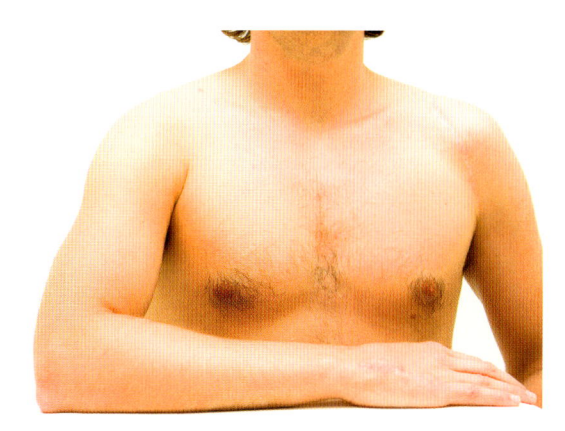

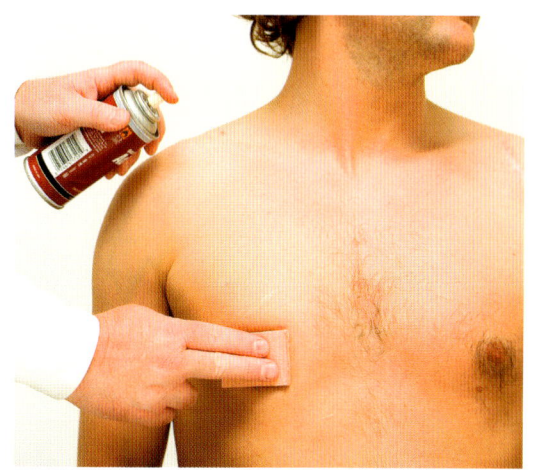

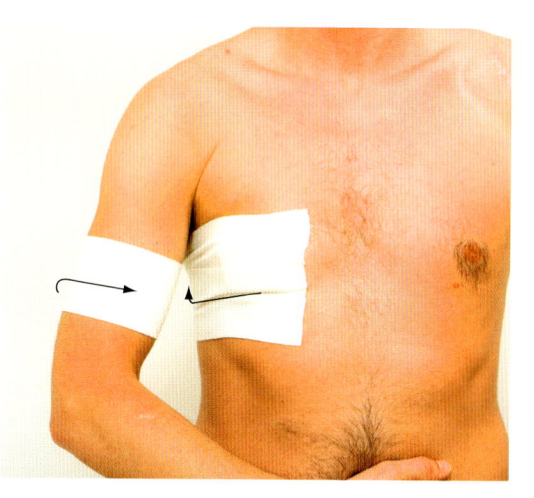

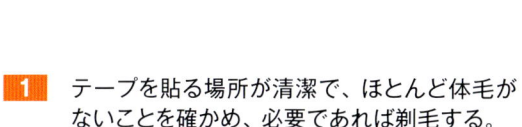

1 テープを貼る場所が清潔で、ほとんど体毛がないことを確かめ、必要であれば剃毛する。

2 タフナーまたは粘着スプレーを使う前に、皮膚に切り傷、水ぶくれや炎症部位がないかどうか確認する。

注意
テープを巻き始める前に感覚、脈拍、体温および皮膚の色を必ず確認する。

注意
粘着スプレーと組み合わせて固定用テープを用いてもよく、その場合には上腕を一周させずに、上腕骨中部を前から後ろにかけて半周させて済ませることもできる。

3 粘着力を最大限に高めるべくテープを巻く領域にテープ用粘着剤を塗布して、アンカーをしっかり固定できるようにする。

ヒント
スプレーを塗布する際は顔を横に向けさせるほか、乳頭にかからないようにする。

4 上腕骨中部に7.5cm（3インチ）幅の伸縮性粘着包帯を用いて、あまり引っ張らずにアンカーを巻く。

ヒント
アンカーの最後の7.5cm（3インチ）は引っ張ることなく貼り、テープが"めくれ返る"ことのないようにしっかり貼りつける。

5 胸部に7.5cm（3インチ）幅の伸縮性粘着包帯でアンカーを2本横方向に巻く。第5肋骨の高さに、前側から後側に軽く圧迫するように貼っていく（男性の場合には特に、乳頭にガーゼ、アンダーラップまたはフェルトパッドを貼る）。

175

Section 2：実践

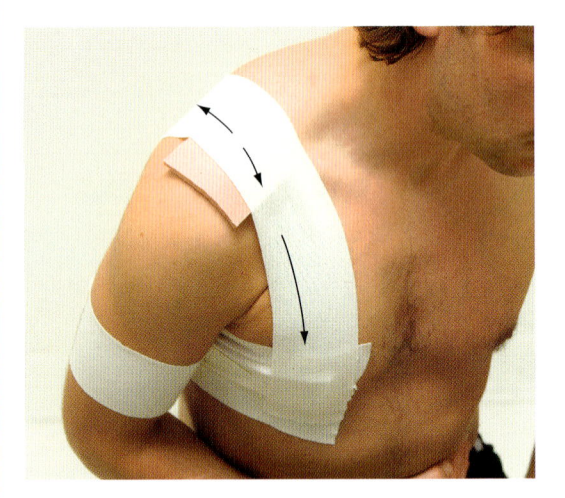

6 フェルトパッドまたは高密度フォームパッドをAC関節の隆起部を覆える大きさに切る（目安は3.5×5cmで、厚みは最低1cm）。

7 7.5cm幅の伸縮性粘着包帯を適度に引っ張るようにして、AC関節の上端部（鎖骨外側端とそれに隣接する肩峰）に直接パッドを当てて留める。

ヒント
この段階でも座位になって姿勢を安定させ、前腕を支えるようにする。

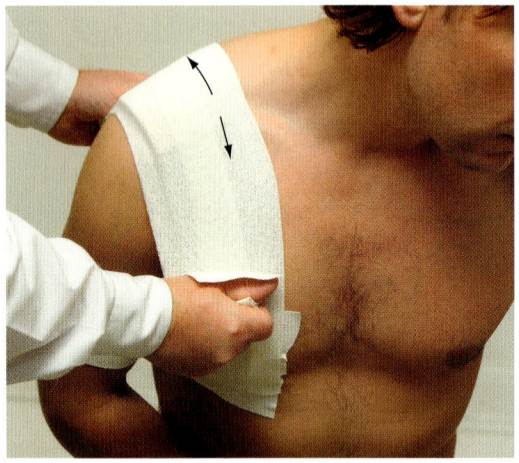

8 鎖骨遠位端に、圧迫テープを真下に向かって貼る。伸縮性テープを横にできるだけ引っ張って、それを維持したままパッドに覆い被せるように強く圧迫しながら下に貼っていく。テープの両端が前後とも（腹側、背側とも）胸部アンカーに達してはじめて張力を緩める。

ヒント
最後の7.5cmは、留める際にまったく引っ張ることのないようにする。

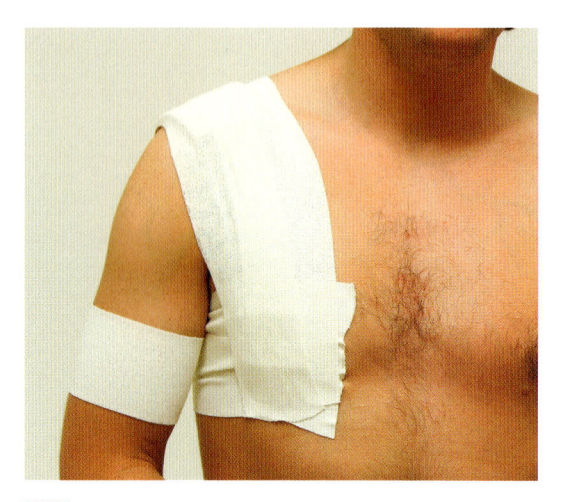

9 1本目より外側に半分ずらして、もう1本圧迫テープを貼る。

注意
再び感覚、脈拍、体温および皮膚の色を確認する。

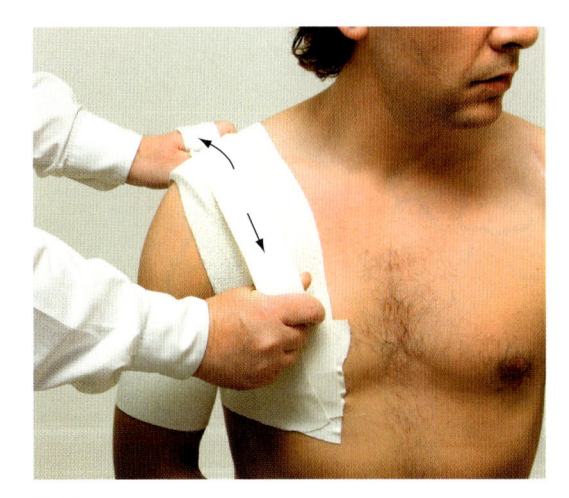

肩関節と肘関節 8

肩鎖関節捻挫・肩関節離開

10 3.8 cm幅の非伸縮性テープを貼ることによって安定性を高める。
a. テープを横に強く引っ張りながら、AC関節に当てたパッドの上側（上方）を強く圧迫するようにして下に向かって貼っていく。

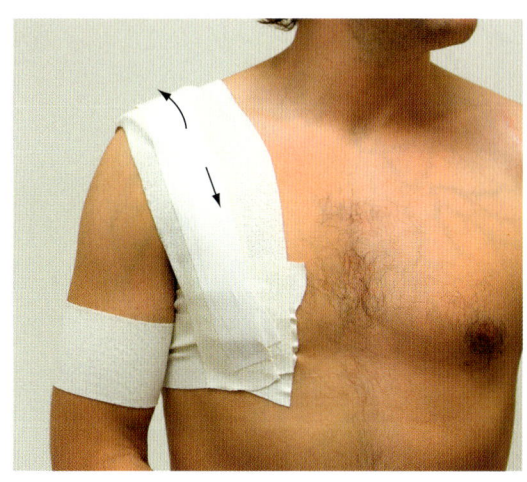

b. ここで貼るテープは必ずアンカーの端まで達するようにする。

ヒント
アンカーに達するまでは絶対に張力を緩めてはならない。

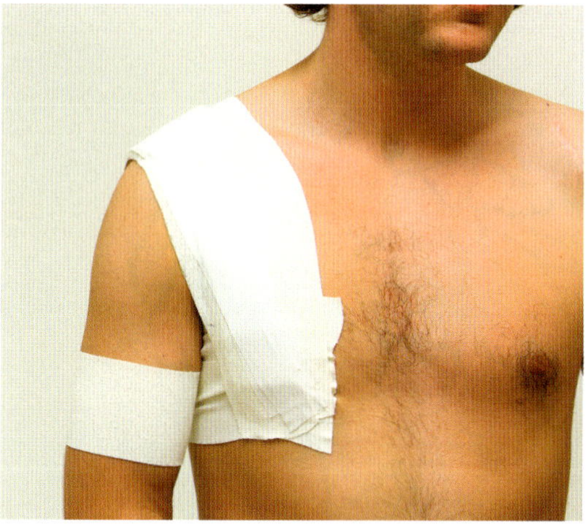

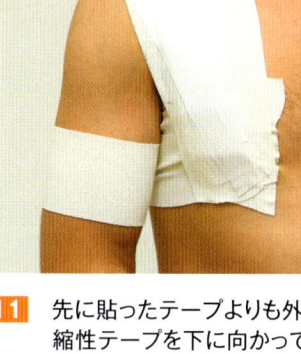

11 先に貼ったテープよりも外側にもう1本、非伸縮性テープを下に向かって貼っていく。

注意
ここで貼ったテープによって鎖骨遠位端の安定性が増し、関節の解剖学的に正常な位置に近づけることができる。

177

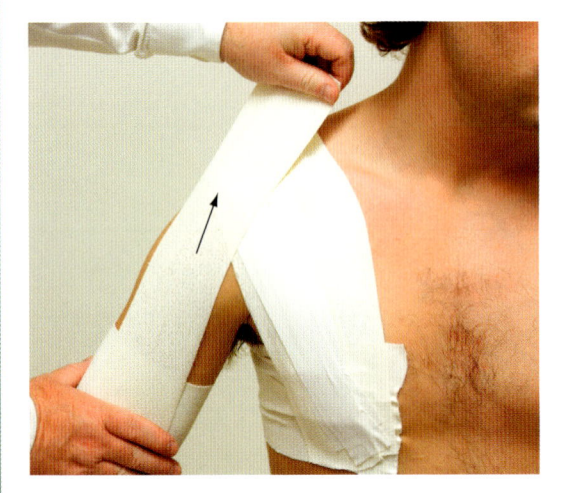

Section 2：実践

12 **a.** テープを固定するために、胸部アンカーの位置に再度アンカーを巻く。
b. 腕を約45°外転させ（患者に手を股関節に当ててもらうようにする）、7.5 cm幅の伸縮性粘着包帯を腕のアンカーの外側から貼り始め、前側を進んでパッドの真上を通り、関節の遠位部にかかる腕の重みを軽くするために強く引っ張り上げる。

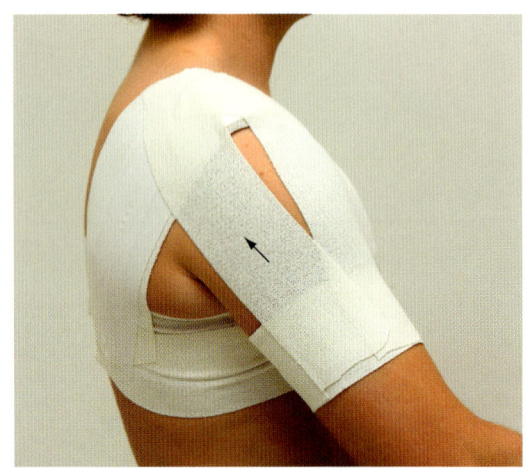

13 同じようにもう1本、腕の後外側から貼り始めて三角筋の後側の部分で強く引っ張り上げる。

注意
この2本のテープの組み合わせは、正しく貼れば外転がしやすくなる。

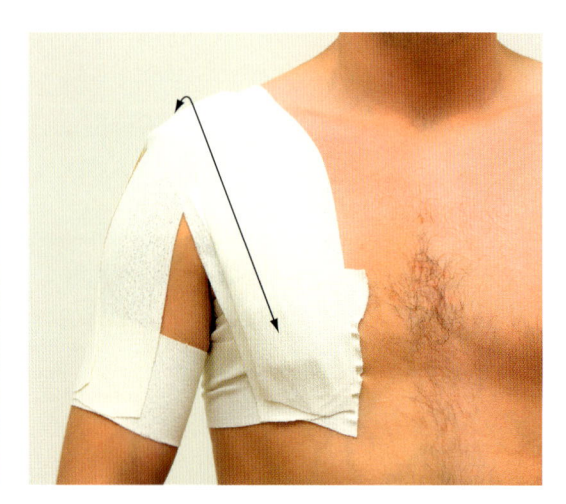

14 伸縮性粘着包帯を用いて、この2本のテープの真ん中を通るようにアンカーを貼る。

肩関節と肩関節 8

肩鎖関節捻挫・肩関節離開

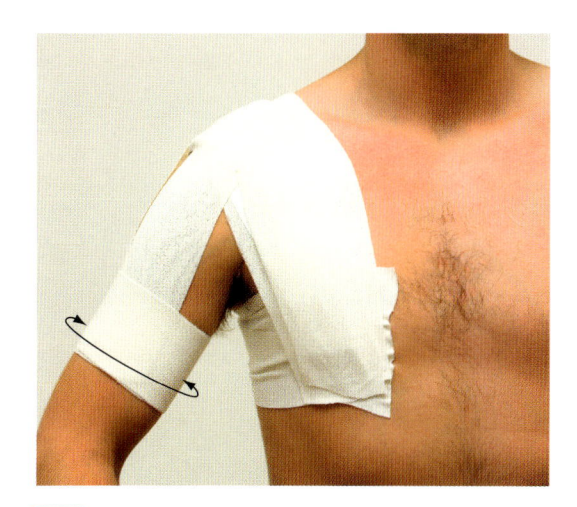

15 再び上腕骨（腕）のアンカーを貼る（固定用テープを用いる場合は、皮膚と接触させるために最初のアンカーの両端をやや越えるように貼る）。

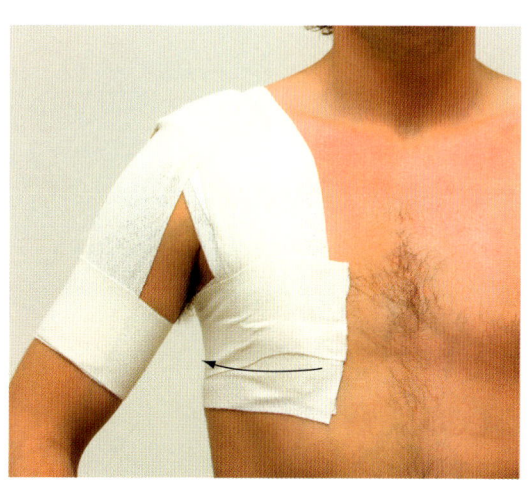

16a 縦サポートの下端を固定するために、伸縮性粘着テープで胸部に横方向のアンカーを巻いて仕上げる。

注意
再び感覚、脈拍、体温および皮膚の色を確認して、テーピングによって血液循環が損なわれていないのを確かめる。

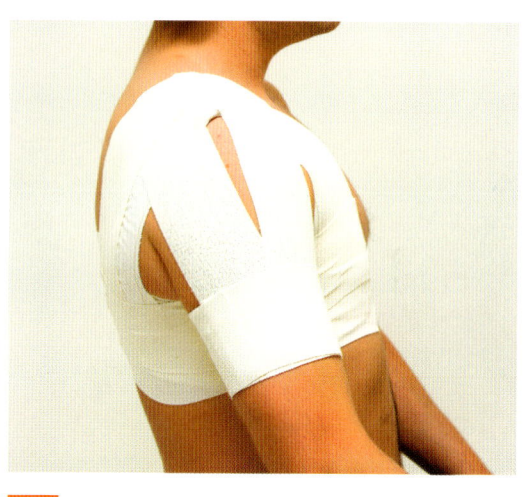

16b 横から見たテーピング終了時の様子

17 テーピング後に痛みの軽減具合を評価する（静止状態および支えなしでの腕の屈曲および外転時）。

ヒント
急性期には、腕の重みを支えるのに吊り包帯またはカラーアンドカフを用いてもよい。

注意
AC関節に治療が奏効して問題が少なくなれば、腕にテープを巻く作業は任意となる。

179

肩鎖関節捻挫・肩関節離開の評価

T（TERMINOLOGY）専門用語
- 肩鎖関節捻挫：第1度から第3度

E（ETIOLOGY）病因
- 肩部に直接衝撃を受ける
- 肩の先から転倒、着地する
- 腕を伸ばした状態で激しく手を着く
- ホッケー、ラグビー、アメリカンフットボール、乗馬、武道によくみられる

S（SYMPTOMS）症状
- 肩鎖関節上面の疼痛および圧痛
- 局所的な腫れおよび紫斑
- 自動運動検査：どの動きにも痛みが伴い、特に屈曲時と水平内転時に痛みを感じる
- 抵抗運動検査：どんな動きでも痛みがある
- 他動運動検査：水平内転時に痛みを感じる
- ストレス検査：第2度ないし第3度の捻挫の場合には痛みにさまざま段階があり、鎖骨と肩峰との間に階段状の変形がみられる

T（TREATMENT）治療

初期
- RICES
- テーピングによる支え：最初の48時間は吊り包帯を用いるとさらに支えを得ることができる
- 各種治療法
- 第2度ないし第3度の捻挫の場合には、少なくとも3週間は運動してはならず、機能的治療を開始するにあたっては何らかの支えが必要になる。

> **注意**
> 第3度のなかでも重度であれば手術が必要になることがある。

それ以降
- 以下の治療の継続
  a. 各種治療法
  b. 可動域と柔軟性を高める運動
  c. 筋力強化：最初は等尺性運動
  d. 耐えられるところまで慎重に機能的筋力強化訓練の強度を高めていく
- テーピングを用いて痛みのない範囲で徐々にスポーツ活動に復帰する。
- 接触のあるスポーツでは、ドーナツ型のフェルトパッドを関節に当てると、衝撃から関節を守ることができる

> **注意**
> 運動の再開が早すぎると新たな損傷を来たすリスクが生じ、第2度の捻挫が第3度（完全断裂）に上がる原因となる。
>
> AC関節を直接またぐ筋肉がないため、筋力を強化しても同関節が特異的に補強されるわけではない。

S（SEQUELAE）後遺症
- 不安定性
- 慢性的な痛み
- 三角筋や僧帽筋の捻挫が随伴すると筋力低下が残る原因となる
- 関節の変形：骨棘形成
- "クリック音"

RICES：安静（Rest）、アイシング（Ice）、圧迫（Compress）、挙上（Elevate）、支え（Support）

肘関節過伸展による捻挫に用いるテーピング

目的
- 肘関節の外側を支える
- 前腕の伸展の最後の30°と最大回内を制限する
- 屈曲は制限せず、回外もほとんど制限しない

適応
- 急性、亜急性または慢性の肘関節過伸展による捻挫
- 後側のインピンジメント症候群
- 肘関節内側捻挫、内側のXサポートを強めに貼る
- 肘関節外側捻挫、外側のXサポートを強めに貼る
- 複合靱帯捻挫
- 肘関節の骨折、脱臼による慢性的な不安定性

材料
剃刀
タフナースプレー／粘着スプレー
アンダーラップ
5cm（2インチ）幅の伸縮性粘着包帯
7.5cm（3インチ）幅の伸縮性粘着包帯
3.8cm（1.5インチ）幅の非伸縮性テープ
7.5cm（3インチ）幅の伸縮性ラップ包帯

注意
- スポーツ医学専門医による正確な診断を受けるようにする。
- 骨折でないことを確認するためにX線検査を実施する必要がある。
- 外側のストレス検査の際、肘関節15°屈曲位で痛みまたは弛緩性があるようであれば、内側または外側に支えが必要になる。
- 炎症を起こしやすい構造には、上腕二頭筋腱、肘関節皮線の柔らかい皮膚のほか、尺骨神経溝の後内側にみられる尺骨神経（別名"ファニーボーン"）がある。
- 前腕のアンカーがきつすぎると、前腕の血液循環が制限される。

損傷に関する詳細は、186ページのTESTSを参照。

Section 2：実践

姿勢

座位になって肘を40°屈曲させておく。前腕は回内も回外もさせずに正中位に保ち、手は機能肢位に保つようにする。

手順

1 テープを貼る場所が清潔で、ほとんど体毛がないことを確かめ、必要であれば剃毛する。

2 タフナーまたは粘着スプレーを使う前に、皮膚に切り傷、水ぶくれや炎症部位がないかどうか確認する。

注意
テーピング前に手の感覚、脈拍、温度および色を必ず確認する。

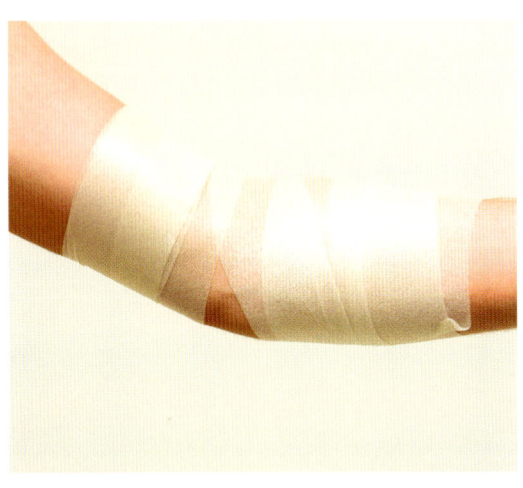

3 前腕に近位（上部）1/3、上腕の遠位（下部）1/3にアンダーラップを巻く。

注意
何度も激しく肘を動かすスポーツに復帰する際には、上腕二頭筋腱と柔らかい皮膚を保護するために、肘関節の前側にパッドと潤滑剤を用いる。

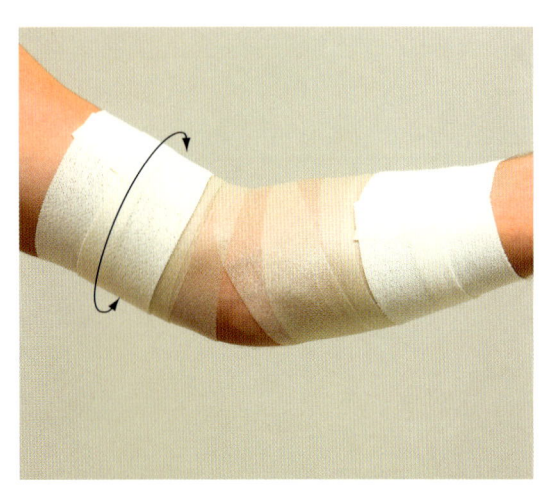

4 上腕中部に5cm幅の伸縮性粘着包帯でアンカーを2本、できるだけ引っ張らずに半分がアンダーラップを覆い、もう半分は直接皮膚を覆うように巻く。

5 前腕の中下部にも同じようにアンカーを2本巻く。

肩関節と肘関節

肘関節過伸展による捻挫

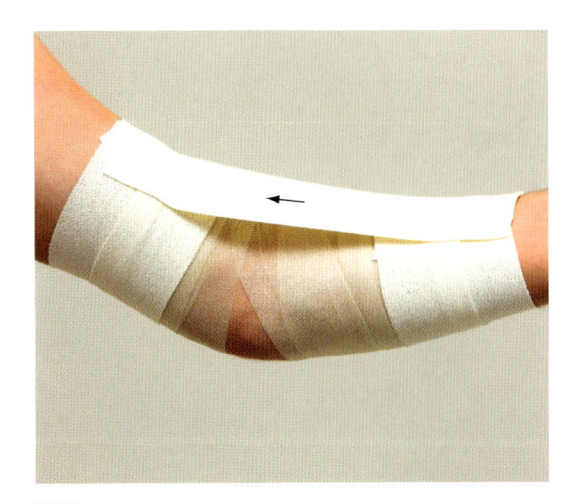

6 「止め手綱」を作るために、肘を45°屈曲させ、5cm幅の伸縮性粘着包帯を用いて下部アンカーから上部アンカーへ、肘関節前側にまっすぐ引っ張るようにして縦サポートを貼る。

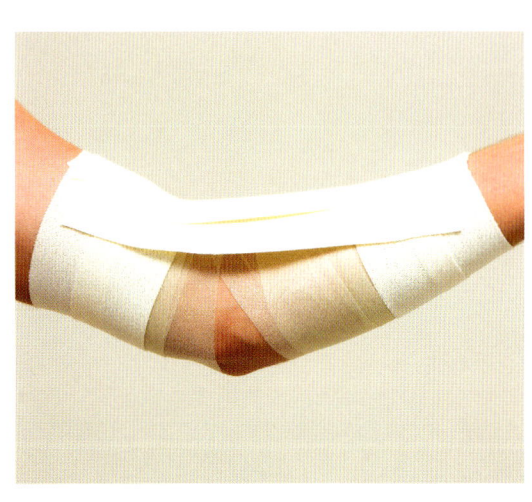

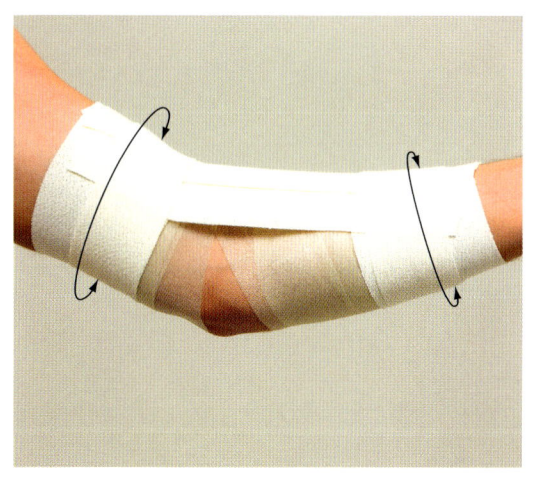

7 外側に半分ずらしてもう1本貼る。

8 先に巻いたテープの両端にアンカーを巻く。

ヒント
肘関節を目一杯伸ばした状態で30°屈曲しているくらいの強度で引っ張って貼るようにする。

ヒント
必ず手を機能肢位に保っておくようにする。

Section 2：実践

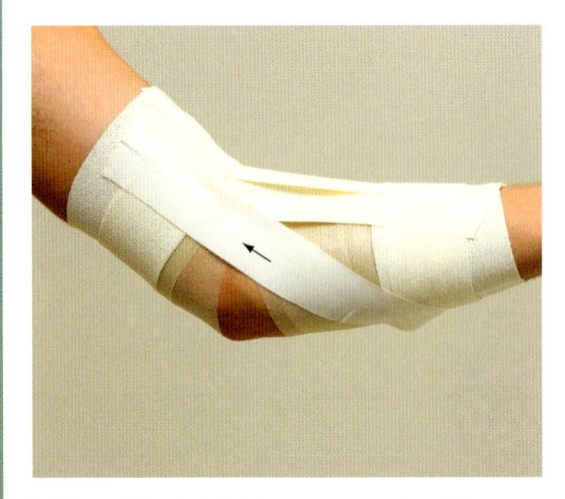

9　内側の安定性を高めるため、肘関節を35°屈曲させ、3.8cmの非伸縮性テープを用いて遠位アンカーから上部アンカーに縦サポートを強く引っ張るようにして貼る。

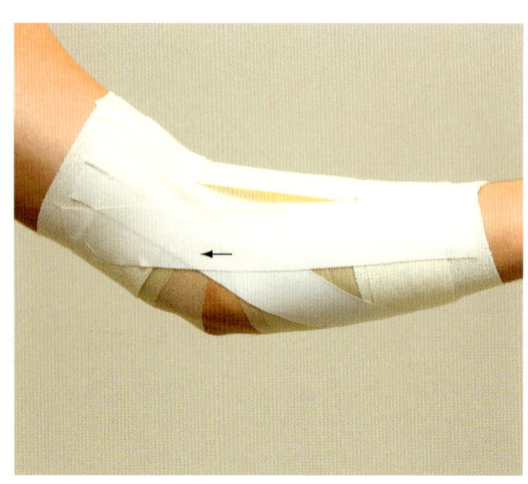

10　もう1本同じく強く引っ張るようにして貼り、肘関節の内側関節裂隙にXを作る。

注意
内側捻挫の場合には内反（内側に曲げる）位をとるようにして内側にもう1本、白色テープを強く引っ張るようにしてXサポートを貼る。

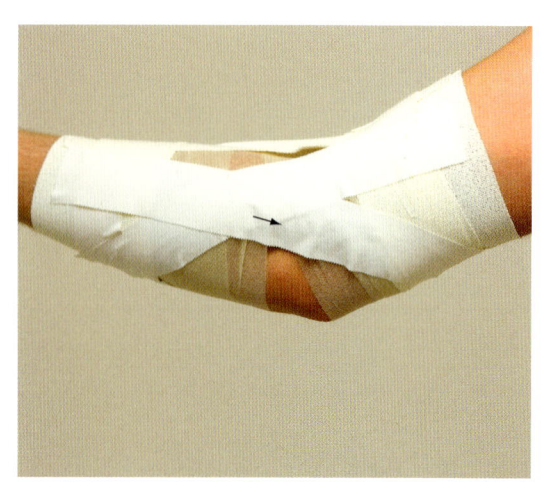

11　外側でも同じようにして白色テープでXを作り、外側関節裂隙の部分で交差させるようにする。

注意
外側捻挫の場合には外反（外側に曲げる）位をとるようにして外側にもう1本、白色テープを強く引っ張るようにしてXサポートを貼る。

肩関節と肘関節 8

肘関節過伸展による捻挫

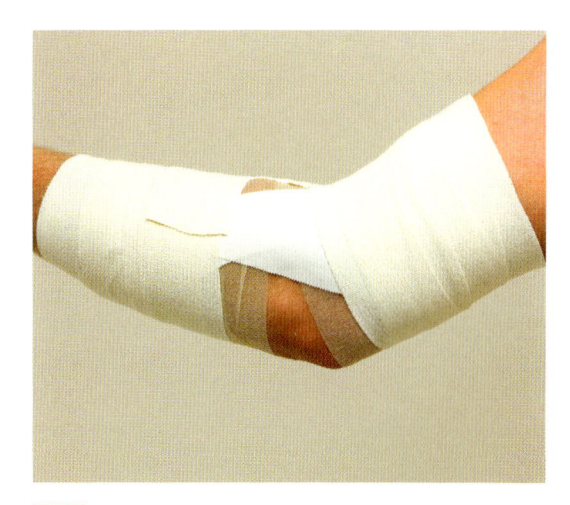

12a 7.5cm幅の伸縮性粘着包帯を用いて、遠位と近位に2本ずつアンカーを巻く。

注意
敏感な構造に不都合な炎症が起きないようにするために、仕上げの段階で肘関節の前側に隙間を空けておくようにする。

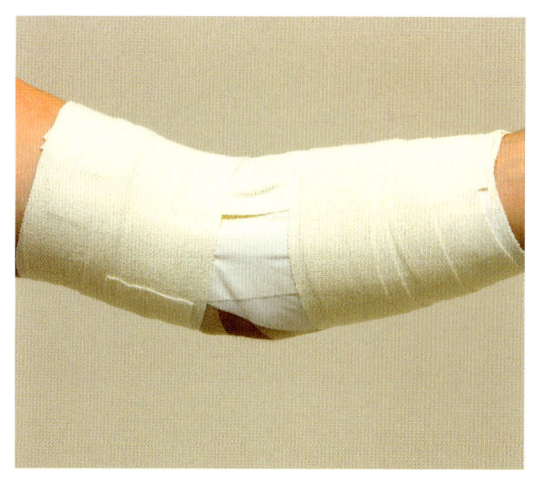

12b 前側から見たテーピング終了時の様子

注意
テーピングによって血液障害が損なわれていないかどうかを確かめるため、再度手の感覚、脈拍、温度および色を確認する必要がある。

13 制限域を確認する：
a. 伸展が30°以上制限されている必要がある。
b. 他動伸展時または外側ストレス検査時に痛みがあってはならない。

ヒント
テープ全体を7.5cm（3インチ）幅の伸縮性包帯で10分間覆って粘着性を増大させる。

Section 2：実践

肘関節過伸展による捻挫の評価

T（TERMINOLOGY）専門用語
- 内側側副靱帯または外側側副靱帯の捻挫
- 前方関節包の断裂

E（ETIOLOGY）病因
- 伸ばした手を着く
- 肘関節の無理な過伸展（関節包が損傷し、内側靱帯や外側靱帯の捻挫がみられることもある）
- 無理な内反（内側方向）ストレスがかかると内側側副靱帯が傷害を受ける原因となる（外側よりも脆弱で損傷を来たしやすい）
- 無理な外反（外側方向）ストレスがかかると外側側副靱帯が傷害を受ける原因となる
- 野球の投手や投槍選手には慢性的な内側捻挫がみられることが多い。

S（SYMPTOMS）症状
- 前方関節包（内側関節裂隙や外側関節裂隙）に痛みがあれば、そこが局所的な損傷部位である
- 腫れ
- 自動運動検査：最大伸展時の痛み
- 負荷検査（中間位）：
  a. 中等度の負荷では激しい痛みはない
  b. 同時に上腕二頭筋にも損傷を来たしておれば、屈曲時に痛みがある
- ストレス検査：ストレス検査時（15°屈曲位）の痛みと弛緩性にはばらつきがある。弛緩性の度合いから損傷の程度がわかる

T（TREATMENT）治療

初期
- RICES
- 吊り包帯
- 各種治療法

> **注意**
> 注意：少しでも変形の疑いがあれば、早急に医学的処置とX線検査が必要になる。

それ以降
- 以下の治療の継続
  a. 各種治療法
  b. 動きを小さくするためのテーピング
  c. 軽い牽引と運動
- 腕尺関節と橈尺関節に徐々に負荷をかけていくリハビリ計画を立てる
- 先にみたテーピングを用いて、徐々に運動に復帰する

S（SEQUELAE）後遺症
- 慢性的な不安定性
- 尺骨神経の異常感覚
- 関節が癒着して可動域が狭くなる
- 関節の変形
- 靱帯の石灰化

RICES：安静(Rest)、アイシング(Ice)、圧迫(Compress)、挙上(Elevate)、支え(Support)

第9章　手関節と手

　手関節は前腕と手とを連結させる柔軟性に富む骨-靱帯複合体である。多方向に動かすことができるのは、橈尺関節と連動して手をいかなる角度にも機能的に曲げることができるようにしている多関節性の多数の手根骨があるためである。複雑に配列した靱帯によって安定性が得られる。このような靱帯は伸ばした手を着いたときに損傷することが多い。

　手は体のなかで最もよく動く最も複雑な関節複合体でありながら、最も無防備な場所でもある。複雑で見事なまでに均整のとれた一連の関節として組み立てられているために、性能や巧みさ、正確さをいかんなく発揮することができるようになっている。物を掴んだり握ったり操作したりするのに使われるこの感度の高い構造は、繰り返しストレスがかかったり、転倒による衝撃が加わったりした場合には特に外傷を受けやすい。

　手関節または手にテーピングを巻く際には、本来の機能通りの動きを維持しつつ十分な支えを与えることが最も重要な留意事項となる。

Section 2：実践

解剖学的領域：手関節と手

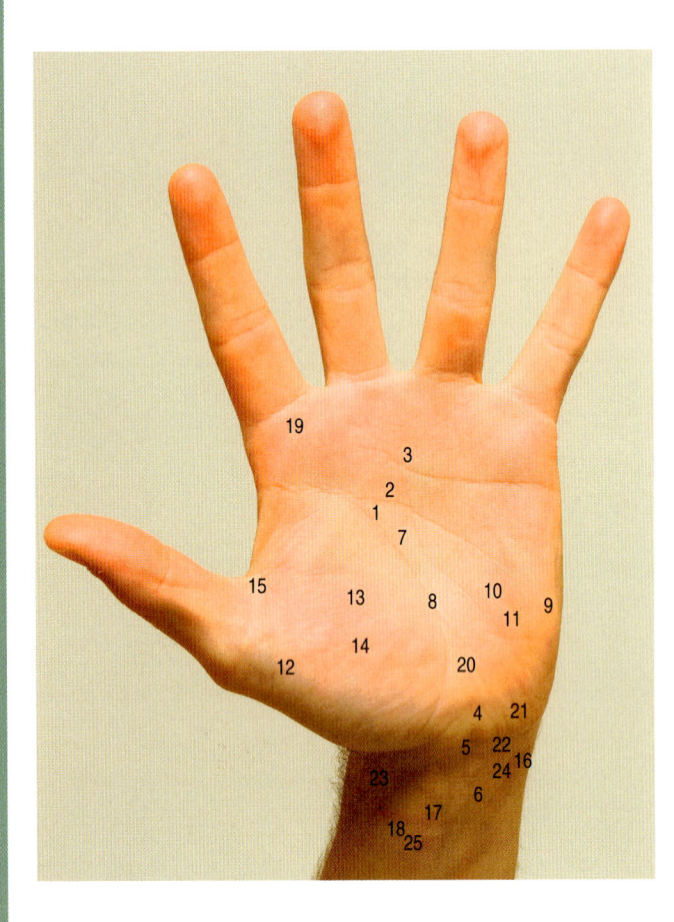

左手の手掌
手関節と手のさまざまな構造を番号付きで示した。浅掌動脈弓と深掌動脈弓（7、8）など触知できないものもあるが、他の構造との位置関係は重要である。
- 指の付け根付近の曲線は、中手指節関節の頭端部の並びになっている。
- 指の皮線は指節間関節の位置に当たる。
- 手関節中央の皮線は橈骨手根関節の位置に当たる。
- 手関節の橈骨動脈（23）は最も脈を触知することの多い部位である。

橈側手根屈筋（18）の腱の橈側にあり、橈骨下端部に圧迫されることがある。
- 手関節の正中神経（25）は橈側手根屈筋腱（18）の尺側に位置する。
- 手関節の尺骨神経と尺骨動脈（22、24）は尺側手根屈筋腱（16）と豆状骨（21）の橈側に走っている。尺骨動脈が尺骨神経の橈側にあり、その脈動を触知することができるが、橈骨動脈（23）ほど容易ではない。
- 短母指外転筋（12）と短母指屈筋（13）は、その下の母指対立筋とともに母指球（親指の付け根の"ふくらみ"）を構成する筋肉である。小指外転筋（9）と短小指屈筋（10）はその下の小指対立筋とともに、皮下に短掌筋（11）が位置する手掌の尺側にみられるあまり目立たないふくらみ、小指球を構成する筋肉である。

皮線
1. 縦方向
2. 近位横方向
3. 遠位横方向
4. 遠位手根
5. 手関節中央
6. 近位手根

動脈弓
7. 浅掌動脈弓
8. 深掌動脈弓

筋肉
9. 小指外転筋
10. 短小指屈筋
11. 短掌筋
12. 短母指外転筋
13. 短母指屈筋
14. 母指球
15. 母指内転筋

腱
16. 尺側手根屈筋腱
17. 長掌筋腱／短掌筋腱
18. 橈側手根屈筋腱

短骨
19. 中手骨頭
20. 有鉤骨鉤
21. 豆状骨

動脈
22. 尺骨動脈
23. 橈骨動脈

神経
24. 尺骨神経
25. 正中神経

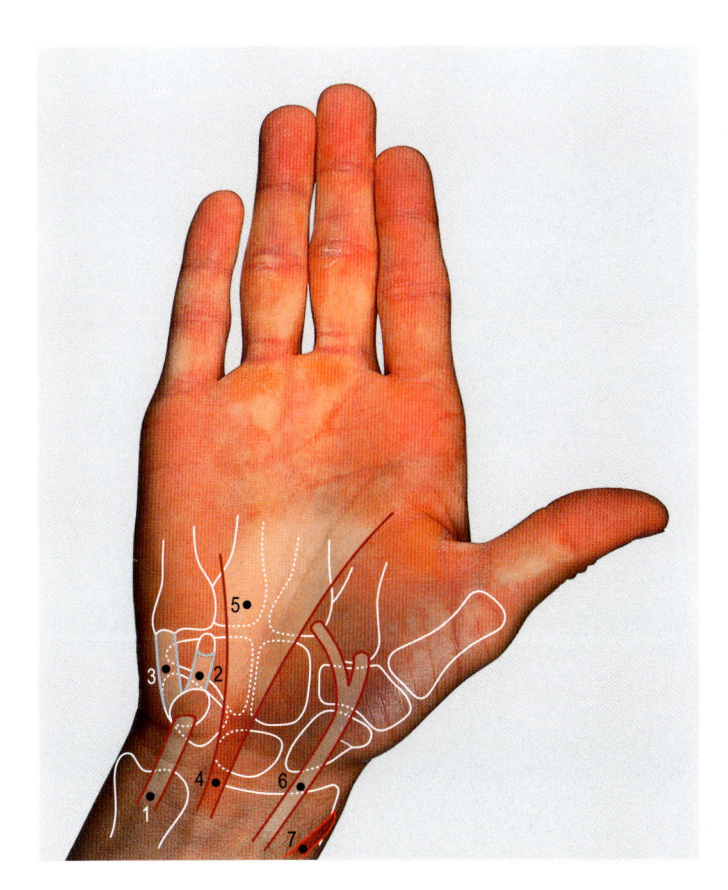

手関節と手の前側：浅層の腱

1. 尺側手根屈筋腱　2. 豆鉤靱帯　3. 豆中手靱帯　4. 長掌筋腱　5. 手掌腱膜
6. 橈側手根屈筋腱　7. 橈骨動脈

Section 2：実践

体表解剖

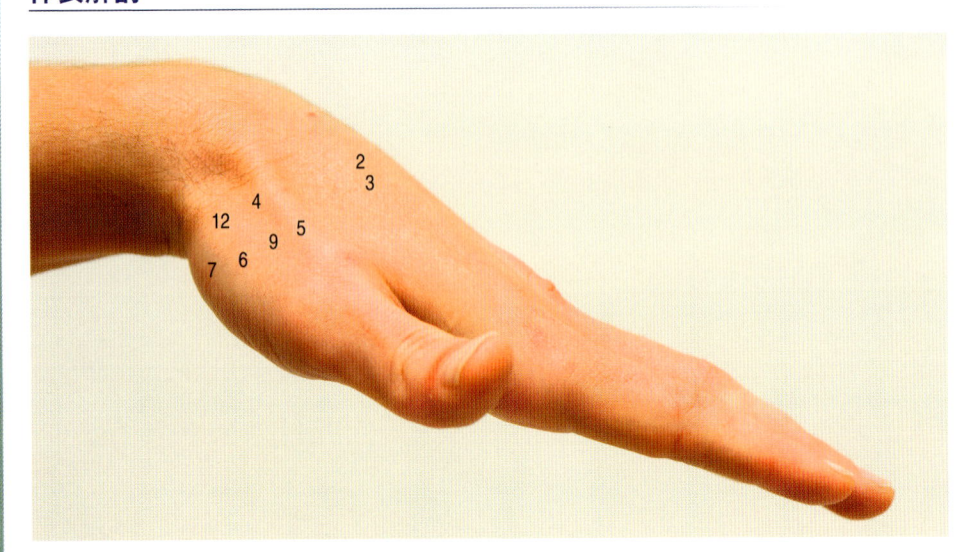

左手背
手指は中手指節関節が伸展すると伸筋腱（1、2および3）が目立つようになるほか、指節間関節が部分的に屈曲する。母指は手根中手関節が伸展して中手指節関節と指節間関節が部分的に屈曲する。手指の付け根付近には中手指節関節の頭端が並ぶ。橈側窩（9）は外側の長母指外転筋腱（7）および短母指伸筋腱（6）と内側の長母指伸筋（5）との間にある凹みである。

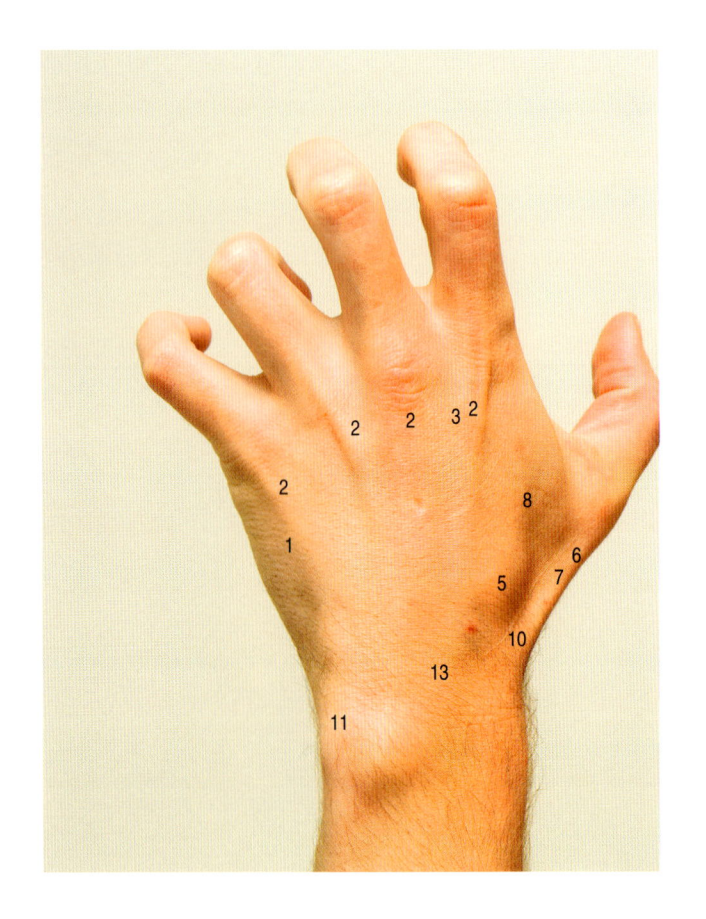

腱
1. 小指伸筋腱
2. 総指伸筋腱
3. 示指伸筋腱
4. 長橈側手根伸筋腱
5. 長母指伸筋腱
6. 短母指伸筋腱
7. 長母指外転筋

筋肉
8. 第一背側骨間筋

骨
9. 舟状骨の上にある橈側窩
10. 橈骨茎状突起
11. 尺骨頭

静脈
12. 橈側皮静脈

支帯
13. 伸筋支帯

9 手関節と手

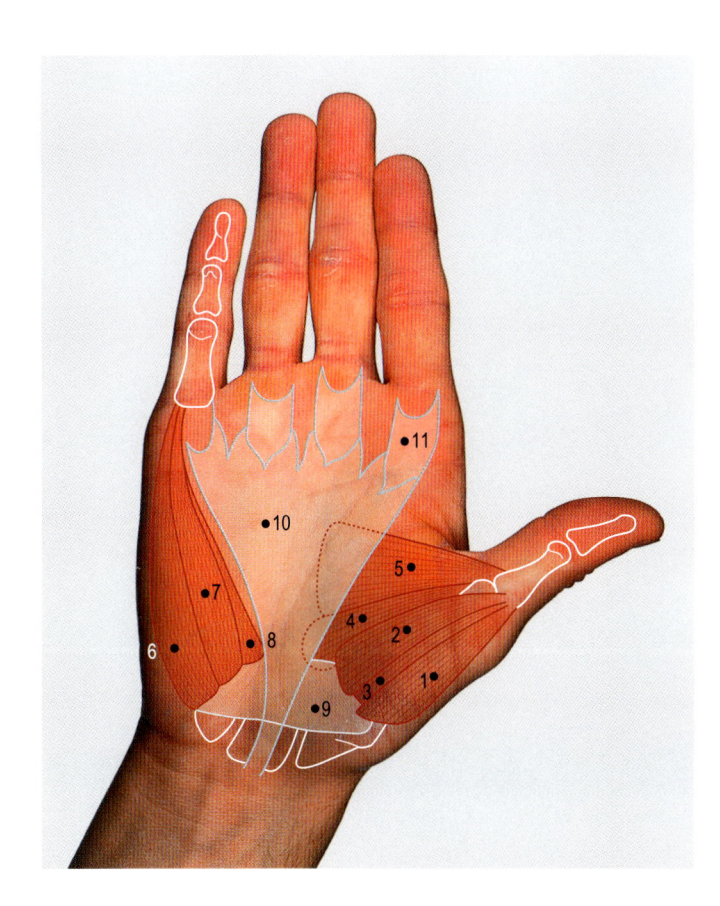

手関節と手

母指球と小指球
1. 短母指外転筋　2. 短母指屈筋　3. 母指対立筋　4. 母指内転筋斜頭　5. 母指内転筋横頭　6. 小指外転筋　7. 小指屈筋　8. 小指対立筋　9. 屈筋支帯　10. 手掌腱膜　11. 屈筋の線維鞘

解剖学的領域／手関節と手

Section 2：実践

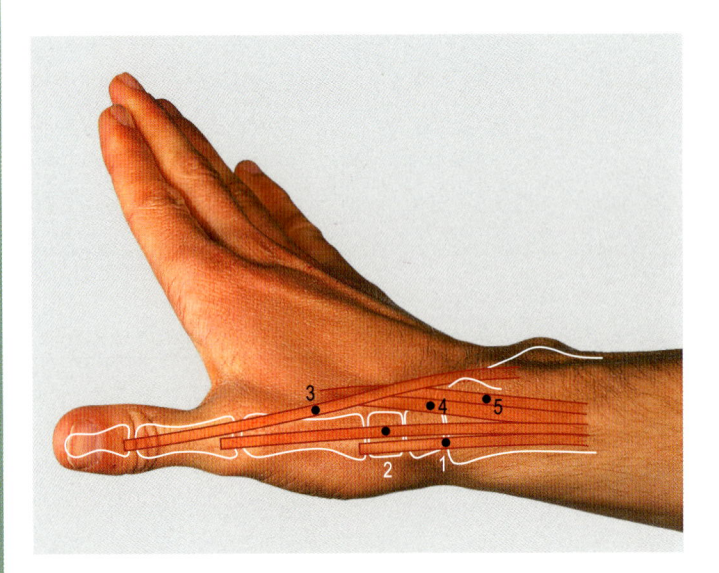

橈側窩：腱
1. 長母指外転筋腱　2. 短母指伸筋腱　3. 長母指伸筋　4. 長橈側手根伸筋　5. 短橈側手根伸筋

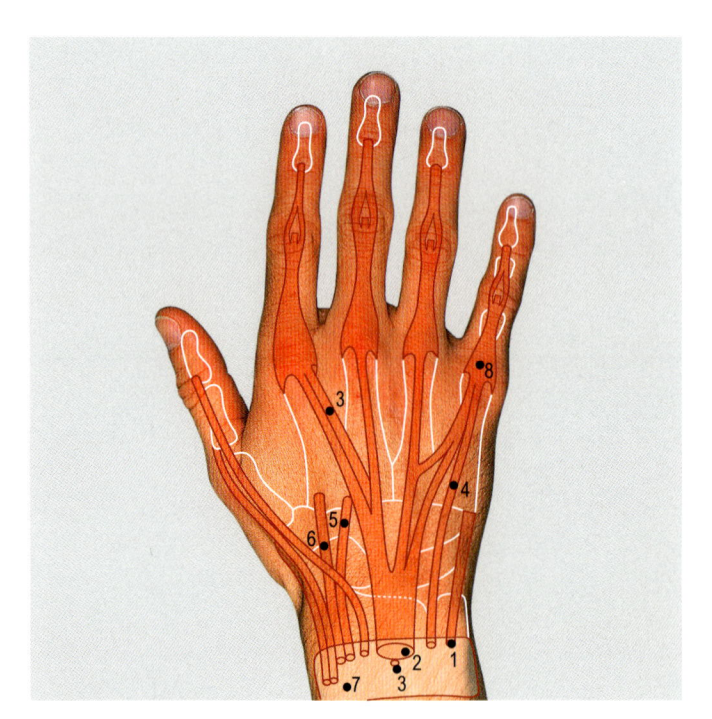

手関節と手の背側：腱
1. 尺側手根伸筋腱　2. 総指伸筋腱　3. 示指伸筋腱　4. 小指伸筋　5. 短橈側手根伸筋　6. 長橈側手根伸筋　7. 伸筋支帯　8. 指伸筋腱拡大部

手関節過伸展による捻挫に用いるテーピング

目的
- 手関節の側副靱帯と前側の関節構造を補強する
- 伸展を制限するほか、橈屈と尺屈の最後の動きを制限する
- 手を本来の機能通りに用いることができるようにする

適応
- 掌側橈骨手根靱帯の捻挫（過伸展）
- 背側橈骨手根靱帯の捻挫（過伸展）：背側に「止め手綱」とXサポートを巻いて最大屈曲を制限する
- 橈側側副靱帯の捻挫：外側のXサポートを強めに巻くほか、尺屈を防止するため手掌外側にもXサポートを巻く
- 尺側側副靱帯の捻挫：内側のXサポートを強めに巻くほか、橈屈を防止するため手掌内側にもXサポートを巻く
- 手関節が繰り返し圧迫されたり、手関節を"挟んだりする"ことによる拡散痛
- 固定を外した後の手関節の痛み

材料
剃刀
タフナースプレー／粘着スプレー
アンダーラップ
3.8cm（1.5インチ）幅の非伸縮性テープ

注意
- 特に損傷が、手が過度に広がったことによるものである場合には、骨折でないことを確認するために正しい診断を受けるようにする（舟状骨が最も骨折しやすい）。
- 損傷の機序、過屈曲によるものか過伸展によるものかを明らかにする。
- 手や手関節、前腕がかなり湿りやすい雨の日や暑い日には特に、テーピングの粘着性を高めるためにタフナースプレーまたは速乾粘着スプレーの使用が不可欠になる。
- 神経や血液循環に問題が生じることのないように、できるだけ引っ張らずにテープを巻くようにする。
- テーピング前後、テーピング中に血液循環の状態と感覚をモニタリングする。

損傷に関する詳細は、197ページのTESTSを参照。

9 手関節と手

Section 2：実践

姿勢

座位になって手関節をわずかに伸展させた（約20°）中間位に保つ。

> 👍 **ヒント**
> 肘は安定性を得るためにテーブルの上に置く（写真なし）。

手順

1 テープを貼る場所が清潔で、ほとんど体毛がないことを確かめ、必要であれば剃毛する。

2 タフナーまたは粘着スプレーを使う前に、皮膚に切り傷、水ぶくれや炎症部位がないかどうか確認する。

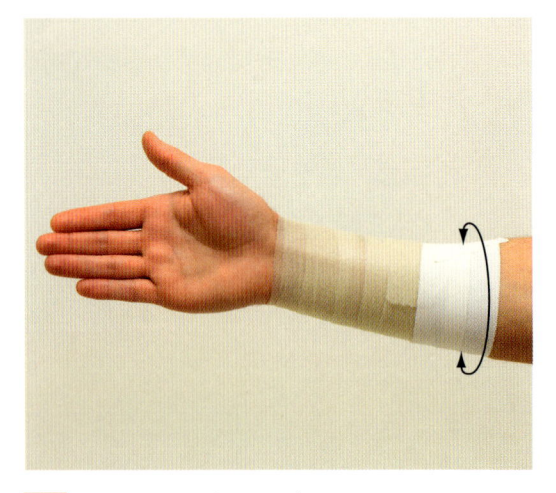

3 前腕にアンダーラップを巻く。

4 3.8cm幅の非伸縮性テープで前腕中央部の筋腱接合部に2本、前腕の輪郭に沿ってアンカーを巻く。

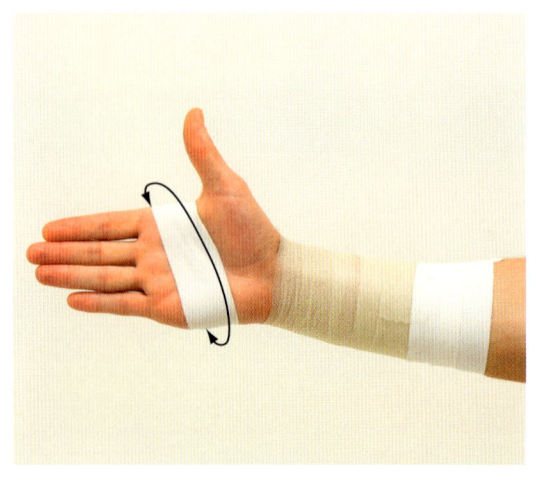

5 非伸縮性テープで遠位中手骨（手掌）にアンカーを巻く。

> 👍 **ヒント**
> ここで巻くアンカーによって中手骨を広げる動きが過度に制限されないようにする。

9 手関節と手

手関節過伸展による捻挫

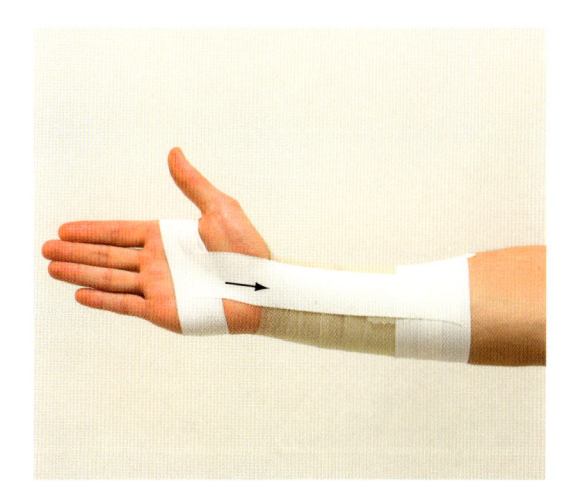

|6| 手関節を中間位に保ち、遠位アンカーの前側から前側関節裂隙を通って近位アンカーに「止め手綱」を強く引っ張るようにして貼る。

注意
強度を高めたい場合や手関節の幅が広い場合には、「止め手綱」をもう1本、半分ずらして貼ることもできる（写真なし）。

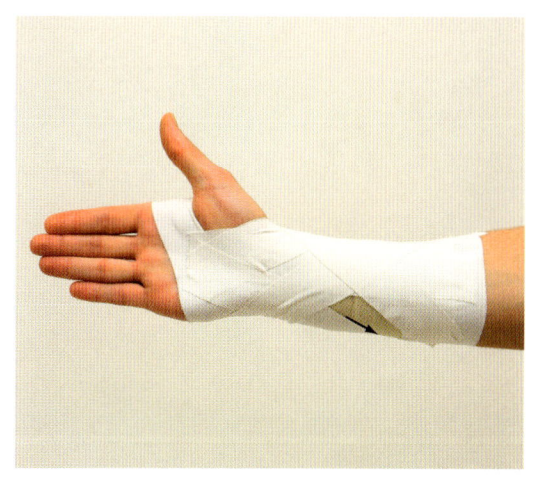

|7| 遠位アンカーの手掌側から近位アンカーの後内側に内側のXサポートを貼っていく。

|8| 遠位アンカーの背側から近位アンカーの前側にテープを強く引っ張るようにして貼り、Xサポートを仕上げる。

注意
この2本のテープで作るXが前内側の関節裂隙の位置で交差するようにする。

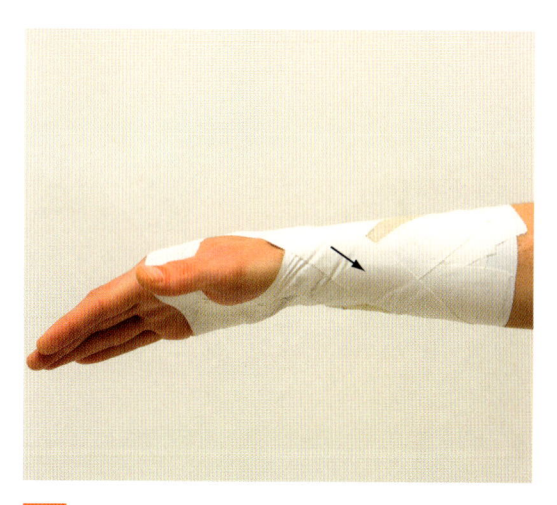

|9| 遠位アンカーの背側から近位アンカーの前側にテープを引っ張るようにして、外側のXサポートを貼っていく。

|10| 遠位アンカーの手掌側から近位アンカーの外側にテープを貼ってXサポートを仕上げる。

注意
この2本のテープで作るXが前外側の関節裂隙の位置で交差するようにする。

195

Section 2：実践

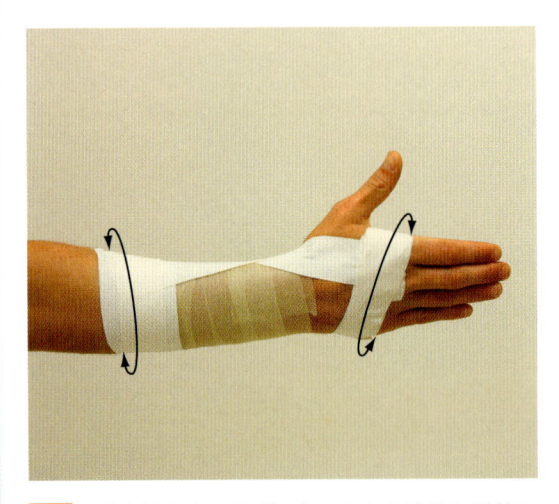

11　巻き終えたXサポートの上から遠位と近位に再度アンカーを巻く。

注意
安定性を高めるために、この段階で手関節を20°弱伸展させて後側にXサポートを貼ることもできる（写真なし）。

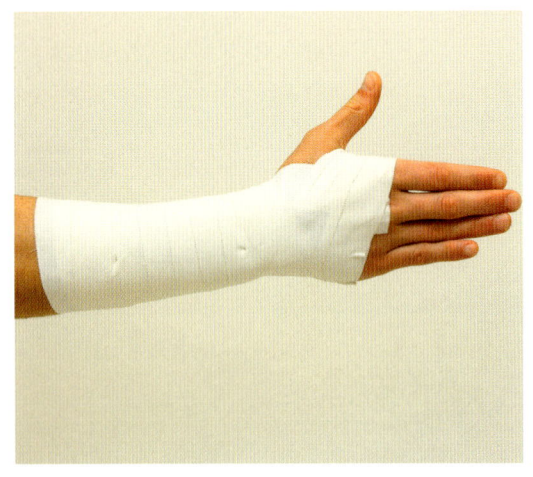

12　遠位アンカーより半分ずらして非伸縮性テープを巻き、手部のテーピングを仕上げる。

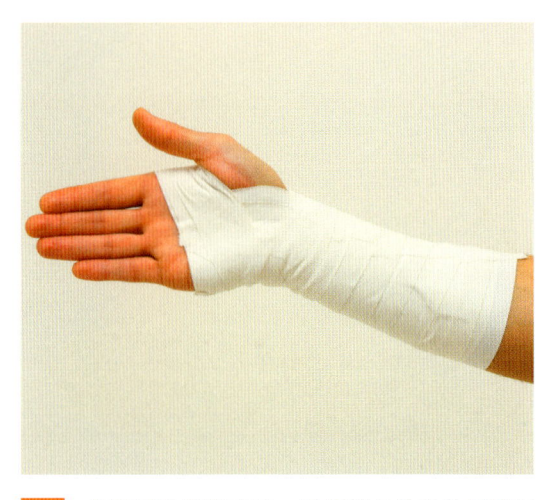

13　軽めにテープを巻いていって仕上げの作業を進める。

14　制限域を確認する。手関節の他動伸展時に痛みがない程度に制限されている必要がある。

注意
血液循環が損なわれている徴候がないかどうか、手指の色と感覚を確認する。

手関節過伸展による捻挫の評価

T（TERMINOLOGY）専門用語
- 前手関節包の部分的ないし完全な断裂
- 橈側側副靱帯や尺側側副靱帯の部分的ないし完全な断裂

E（ETIOLOGY）病因
- 伸ばした手を着く
- 相手のタックルによる無理な過伸展
- 重量挙げの際の過重負荷

S（SYMPTOMS）症状
- 前関節包と前側の靱帯の痛み
- 可動域の低下
- 腫れ
- 自動運動検査：最大伸展時の痛み
- 他動運動検査：
  a. 伸展時の痛み
  b. 最大伸展時に損傷組織が圧迫されて痛みを感じることがある
- 負荷検査（中間位）：中等度の負荷では激しい痛みはなく、屈筋が関与している場合には屈曲時に痛みを感じることがある
- ストレス検査：痛みと弛緩性にはばらつきがある

> **注意**
> 手関節が安定しない場合は、X線撮影により骨折していないか確認する必要がある。

T（TREATMENT）治療

初期
- RICES
- 損傷直後：最初の48時間は血液循環に十分な注意を払って、伸縮性包帯で圧迫して吊り包帯で支える
- 各種治療法、温冷交代浴

それ以降
- 以下の治療の継続
  a. 各種治療法
  b. ストレッチ
  c. 筋力強化（最初は等尺性運動）
- 可動域、柔軟性、筋力および巧緻性の回復のための総合的なリハビリプログラム
- テーピングを用いて、痛みのない範囲で徐々に競技に復帰する

> **注意**
> 治療後の経過が思わしくない捻挫は、手の外科専門医に診てもらう必要がある。尺骨側の痛みおよびクリック音は三角線維軟骨（半月板）への損傷が疑われる。橈骨側の痛みが続くようであれば、舟状骨の壊死または骨折が見過ごされている可能性がある。

S（SEQUELAE）後遺症
- 腱鞘炎
- 筋力低下
- 慢性的な捻挫
- 不安定性
- 関節の変性変化
- 治りにくい場合には三角線維軟骨複合体断裂が随伴していることが示唆され、動的運動の際には何らかの副子が必要になる

RICES：安静（Rest）、アイシング（Ice）、圧迫（Compress）、挙上（Elevate）、支え（Support）

Section 2：実践

母指捻挫に用いるテーピング

目的
- 第1中手指節関節（MCPJ）の側副靱帯を支える
- 伸展の最後の動きを防止するほか、外転を制限する
- 屈曲についてはある程度できるようにする
- 手関節と手の機能を損なうことのないようにする

適応
- MCPJ捻挫（尺側側副靱帯）
- 手根中手関節（CMCJ）捻挫（尺側）、斜めのアンカーを強めに巻く
- スキーヤー母指（急性の場合）、ゲームキーパー母指（慢性の場合）
- 固定を外した後の弛緩性
- 第3度損傷を治療する手術を実施した後

材料

剃刀
タフナースプレー／粘着スプレー
アンダーラップ
3.8cm（1.5インチ）幅の非伸縮性テープ
2.5cm（1インチ）幅の非伸縮性テープ

注意
- 第3度の捻挫が疑われれば、できるだけ早く手外科専門医を受診させる。
- X線検査を実施すれば剥離骨折の有無を確認できる。
- 手に切り傷や擦過傷など炎症の発生源となるものがないかどうか徹底して確認する。
- 最も腫れやすい受傷後最初の48時間は特に、血液循環が損なわれている徴候がないかどうかを注意深く確認する。
- 気温が氷点下の場合には、不快感を覚えるかどうかに関係なく血液循環が制限されるのが特に危険である（凍瘡のリスクが高くなる）。
- 手と母指の大きさに応じて必要なテープ幅が変ってくる。

損傷に関する詳細は、204ページのTESTSを参照。

手関節と手 / 母指捻挫

姿勢

座位になって母指と手を中間位、機能肢位に保つようにする。

手順

1 テープを貼る場所が清潔で、体毛が少ないことを確かめ、必要であれば剃毛する。タフナーまたは粘着スプレーを使う前に、皮膚に切り傷、水ぶくれや炎症部位がないかどうか確認する。

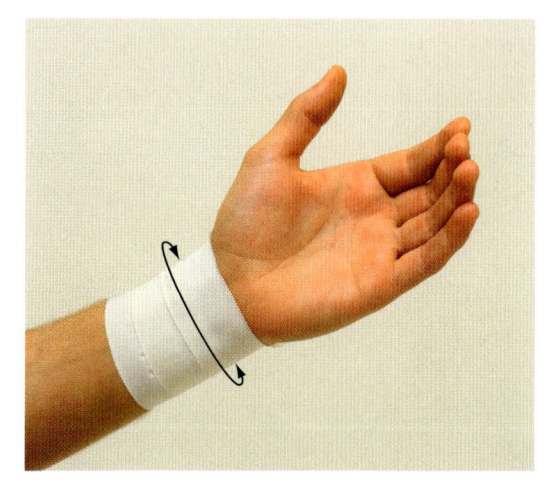

2 3.8cm幅の非伸縮性テープを2本、手関節に軽く引っ張りながら巻く。

Section 2：実践

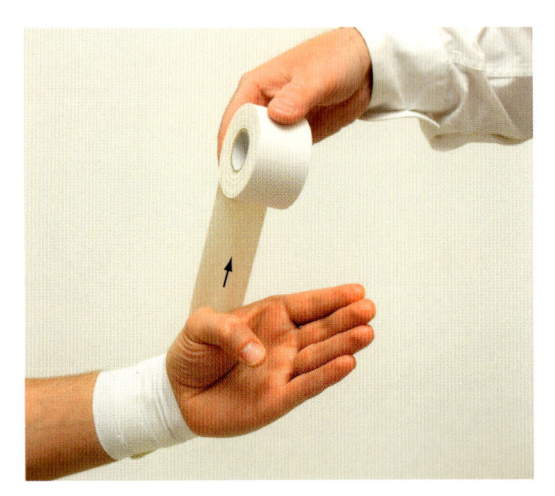

9 手関節と手

3 遠位アンカーを巻く。
a. 3.8cm幅の非伸縮性テープを用いて、近位アンカーの後側から始めて手関節を1周させ、引っ張り上げて手背を通る。

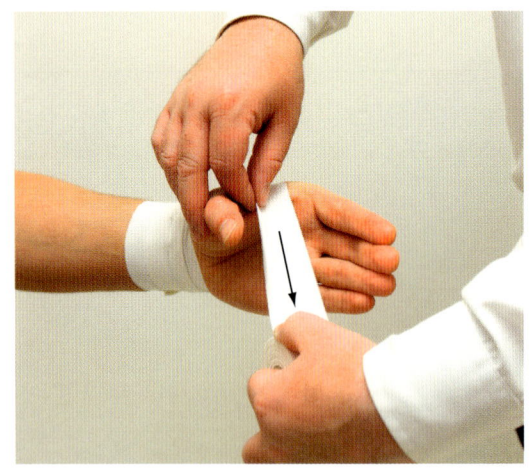

b. 母指と示指の間を後側から前側に通す。
c. この部位の柔らかい皮膚に炎症が起きないように、指間を通る際にテープをつまむようにする。

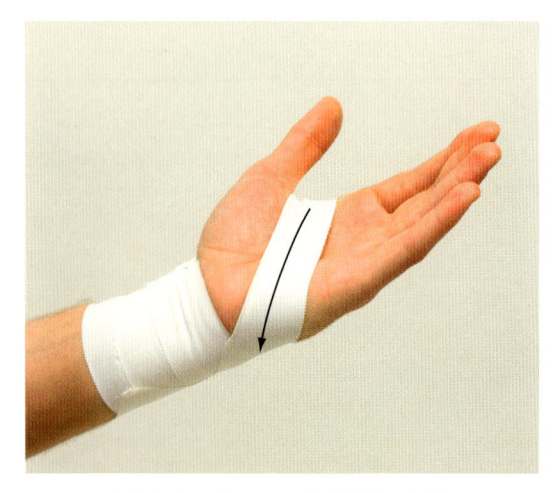

d. そのまま斜めに進んで手掌を通り、近位アンカーの内側に留める。

> 👍 **ヒント**
> 指間を圧迫しないように気をつける。

手関節と手　9

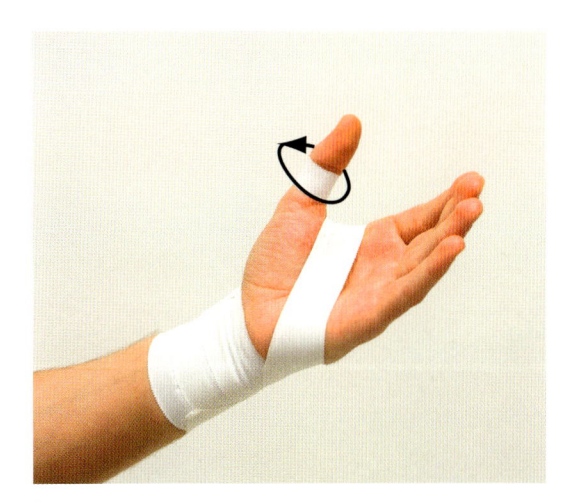

母指捻挫

|4| 2.5cm幅の非伸縮性テープを用いて（必要であればさらに幅の小さいテープを用いて）、基節骨にその輪郭に沿って軽めに母指のアンカーを巻く。

|5| 1.2cm幅の非伸縮性テープで8の字テーピングの不完全型を巻く。軽く引っ張るように母指を一周してテープを交差させ、両手とも同じ力で内側に向けて引っ張る。テープの両端をアンカーに留めるまで母指を内転させておく。

|6| 前側のテープ端は手掌側のアンカーに、後側のテープ端は背側のアンカーに強く留める。

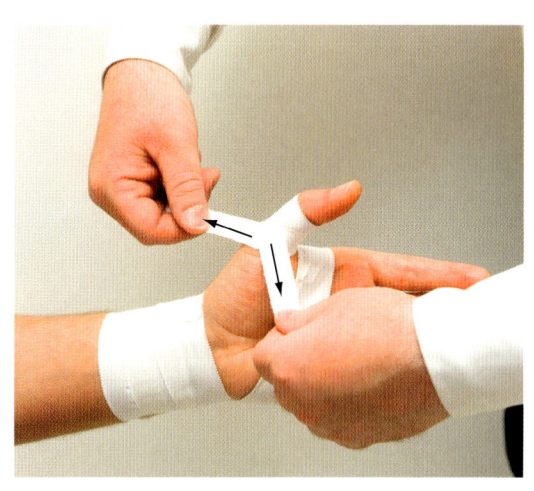

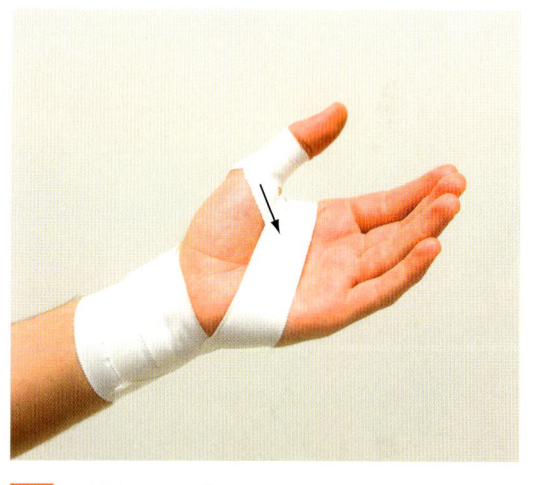

👍 **ヒント**
母指にテープを巻きつける際には強い力を加えないように注意する。

201

Section 2：実践

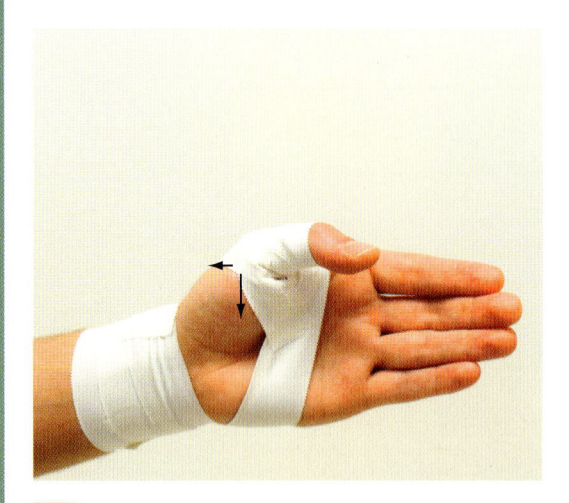

手関節と手

7a 8の字テーピングの不完全型をもう1本、近位にずらして母指のアンカーに半分重なるように巻く。

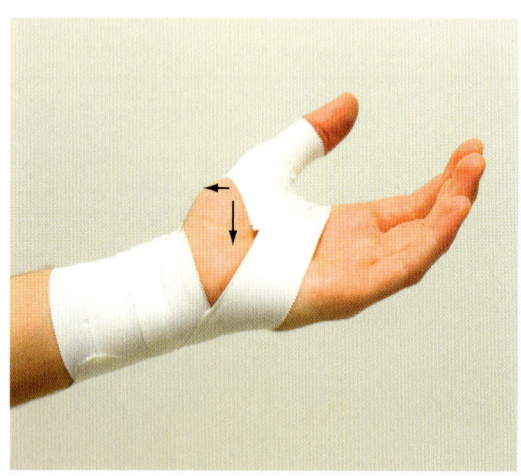

7b テープの両端を扇形に広げてからアンカーに留めるようにする。

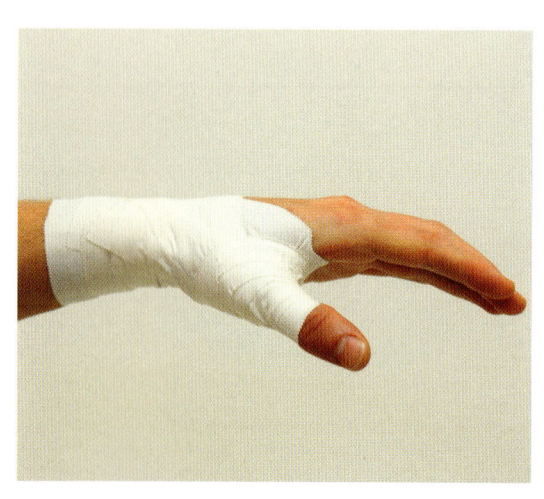

8 繰り返し8の字テーピングの不完全型を巻いていく。前のテープと半分から3/4重なるように母指の近位方向に巻く位置を下していく。

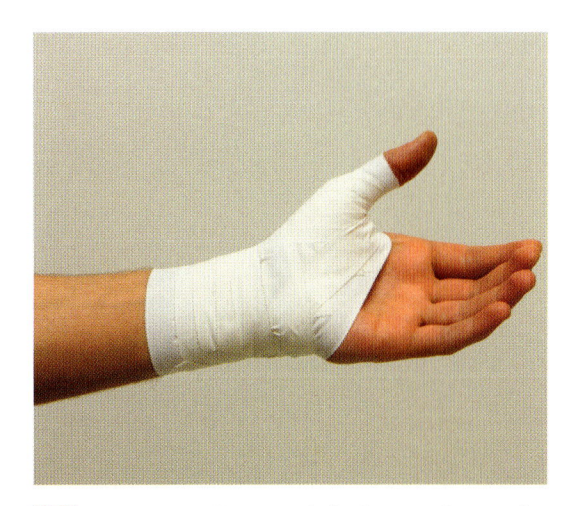

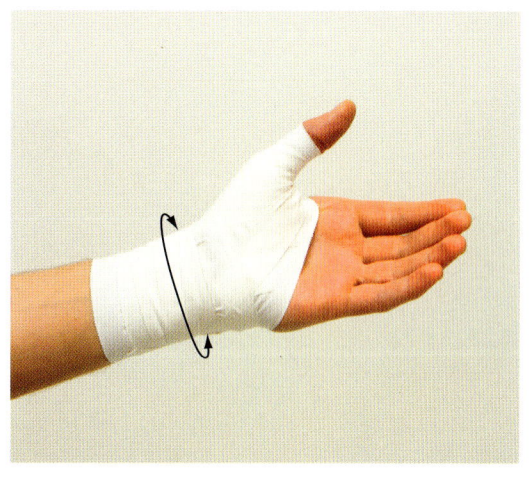

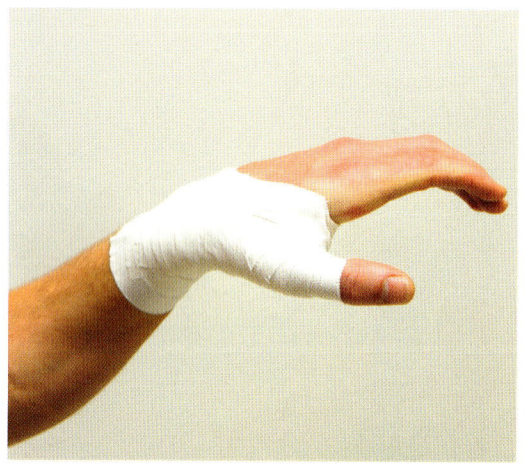

手関節と手　9

母指捻挫

|9| これまでに巻いた不完全型の8の字テープの端に斜めのアンカーを巻く。

|10| 手関節に3.8cm幅の非伸縮性テープを巻きつけて、斜めのアンカーのほか、剥き出しのテープ端があるようであれば覆うようにする。

|11| 手の機能肢位を確かめて制限域を確認する。他動運動時、特に伸展時と外転時に痛みがない程度に伸展と外転が制限されている必要がある。

ヒント
指間を圧迫しないように気をつける。

注意
さらに外転を制限するには、母指と示指の間に8の字形の"止め手綱"を貼ることもできる（写真なし）。

注意
血液循環が損なわれている徴候がないかどうか母指の色と感覚を確認する。

Section 2：実践

母指捻挫の評価

T（TERMINOLOGY）専門用語
- 尺側側副靱帯の部分的ないし完全な断裂：第1MCPJ、第1度から第3度
- ゲームキーパー母指
- スキーヤー母指

E（ETIOLOGY）病因
- MCPJの無理な伸展や外転
- スキーなどで、伸ばした手を着く

S（SYMPTOMS）症状
- MCPJ前側の弛緩性
- 局所的な腫れや変色
- 自動運動検査：最大伸展時の痛み
- 他動運動検査：外転を伴う伸展時の痛み
- 負荷検査（中間位）：中等度の負荷では激しい痛みはない

T（TREATMENT）治療

初期
- RICES
- 各種治療法、温冷交代浴
- 可動域（ROM）を高める運動
- 198ページの母指捻挫に用いるテーピング

> **注意**
> 第3度および第2度でも重度の捻挫の場合には、ギプス帯の使用、ギプス固定または手術が必要になり、少なくとも3週間は動かさないようにする必要がある。

それ以降
- 以下の治療の継続
  a. 各種治療法
  b. 固定により関節が硬化した場合には動かすようにする
  c. 筋力強化（最初は等尺性運動）
- テーピングにより支えながら、痛みのない範囲で徐々に競技に復帰する
- 可動域、柔軟性、筋力強化および動きのこまやかさの回復のための総合的なリハビリプログラム

S（SEQUELAE）後遺症
- 慢性的な不安定性に伴う重度の機能不全
- 握力低下
- 腱鞘炎
- MCPJの変性変化

RICES：安静（Rest）、アイシング（Ice）、圧迫（Compress）、挙上（Elevate）、支え（Support）

手指捻挫に用いるテーピング

目的
- 手指の掌側靱帯および側副靱帯を支える
- 最大伸展を制限する
- 屈曲については制限しない

適応
- 手指の掌側靱帯捻挫（尺側側副靱帯）
- 手指の固定後の痛みを伴う硬化
- 手指を"挟まれたり""ぶつけたり"する
- 手指の内側側副靱帯（MCL）捻挫：内側のXサポートを強めに貼る
- 手指の外側側副靱帯（LCL）捻挫：外側のXサポートを強めに貼る

材料
- 剃刀
- タフナースプレー
- 1.2cm（1/2インチ）幅の非伸縮性テープ

注意
- 重篤な損傷が疑われる場合には、（テーピングをしたとしても）絶対にアスリートにプレーを続けさせてはならない。
- 必ず医師または手の専門医の正しい診断を受けさせる（骨折と脱臼は誤診により誤った治療が実施されることが多い）。
- 損傷の正確な部位（どの手指のどの関節のどちら側か）を特定し、テーピング中とテーピング終了時に再度可動域を確認して痛みがないかどうか確かめる。
- 損傷した手指を隣接する手指と一緒にテーピングする（"バディテーピング"）と、機能と動きを制限することなく損傷した靱帯をさらに安全に保護することができる。
- アスリートが試合中、損傷した手でボールを扱う必要がある場合には、ボールをコントロールしやすくするために指をわずかに離すようにして"バディテープ"を巻く。

損傷に関する詳細は、209ページのTESTSを参照。

Section 2：実践

姿勢
座位になって肘をテーブルに乗せ、手指を中間位、機能肢位（約20°屈曲位）に保つ

手順

1. テープを貼る場所が清潔で、ほとんど体毛がないことを確かめ、必要であれば剃毛する。

2. タフナーまたは粘着スプレーを使う前に、皮膚に切り傷、水ぶくれや炎症部位がないかどうか確認する。

ヒント
問題の手指以外の手指ができるだけ粘つかないようにするため、綿棒を用いることもできる。

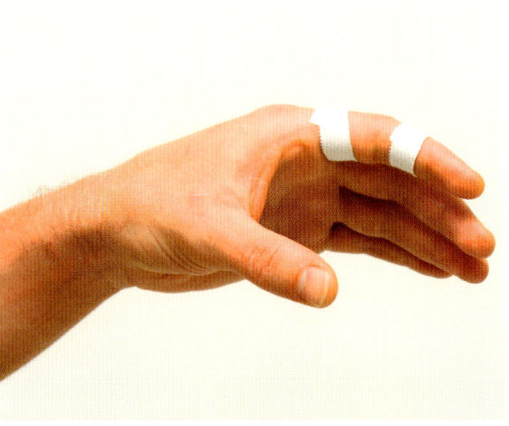

3. 1.2cm幅の非伸縮性テープでアンカーを2本、損傷した関節の上下に1本ずつ軽めに巻く。

ヒント
締めつけることのないように気をつける。

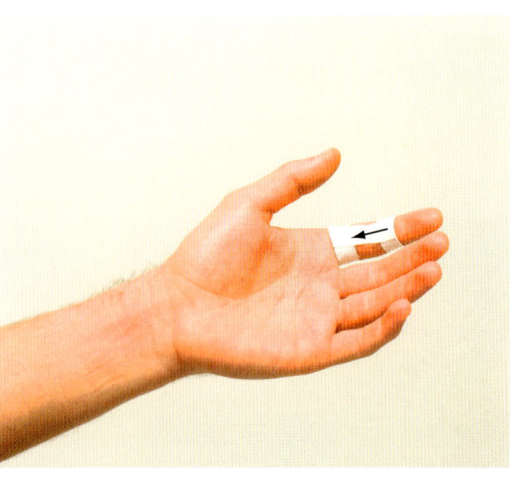

4. 1.2cm（1/2インチ）幅の白色テープで縦サポートを貼る。手指を約20°屈曲させておき、遠位アンカーから近位アンカーへ手指の掌側中央に強く引っ張るようにして貼っていく。

手関節と手

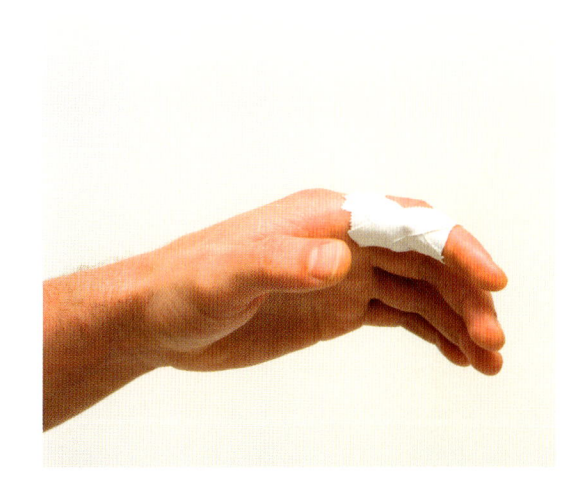

9 手指捻挫

|5| 2本のテープで外側のXサポートを貼る。遠位アンカーから近位アンカーに強く引っ張りながら貼っていき、外側の関節裂隙の部分にXを作るようにする。

|6| 内側にも同じようにテープを貼り、内側の関節裂隙の部分にXができるようにする。

|7| 手順2と同じ方法で再度アンカーを巻き、縦サポートの両端を覆うようにする。

|8| 損傷した手指を隣接する手指と一緒に巻いて、簡単な"バディテーピング"を施す。

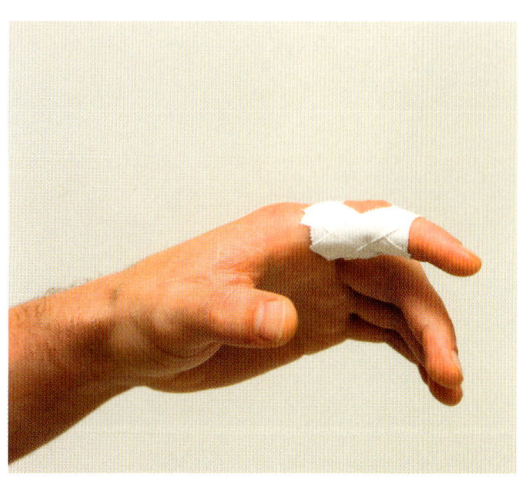

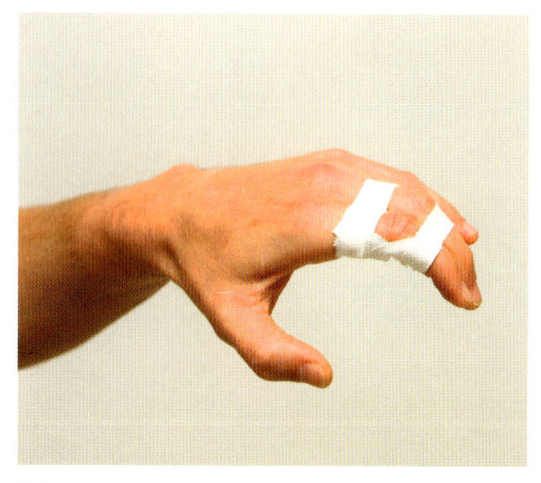

注意

この方法は2本の指が同時に機能するようになるため、(ゴールキーパーを除くサッカー選手など) 手の機能をいかんなく発揮する必要のないスポーツに有用である。

Section 2：実践

9 別の方法：損傷した手指をわずかに外転させて（指を開く）隣接する手指と一緒に巻き、水かき状の"バディテーピング"を施す。

注意
この方法は（バスケットボールやバレーボールなど）指を器用に使いこなすことを必要とし、どの指も使う必要のあるスポーツに有用である。指の間の間隔が広くなっていることに注意する。

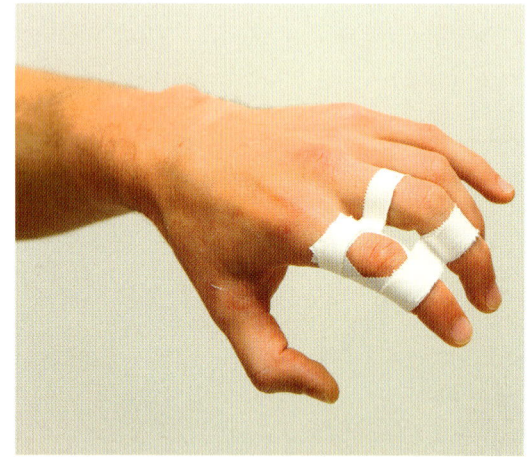

10 損傷した手指をある程度単独で動かせるようにするために、指の間のバディテープをつまむようにする。

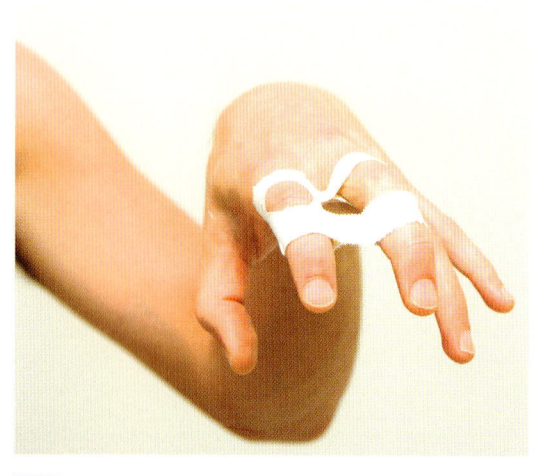

11 動きのこまやかさの程度を確認するほか、テーピングによる制限が十分かどうかを確かめる。

注意
血液循環が損なわれている徴候がないかどうか手指の色と感覚を確認する必要がある。

12 制限域を確認する。損傷した靭帯にストレスをかけた際に痛みがない程度に伸展が制限されている必要がある。

手指捻挫の評価

T (TERMINOLOGY) 専門用語

- 掌側靱帯（前方関節包）、内側側副（尺側）靱帯または外側側副（橈側）靱帯の部分的ないし完全な断裂：第1度から第3度
- 指を"激しくぶつける"
- 指を"挟まれる"

E (ETIOLOGY) 病因

- 指をめり込ませるような衝撃：手指の先に直接圧縮力が加わる（たとえば、バスケットボール、バレーボールやラグビーで手指をボールにぶつける）
- ねじり応力
- 手指に横から負荷がかかる。着替えや何らかの装置を操作したり、地面に手をついたりした際に起こる
- 手指の過伸展
- 靱帯損傷

S (SYMPTOMS) 症状

- 損傷部位の痛み
- 腫れと変色
- 局所的な弛緩性
- 自動運動検査：最大伸展時や最大屈曲時の痛み（損傷した関節包が締めつけられる）
- 他動運動検査：最大伸展時に痛みがあるほか、屈曲時にも痛みがあることがある
- 負荷検査（中間位）：中等度の負荷では激しい痛みはない
- ストレス検査：
  a. 第1度ないし第2度の捻挫では、外側のストレス検査時に弛緩性の有無に関係なく痛みを感じる
  b. 第3度の捻挫では不安定性がみられる（痛みが少ないことが多い）

T (TREATMENT) 治療

初期

- RICES
- 初期のテーピング：指の間の間隔を広くした**バディテーピング、208ページ**
- 各種治療法、温冷交代浴
- 可動域を広げる運動

> **注意**
> 第3度ないし第2度でも重度の捻挫の場合には通常、副子固定を用いて少なくとも1週間はまったく動かさないようにし、次の2週間は治療をして可動域（ROM）を広げる運動をする間に動かすようにし、その後8週間はテーピングにより支える必要がある。

それ以降

- 以下の治療の継続
  a. 各種治療法
  b. 可動性を高める運動
  c. 柔軟運動
- 手の筋肉全体の筋力強化
- テーピングを用いて痛みのない範囲で徐々に競技に復帰する
- 可動域、筋力およびこまやかな動きの回復のために徐々に運動の強度を高めていく

S (SEQUELAE) 後遺症

- 弛緩性（不安定性）が残る
- 慢性的な捻挫再発
- 変形
- 硬化
- 関節の変性変化

RICES：安静（Rest）、アイシング（Ice）、圧迫（Compress）、挙上（Elevate）、支え（Support）

第10章　おわりに

　患者に来院した理由を尋ねても、アスリートにトレーニングや競技を中断した理由を尋ねても、体の平衡に問題があると思うとか、足関節が過度に内反するのではないかと思うとか、肘が過度に伸展するのではないかと思うとかいった答えは返ってこない。きっと、**痛み**が受診した主な理由であると言うであろうし、アスリートであればさらにパフォーマンスの低下も訴えるであろう。どの施術者にとっても、痛みが自らに突き付けられる最も複雑な問題であり[1]、最も厄介な症状であることはほぼ間違いない。

　テーピングの効果、テーピングによって痛みを和らげることができることはデータにより十分なまでに裏づけられており[2-15]、特に膝についてそのことが言えるが[2,3,7,8,10,11,13-15]、膝に限っての話ではない。膝以外にも足関節、股関節、肩、肘、足、さらには肋骨などの領域に関して研究が進んでいる[4-6,9,12]。研究者のなかには、テーピングが卒中患者の痛みに示す効果を検討している者もいる[5,16]。

　痛みが和らぐ理由を理解するには、痛みの原因を知っておく必要がある。このことは、その答えが多くの場合外傷による組織の腫れであることから、一見簡単なことのように思える。炎症を起こしていれば、化学的刺激、機械的刺激、熱性刺激によって痛みが生じる。このような痛みを抑えるテーピングについては、すでにこれまでのセクションで十分に取り上げてきた。ただ、慢性疼痛の原因や、多くの人が損傷の治癒からかなり経っても不快感を訴える原因を説明したものとはなっていない。それを説明するためには、ほかの分野に答えを求める必要がある。別の因子が多数絡みあっていて、そもそもが複雑な話なのであると言うこともあながち間違いではなさそうである。関節の痛みが持続する原因を説明するものとしてこのような仮説がふたつ、Panjabiの"中立帯"仮説[17,18]とDyeの関節の恒常性維持に関する仮説[19-21]が提唱されている。いずれもきわめて妥当性が高く、この分野の研究を推し進めるものであった。

　痛みを抑える必要から、施術者のなかにはテープを用いて痛みを最大限に和らげる効果のある方法がほかにもないか模索する者もいる。もっと古くから試行され、検証された方法が不適切であったり、禁忌であることもある。損傷が回復するにつれて、同じ効果（関節の可動域を制限して痛みを和らげる）を得るのに必要なテープが少なくなることもある。McConnellは、痛みを和らげるテーピング法を"負荷を軽減する"作業と形容し、「テーピングというものは、治療が患者の"機能の限界"を高めていくことに目的を定められるように、痛みのある構造にかかる負荷を軽減してできるだけ症状が悪化しないようにするのに用いるものである」と言う[2]。

　現在用いられている主なテーピング法には3種類ある。
- アスレティックテーピング
- マッコーネルテーピング
- キネシオテーピング®

　（本書冒頭で説明したあらゆる理由が相俟って）アスレティックテーピングが圧倒的によく使われる方法となっており、主に急性損傷と損傷予防に用いられている。一般にスポーツ活動の前に巻いて終了直後に剥がす。

Section 2：実践

おわりに

　マッコーネル（負荷軽減）テーピングはJenny McConnelによって考案され、追究されてきたものである。主に膝蓋大腿関節症候群を念頭に置いている。非伸縮性テープに粘着性の高い固定用テープを併用する。ほかにも肩や股関節などの領域に使用される。このタイプのテープは数時間貼ったままにしておくことができる。

　キネシオテーピング®（KT）は日本が発祥であり、独特な特化型のテープとテーピング法を用いるものであり、最大可動域を維持したまま痛みを和らげることができることが報告されている。キネシオテーピング®は数日間貼ったままにしておくことができる。

　これまで言及しなかった方法に、Ron Alexanderによって提唱されたFunctional Fascial Taping™（FFT、機能的筋膜テーピング）がある。これはマッコーネルテーピングにきわめてよく似た巻き方であるが、部位を問わず痛みを感じるところに貼ることができ、数日間貼ったままにしておけるという点でKTと同じように用いることができる。

　マッコーネルテーピング（MT）、キネシオテーピング®（KT）およびFunctional Fascial Taping™（FFT）の登場によって、疼痛管理の分野で特にテープの巻き方に関して進歩がみられたが、必ずしも成功を収めたとは言えない。MT、KTおよびFFTはテープの巻き方の点で土台が共通している。それ以前のテーピング法（アスレティックテーピング）に比して、テープの使用量が少なく、効果的なものにするためには皮膚をある程度引き伸ばしたり、損傷領域に貼るテープの両端の距離を短くしたりする（皮膚に波形効果を与える）必要があるように思われる。ほかにも、テープを貼る方向がこの3つのテーピングの効果に何らかの役割を果たしている。

　あらゆるテーピングに関するエビデンスが蓄積しつつあり、この期待がふくらむ治療分野の研究が現在も進められている。MT、KTおよびFFTは広く用いられているが、現時点ではエビデンスに基づく研究論文の数が少ないのが現状だ（マッコーネルテーピングはそうとも言えない）。もちろん、すべての種類のテーピング研究結果の存在は、大いに意欲をかきたてられるところではあるが。

　すでに触れたように、修復と回復の段階に応じてさまざまな技術が用いられる。ここでもう一度言っておくが、テープを巻く領域がどこであれ、必ずその領域を徹底して吟味して正しく診断を下してもらわなければならない。どのテーピング技術も包括的な治療とリハビリのプログラムの一環として用いなければならない。どの技術を、どの時点で、どんな理由から用いるのかを判断するのは施術者の責任である。

トム・ヘヴェトソン

参考文献

1. Casey KL. Neural mechanisms of pain. In: Carterette EC, Friedman MP (eds) Handbook of perception. New York: Academic Press, 1978: 183-219.
2. McConnell J. A novel approach to pain relief pre-therapeutic exercise. J Sci Med Sport 2000; 3: 325-334.
3. Hinman RS, Bennell KL, Crossley KM et al. Immediate effects of adhesive tape on pain and disability in individuals with knee osteoarthritis. Rheumatology 2003; 42: 865-869.
4. Vicenzino B, Brooksbank J, Minto J et al. Initial effects of elbow taping on pain-free grip strength and pressure pain threshold. J Orthop Sports Phys Ther 2003; 33: 400-407.
5. Kwon SS. The effects of the taping therapy on range of motion, pain and depression in stroke patient. Taehan Kanho Hakhoe Chi 2003; 33: 651-658.
6. Jeon MY, Jeong HC, Jeong MS et al. Effects of taping therapy on the deformed angle of the foot and pain in hallux valgus patients. Taehan Kanho Hakhoe Chi 2004; 34: 685-692.
7. Whittington M, Palmer S, MacMillan F. Effects of taping on pain and function in patellofemoral pain syndrome: a randomized controlled trial. J Orthop Sports Phys Ther 2004; 34: 504-510.
8. LaBella C. Patellofemoral pain syndrome: evaluation and treatment. Prim Care 2004; 31: 977-1003.
9. Lewis JS, Wright C, Green A. Subacromial impingement syndrome: the effect of changing posture on shoulder range of movement. J Orthop Sports Phys Ther 2005; 35: 72-87.
10. Aminaka N, Gribble PA. A systematic review of the effects of therapeutic taping on patellofemoral pain syndrome. J Athl Train 2005; 40: 341-351.
11. Hyland MR, Webber-Gaffney A, Choen L et al. Randomized controlled trial of calcaneal taping, sham taping, and plantar fascia stretching for the short-term management of plantar heel pain. J Orthop Sports Phys Ther 2006; 36: 364-371.
12. Radford JA, Landorf KB, Buchbinder R et al. Effectiveness of low-Dye taping for the short-term treatment of plantar heel pain: a randomised trial. BMC Musculoskelet Disord 2006; 9(7):64.
13. Callaghan MJ, Selfe J, McHenry A et al. Effects of patellar taping on knee joint proprioception in patients with patellofemoral pain syndrome. Man Ther 2008; 13(3): 192-199.
14. Hunter DJ, Zhang YQ, Niu JB et al. Patella malalignment, pain and patellofemoral progression: the Health ABC Study. Osteoarthritis Cartilage 2007; 15(10): 1120-1127.
15. Selfe J, Richards J, Thewlis D et al. The biomechanics of step descent under different treatment modalities used in patellofemoral pain. Gait Posture 2008; 27(2): 258-263.
16. Jaraczewska E, Long C. Kinesio taping in stroke: improving functional use of the upper extremity in hemiplegia. Top Stroke Rehabil 2006; 13: 31-42.
17. Panjabi MM. The stabilizing system of the spine: part 1, function, dysfunction, adaptation and enhancement. J Spinal Disord 1992; 5: 383-389.
18. Panjabi MM. The stabilizing system of the spine: part 2, neutral zone and instability hypothesis. J Spinal Disord 1992; 5: 390-396.
19. Dye SF. The knee as a biologic transmission with an envelope of function: a theory. Clin Orthop Relat Res 1996; 325: 10-18.
20. Dye SF, Vaupel GL, Dye CC. Conscious neurosensory mapping of the internal structures of the human knee without intraarticular anesthesia. Am J Sports Med 1998; 26: 773-777.
21. Dye SF. The pathophysiology of patellofemoral pain: a tissue homeostasis perspective. Clin Orthop Relat Res 2005; 436: 100-110.

用語集

アンカー テープを貼っていくためのしっかりと安定した土台を作るため、皮膚に直接固定するテープ。

遠位 体の中心または基準となる場所から相対的に遠いこと。近位の対義語。

外側 問題の場所の外側または外側に相対的に近いこと。内側の対義語。

外反 関節の遠位部を正中線から遠ざかる向きに動かすこと。

滑液包 滑膜に包まれた大小の袋状の空洞で、内部が滑液で満たされ、摩擦が生じる場所に位置する。

下方 下側または下の方向。上方の対義語。

関節包 滑膜性連結を包む線維性組織。

近位 体の中心に相対的に近いこと。遠位の対義語。

腱 筋肉の末端にあり、筋肉の力を関節をまたいで伝える働きを担っている強靭で弾性のある結合組織。

手掌 手のひら。

上方 体のある部分より上にあること。下方の対義語。

靭帯 骨と骨を繋いで安定させる頑丈な結合組織。

垂直テープ 水平線と直角をなす方向に貼るテープ。水平テープの対義語。

水平テープ 水平方向に貼るテープ。垂直テープの対義語。

スターアップ "U"字形の曲線や物体。

足底 足の裏。

頭側 体の上方。尾側の対義語。

内側 問題の場所の内側または内側に相対的に近いこと。外側の対義語。

内反 関節の遠位部を正中線に近づく向きに動かすこと。

軟骨組織 関節骨面にみられる強靭で弾性のある結合組織。

背側 後面／上面。

バスケットウィーブ 編みかごを編むように、テープを3本以上重ね合わせて貼っていくこと。

バタフライ ある決まったやり方でテープを貼り合わせていく方法（上下に行くほど広く、真ん中に近づくほど狭くなる）。

8の字テーピング "8"の字を描くようにテープを巻いていく方法。

バットレス 構造を補強するのに用いる支え。

尾側 体の下方。頭側の対義語。

ホースシュー 馬の蹄のような"U"字形に切ったパッド。

ロック 何かを留めたり、締めたり、固定させるもの。

推薦図書

1. American Medical Association, *Standard Nomenclature of Athletic Injuries* A.M.A., Chicago, USA, 1966.

2. Austin, Karin A., B.Sc.P.T., *Taping Booklet.* Physiothérapie International, Montreal, Canada, 1977.

3. Avis, Walter S., Editor, *Funk & Wagnalls Standard College Dictionary.* Fitzhenry & Whiteside Ltd., Toronto, Canada, 1978.

4. Backhouse, Kenneth M., O.B.E., V.R.D., and Hutchings R.T., *A Colour Atlas of Surface Anatomy.* Wolfe Medical Publications, London, UK, 1986.

5. Bouchard, Fernand, B.Sc. *Guide du soigneur.* Projet Perspective-Jeunesse, Montreal, Canada, 1972.

6. British Columbia Sports Medical Council, *British Columbia Sports Aid Program,* Victoria, B.C. Canada, 1984.

7. Cerney, J.V.M.D. *Complete Book of Athletic Taping Techniques,* Parker, New York, USA, 1972.

8. Cyriax, James, *Textbook of Orthopaedic Medical Diagnosis of Soft Tissue Injuries.* 8th Edition, Baillière Tindall, London, U.K, 1982

9. Dixon, Dwayne "Spike" A.T., *The Dixonary of Athletic Training.* Bloomcraft-Central Printing Inc., Bloomington, Indiana, USA, 1965.

10. Dominquez, Richard H., M.D., *The Complete Book of Sports Medicine.* Warner Books Inc., New York, USA. 1979.

11. Griffith, H. Winter, M.D., *Complete Guide to Sports Injuries.* The Body Press, HP Books Inc., Tucson, Arizona, USA, 1986.

12. Head, William F., M.S.F.,*Treatment of Athletic Injuries.* Frank W. Horner Ltd.; Montreal, Canada, 1966.

13. Hess, Heinrich, Prof.., *Sportverletzungen.* Luitpold-Werk, München (Munich), Germany, 1984.

14. Kapandji, I.A., *The Physiology of the Joints Vol 1 & 2,* Churchill Livingstone, Edinburgh, Scotland, 1970.

15. Logan, Gene A., Ph.D. R.P.T., and Logan, Roland F., *Techniques of Athletic Training.* Franklin-Adams Press, Pasadena, California, USA. 1959.

16. Magee, David J. *Orthopaedic Physical Assessment,* Saunders, Philadelphia, USA. 1987.

17. McConnell, J., B.App.Sc.(Phtg)., Grad.Dip., *The Management of Chrondromalacia Patellae: a long-term solution,* Physiotherapy, 32, (4), 1986, 215–223.

18. McMinn, R.M.H., and Hutchings, R.T., *A Colour Atlas of Human Anatomy.* Wolfe Publications, London, UK, 1977.

19. McMinn, R.M.H., Hutchings, R.T and Logan, B.M. *A Colour Atlas of Foot and Ankle Anatomy.* Wolfe Medical Publications, London, UK, 1982

20. Montag, Hans-Jürgen, and Asmussen, Peter D., *Functional Bandaging: A manual of bandaging technique.* Beiersdorf Bibliothek, Hamburg, Germany, 1981.

21. Reid, David C., *Sports Injury Assessment and Rehabilitation,* Churchill Livingstone, New York, USA, 1992.

22. Williams, Warwick (ed.) *Gray's Anatomy.* Churchill Livingstone, Edinburgh, Scotland, 1970.

23. Macdonald, Rose (ed) *Taping Techniques: Principles and Practice.* Butterworth Heinemann, London, UK, 2004.

24. Lederman, Eyal. *The Science and Practice of Manual Therapy.* Churchill Livingstone, London, UK, 2006.

負傷部位別TESTS（評価項目）リスト

損傷に関する詳細は、以下のページのTESTSを参照。

捻挫（靱帯の損傷）　36

挫傷（筋肉・腱の負傷）　37

打撲　38

つま先の捻挫　61

足底筋膜炎　67

外側足関節捻挫　92

前距腓靱帯捻挫　104

踵腓靱帯捻挫　106

後距腓靱帯捻挫　108

三角靱帯捻挫　110

前脛腓靱帯捻挫　112

腓腹部の肉離れ　117

アキレス腱炎　124

長腓骨筋腱炎　128

後脛骨筋腱炎　132

内側側副靱帯捻挫　144

外側側副靱帯捻挫　149

膝蓋大腿関節症候群　154

大腿四頭筋の打撲　161

内転筋挫傷　166

肩鎖関節捻挫・肩関節離開　180

肘関節過伸展による捻挫　186

手関節過伸展による捻挫　197

母指捻挫　204

手指捻挫　209

索引

Comfeel (Coloplast)　12
Compeed　16,18
Fixamol　11
Hyperfix　11
PRECAUTION　22
RICES　34
Sanipore　11
SUPPORT　21
TESTS　35-8,53,102
Vロック　93,96-7

あ

アイシング　22
アキレス腱炎　118,124
アキレス腱損傷　118-24
足関節捻挫
　外側捻挫　92
　外側捻挫のリハビリ　82-92
　外反(内側)捻挫　68,76
　急性捻挫　76-81
　打撲　76-81
　内反(外側)捻挫　68,75,76,82,92
　慢性的な内反捻挫　68
　予防に用いるテーピング　68-75
　リハビリ　68,93-101,102-3
足関節捻挫のリハビリ　82-91
　アキレス腱炎　124
　靱帯捻挫　101,103,105,107,109,111
足関節の解剖　53-6
足関節のロック　47
足と足関節　53-6
　アキレス腱　118-24
　足関節捻挫の予防 68-75
　足関節捻挫／打撲　76-81
　外側足関節捻挫　92-101
　外側足関節捻挫のリハビリ　82-92
　後脛骨筋腱の損傷　129-31
　足底筋膜炎　62-6,67
　体表解剖　54-6
　縦アーチの捻挫　62-6
　長腓骨筋腱の損傷　125-8
　腓腹部挫滅／捻挫　113-17
　腓腹部打撲　117

足の突き指　57,61
圧点　28
圧迫テーピング　29
　腓腹部の挫滅／捻挫　118
　腓腹部の打撲　117,118
圧迫テープ　49
　関節脱臼　176
圧迫テープ、大腿四頭筋の打撲／挫傷　157-9
アンカー　43
腋窩(右側)　168
オスグッド-シュラッター病(膝関節)　150

か

外側側副靱帯
　手関節　193
　手指　205
　つま先　61
　膝関節　133,149
　肘関節　186
　母指　205
外側側副靱帯捻挫　149
肩関節　167
肩関節　167-70
　関節　168,169
　筋肉　168,169
　肩鎖関節脱臼　174-9,180
　神経　169
　骨　168,169
可動域の制限　22
過度のストレス　21
カラーとカフ　18
関節　34
　関節域　22,28
キネシオテーピング　212
機能検査　31-2
機能的筋膜テーピング　212
距骨下関節　53
距腿関節　53
記録　16-7
筋腱単位　34
筋肉　22
　伸縮性テープ　29,34
クロージング　50

携帯電話類　17
脛腓靱帯捻挫　111-12
ゲルパッド　15
腱　22
　足　54
　肩関節　168
　手　188,189,190,192
　膝関節　134
腱炎
　アキレス腱　118,124
　後脛骨筋腱　129,132
　長腓骨筋腱　125,128
肩鎖関節　167
　肩関節脱臼　174-9
腱膜瘤　57
ゲームキーパー母指　198,204
後距腓靱帯捻挫　107-8
後脛骨筋
　腱炎　132
　腱損傷　129-31
　サポートテープ　118,129
後十字靱帯(膝関節)　133

さ

挫傷／挫滅の図表、評価　35,37
酸化亜鉛テープ　10-11,28
三角靱帯　68
　内側足関節捻挫　82
　捻挫　110-11
仕上げ　50
膝蓋腱　151
膝蓋腱炎　150
膝蓋後部の炎症　154
膝蓋骨　133,134,148
膝蓋骨アライメント不良症候群(膝関節)　154
膝蓋大腿関節症候群　150
　テーピング　150-3
膝蓋大腿関節痛　150-3
手関節　187
　圧迫　197
　過伸展　193
　過伸展による捻挫　193-7
　疼痛　193,197

索引

手根骨　187
手根側副靱帯捻挫（手関節）　193,197
　テーピング　193-6
手根中手関節　198
手指を挟まれる　205
潤滑軟膏　13
掌側靱帯捻挫（手指）　205
掌側橈骨手根靱帯（手関節）　193
踵腓靱帯　82
　捻挫　106-7
神経伝達　22
伸縮性粘着包帯（EAB）　10
靱帯
　弛緩した靱帯　68
　スターアップによるテーピング　44
　捻挫　102-12
　非伸縮性テープ　29,34
垂直片　45
スキーヤー母指　198,204
スターアップ　44,70,71,77-8,85-6
　靱帯捻挫　103,105,107,109,111
　扇状　93,94-5,100
ストリップ法　30
スポーツ特異的技術　32
スムースロール法　30
前距腓靱帯捻挫　82,104-5
前脛腓靱帯捻挫　111-12
前十字靱帯　133
足底筋膜　56
足底筋膜炎　62-7
　テーピング　62-6
鼠径部の挫傷に用いるテーピング　162-5
組織修復　21
損傷
　伸縮性組織　29
　図表　35-8
　非伸縮性組織　29
　病理学　33-9
損傷評価　27,35-8

た

第1中手指節関節捻挫　198

第1中足趾節関節捻挫　57
大腿四頭筋の打撲／挫傷（大腿部）　155-60
　圧迫テープ　157-9
大腿部
　大腿四頭筋の打撲／挫傷　155-60
　内転筋の肉離れ　162-5
縦アーチの捻挫　62-6
打撲の図表　38
ターフトゥ　57,61
チェックリスト　26-32
　テーピング後　25,31-2
　テーピング時　25,29-30
　テーピング前　25,27-8
長腓骨筋腱
　腱炎　125,128
　腱の損傷　125-8
　サポートテープ　118,125
治療ケア　21
突き指　205
つま先の捻挫　57-60
つま先を挟まれる　57,61
爪切り　18
手　187
　手指捻挫　205-9
　体表解剖　190-2
　母指捻挫　198-204
底屈　75,76,91
　アキレス腱を支える　118
　内反できない　132
テーピング
　ガイドライン　25-31
　頼り過ぎ　22
テーピング技術　30,41,50
　選択のしかた　25
テーピング後に考慮すること　22
テーピング後のチェックリスト　25,31-2
テーピング時の姿勢　28
テーピング時のチェックリスト　29
　効果　31
　精度管理　30
　テーピングの各段階　25
テーピングのテクニック　30
　基本　41-50

上級　93-101
ストリップ法　30
スムースロール法　30
テーピングの目的　19-22
　目的　20
　利点　20
テーピング前に考慮すること　21
テーピング前のチェックリスト　25,27-8
テーピング用具　9-18
　Comfeel（Coloplast）　12
　アンダーラップ　12
　外科用フェルトパッド　15
　ゲルパッド　15
　抗菌スプレーまたはパウダー　10
　固定用テープ　11
　手術用手袋　17
　消毒剤　10
　伸縮性テープ　29,34
　　圧迫テープ　49
　　アンカー　43
　伸縮性粘着包帯（EAB）　10
　伸縮性ラップ　14
　Second Skin　18
　舌圧子　18
　タフナースプレー　11
　ハサミ
　　爪切り　18
　　包帯用　16
　絆創膏類　16
　伸縮性（酸化亜鉛）テープ　10-11
　滅菌ガーゼパッド　14
　ヒールアンドレースパッド　13,69,83,103,105,107,109,111,119
　フォームパッド　15,176
　ペトロリュームジェリー　13
　防水テープ　18
　包帯
　　三角巾　18
　　伸縮性粘着包帯（EAB）　10
　　伸縮性包帯　14
　　接着性包帯　14
　滅菌ガーゼパッド　13
　ラップ　143,148,160

索引

テープ
 選び方　29
 裂き方／切り方　41
 質　11
 除去　32
 テープカッター　16,32
 テープ用粘着剤　175
テープの貼り方　43-50
 圧迫　49
 アンカー、8の字テーピング、スターアップの各項目も参照
 応用　93-101
 逆8の字テーピング　93,100-1
 仕上げ　50
 垂直片　45
 スターアップ　44
 扇状スターアップ　93,94-5,100
 止め手綱　46,183,195
 バタフライ　46
 反対に貼る　68
 ヒールロック8の字テーピング　93,98-9
 補強　121
 Vロック　93,96-7
 練習　42
 ロック　47
橈尺関節　167
止め手綱　46

な

内側側副靱帯
 手関節　193
 手指　205
 つま先　61
 膝関節　133,136,144
 肘関節　186
 母指　205
内転筋挫傷　162-5,166
軟骨軟化の前段階（膝関節）　154
捻挫の図表、評価　35,36
粘着剤
 除去剤　18
 スプレー　12,57

は

背側橈骨手根靱帯　193
白色酸化亜鉛テープ　10-11,28
バタフライ　46
8の字テーピング　48, 65, 66, 75
 足関節のリハビリ　84, 90
 逆8の字テーピング　93,100-1
 靱帯捻挫　103,105,107,109
 足底筋膜炎　66
 ヒールロック　93,98-9
 母指捻挫　207-8,209
パッド
 外科用フェルト　15
 ゲル　15
 フォーム　15,176
バーティカルテープ　45
バディテーピング　57,207-8,209
ハムストリングの打撲　155
腫れ　21
半月板　133
絆創膏類　16
反対に貼る　68
膝関節　133
 筋肉　134,135
 腱　134
 膝蓋大腿関節痛症候群　150-3
 ジャンパー膝　150
 靱帯　134
 内側痛　150
 軟部組織　135
 捻挫
  外側側副靱帯　145-8,149
  内側側副靱帯　136-43
 骨　134,135
肘関節　167,171-3
 外側捻挫　181
 筋肉　171,172,173
 神経　171,173
 内側捻挫　181
 複合靱帯捻挫　181－6
 骨　171,173
肘関節過伸展による捻挫　180-6
非伸縮性（酸化亜鉛）テープ　10-11

腓側副靱帯捻挫　149
皮膚
 状態　29
 損傷　28,32
腓腹筋打撲　117
腓腹部
 アキレス腱損傷　118-24
 挫滅／打撲　113-17
非滅菌ガーゼパッド　14
病歴用紙　16
ヒラメ筋の打撲　117
ヒールリフト　91,103,105,107,109,111
 アキレス腱炎　123
 後脛骨筋腱の損傷　131
 長腓骨筋腱断裂　127
ヒールロック　123
 後脛骨筋腱の損傷　131
 予防　71
ブレーシング　19
保護　21
母指
 固定後の弛緩性　198
 捻挫に用いるテーピング　198-204
骨の隆起部　34

ま

マッコーネルテーピング　212
水ぶくれ　20
 保護材　18,21
 予防　50
綿棒　018
モスリンスクエア　18

ら

リスト
 PRECAUTION　22
 RICES　34-8
 SUPPORT　21
 TESTS　35-8,53,102
リハビリ　21
練習用テープ　42
ロック　47

著者:

トム・ヘヴェトソン (Tom Hewetson)
理学修士、理学士号(優等学位)整骨医。オステオパシック・クリニック社主任整骨医。イギリス、ロンドン。

カリン・A・オースティン (Karin A. Austin)
物理療法士、理学士号(物理療法)。フィジオセラピー・インターナショナル社コンサルタント。カナダ、モントリオール。

キャスリン・A・グウィン-ブレット
(Kathryn A. Gwynn-Brett)
理学士号(理学療法)、直観医療学位。ミシサガ整形外科スポーツ障害クリニック理学療法士単独責任者。カナダ。

サラ・C・マーシャル (Sarah C. Marshall)
理学士号(理学療法)、社会学修士(リハビリ科学)。ステ-アンネ病院理学療法士。カナダ。

日本語版監修者:

村井 貞夫 (むらい さだお)
理学療法士。日本体育協会公認アスレチックトレーナー・マスター。関東労災病院リハビリテーション診療科技師長、総合川崎臨港病院リハビリテーション科技師長、多摩リハビリテーション学院学院長補佐、東海リハビリテーション専門学校(現・専門学校中央医療健康大学校)理学療法学科部長および副校長を歴任。監修書に『テーピングテクニック』(ガイアブックス)、編書に『スポーツトレーナーマニュアル』(南江堂)など。

翻訳者:

岡松 瑞穂 (おかまつ みずほ)
神戸市外国語大学外国語学部ロシア学科卒業。医学をはじめとする自然科学系を中心に幅広い分野の和訳・英訳翻訳に携わる。訳書に『理学療法士のための臨床測定ガイド』(ガイアブックス)など。

An Illustrated Guide to Taping Techniques
Principles and Practice   SECOND EDITION

写真とDVDでわかり易い最先端の
テーピング技術

発　　　行　2015年4月20日
発　行　者　吉田 初音
発　行　所　株式会社 **ガイアブックス**
〒107-0052 東京都港区赤坂 1-1-16 細川ビル
TEL. 03(3585) 2214　FAX. 03(3585) 1090
http://www.gaiajapan.co.jp

Copyright GAIABOOKS INC. JAPAN2015
ISBN978-4-88282-939-3 C3047

落丁本・乱丁本はお取り替えいたします。
本書を許可なく複製することは、かたくお断わりします。
Printed in China